网络精神文明建设研究

WANGLUO JINGSHEN WENMING JIANSHE YANJIU

赵惜群 等◎著

湘潭大学出版社

湖南省社科基金智库专项重点项目
“网络精神文明建设研究”（项目编号：19ZWB37）最终成果

湘潭大学马克思主义理论学科建设经费资助

目　录

理　论　篇

现 状 篇

对　策　篇

理 论 篇

虽然我国的网络精神文明建设已走过26年的历程，但对网络精神文明建设的理论研究尚未引起学界的应有重视。本篇以马克思主义理论为指导，以网络信息技术的迅猛发展为时代背景，以互联网与精神文明建设的内在关联性为切入点，借鉴传播学、政治学、社会学、信息技术学等学科的相关理论，科学地界定了网络精神文明建设的内涵与结构，分析了网络精神文明建设的类型与特征，揭示了网络精神文明建设的矛盾与规律，从而拓展深化了社会主义精神文明建设的研究视阈。

第一章　网络精神文明建设的内涵与结构

自1994年正式接入国际互联网以来，我国的网络精神文明建设已走过26年的历程，但迄今学界尚未对其内涵与结构进行科学界定与解读。因此，在理论上准确界定网络精神文明建设的内涵、系统分析其内在构成要素，具有十分重要的理论意义和实践价值。

第一节　网络精神文明建设的内涵

网络精神文明建设是本项目研究中的核心范畴。只有科学界定其内涵，才能剖析其构成要素，揭示其内在矛盾与规律，进而提升人们对加强和改进网络精神文明建设的认知自觉和实践自觉。

一、什么是精神文明建设

1979年，在庆祝中华人民共和国成立30周年大会上，叶剑英同志首次提出了“社会主义精神文明”这一概念：“我们要在建设高度物质文明的同时，提高全民族的教育科学文化水平和健康水平，树立崇高的革命理想和革命道德风尚，发展高尚的丰富多彩的文化生活，建设高度的社会主义精神文明。”① 在此，叶剑英同志将社会主义精神文明的主要内涵界定为教育、科学、文化水平，健康水平，革命理想和革命道德风尚，文化生活等四个方

---

① 中国网：《叶剑英在庆祝中华人民共和国成立三十周年大会上的讲话》，2011年4月12日，见 http：//www.china.com.cn/cpc/2011-04/12/content_22343308.htm。

面。1980年2月25日，邓小平同志在中共中央工作会议上的讲话《贯彻调整方针，保证安定团结》中简要地概括了什么是精神文明："我们要建设的社会主义国家，不但要有高度的物质文明，而且要有高度的精神文明。所谓精神文明，不但是指教育、科学、文化（这是完全必要的），而且是指共产主义的思想、理想、信念、道德、纪律，革命的立场和原则，人与人的同志式关系，等等。"① 邓小平同志也将精神文明定义为四个方面，即教育、科学、文化，共产主义的思想、理想、信念、道德、纪律，革命的立场和原则，人与人的同志式关系等。

1986年，党的十二届六中全会通过的《中共中央关于社会主义精神文明建设指导方针的决议》明确指出："精神文明建设，包括思想道德建设和教育科学文化建设两个方面，渗透在整个物质文明建设之中，体现在经济、政治、文化、社会生活的各个方面。"② 这是我党历史上第一次以决议的形式对精神文明建设的内涵作出的明确界定。

1996年，党的十四届六中全会通过的《中共中央关于加强社会主义精神文明建设若干重要问题的决议》对精神文明建设的指导思想、目标要求和内涵作了进一步的总结和概括："根据党在社会主义初级阶段的历史任务，根据建国以来特别是改革开放以来的历史经验，我国社会主义精神文明建设，必须以马克思列宁主义、毛泽东思想和邓小平建设有中国特色社会主义理论为指导，坚持党的基本路线和基本方针，加强思想道德建设，发展教育科学文化，以科学的理论武装人，以正确的舆论引导人，以高尚的精神塑造人，以优秀的作品鼓舞人，培育有理想、有道德、有文化、有纪律的社会主义公民，提高全民族的思想道德素质和科学文化素质，团结和动员各族人民把我国建设成为富强、民主、文明的社会主义现代化国家。这是精神文明建设总的指导思想，也是精神文明建设总的要求。"③

2016年，由国家卫生计生委、中宣部、中央综治办、民政部等22个部

---

① 《邓小平文选》第二卷，人民出版社1994年版，第367页。

② 中国共产党第十二届中央委员会第六次全体会议：《中共中央关于社会主义精神文明建设指导方针的决议》，《人民日报》1986年9月29日第2版。

③ 中国共产党第十四届中央委员会第六次全体会议：《中共中央关于加强社会主义精神文明建设若干重要问题的决议》，《人民日报》1996年10月14日第1版。

门共同印发的《关于加强心理健康服务的指导意见》（国卫疾控发〔2016〕77号）提出："将提高公民心理健康素养作为精神文明建设的重要内容。"①

2017年，经党中央批准，中央精神文明建设指导委员会印发的《关于深化群众性精神文明创建活动的指导意见》将"健康素质建设"作为精神文明建设的重要内容之一，强调要"大力推进健康中国建设，加强全民健康教育，普及公共卫生知识和健康科学知识，提倡健康生活，优化健康服务，完善健康保障，建设健康环境，发展健康产业，着力提高人民群众健康水平。加强人文关怀和心理疏导，培育自尊自信、理性平和、积极向上的社会心态。深入实施全民健身国家战略，推进全民健身活动，发展体育运动，增强人民体质"②。身心健康是促进人的全面发展的重要条件和必然要求，也是社会文明进步的重要表征。

由此可见，精神文明建设的内涵是随着中国特色社会主义事业的不断推进而逐渐丰富和发展的，主要包括思想道德建设、教育科学文化建设和健康素质建设等三个方面。社会主义精神文明是人类社会迄今为止最高形态的精神文明，事关我们国家的发展前途，决定着中国特色社会主义事业的兴衰成败，社会主义精神文明建设与物质文明建设一同构成了推动中国特色社会主义事业不断发展的最为重要的两个驱动力——物质驱动力与精神驱动力。

二、什么是网络精神文明建设

从严格意义上来说，自1994年我国正式接入国际互联网开始，网络精神文明建设实践就已存在，我党就开始重视对网络文化的建设和管理，加强网上思想舆论阵地建设，注重网络信息素养教育等工作，但直到2015年7月24日中央精神文明建设指导委员会办公室（简称"中央文明办"）组织召开的"网络精神文明建设工作座谈会"才首次提出"网络精神文明建设"这一概念。会议提出："要深入学习贯彻党的十八大和十八届三中、四中全

① 中华人民共和国中央人民政府网：《关于加强心理健康服务的指导意见》（国卫疾控发〔2016〕77号），2017年1月24日，见 http://www.gov.cn/xinwen/2017-01/24/content_5162861.htm#1。

② 中央精神文明建设指导委员会：《关于深化群众性精神文明创建活动的指导意见》，《人民日报》2017年4月6日第9版。

会精神，深入学习贯彻习近平总书记系列重要讲话精神，大力培育和弘扬社会主义核心价值观，大力加强和改进网络精神文明建设，进一步唱响网上主旋律，推动精神文明建设不断取得新的进展和成效。”① 会议强调：“要主动顺应互联网迅猛发展的时代潮流，深刻认识网络精神文明建设工作的重大意义，强化网络思维，积极抢占信息传播技术制高点，不断创新内容形式、方式方法、途径载体，加强中华优秀传统文化、红色文化、道德模范和先进典型的网上宣传教育，深入开展网上‘讲文明树新风’活动、精神文明创建活动和网络公益、网络文明传播活动，大力倡导网络文明新风。积极拓展‘两微一端’阵地，做好‘微传播’文章，推动‘个性化’信息服务，引导广大网民特别是青少年踊跃参与‘微公益’，传播‘微文明’，汇聚‘微力量’，共同营造社会文明风尚。”② 这是中央文明办第一次使用“网络精神文明建设”的概念。

从党和国家制定颁布的规范性文件来看，直到2017年，由中央精神文明建设指导委员会印发的《关于深化群众性精神文明创建活动的指导意见》才正式提出了“网上精神文明建设”的概念，并对如何加强网上精神文明建设作出了整体部署和具体的要求：“坚持正能量是总要求、管得住是硬道理，依法加强网络空间治理，加强网络内容建设，做强网上正面宣传，发展积极向上的网络文化。实施网德工程，深入开展争做中国好网民活动，倡导文明办网、文明上网，强化网络运营主体的社会责任，引导人们提升网络文明素养，净化网络环境，让网络空间清朗起来。适应信息传播方式和人们接受习惯的深刻变化，积极运用微博、微信、手机客户端等新媒体传播文明理念、推进实际工作。开展网络公益活动，让公益精神弥漫网络空间。”③

在理论研究上，学界对网络精神文明建设的研究始于21世纪初。2001年蓝江在其硕士学位论文《网络社区的精神文明建设》中提出了“网络社

① 中央文明办：《全国网络精神文明建设工作座谈会召开》，《人民日报》2015年7月25日第4版。

② 中央文明办：《全国网络精神文明建设工作座谈会召开》，《人民日报》2015年7月25日第4版。

③ 中央精神文明建设指导委员会：《关于深化群众性精神文明创建活动的指导意见》，《人民日报》2017年4月6日第9版。

区精神文明建设”一词，并将其表述为：“一方面，精神文明建设向网络社区的延伸和扩展，在精神文明建设和网络社区两者之间寻找合理的张力；另一方面是网络社区中涉及教育科学文化和思想道德两方面的规范和引导。总而言之，是在调谐现实和网络的矛盾的基础上，寻找一条既符合我国国情又符合网络发展特点的精神文明建设之路。”① 自此，学术界和理论界不少专家学者的论著中开始涉及“网络精神文明建设”“网上精神文明建设”的概念，其中，首次明确提出“网络精神文明建设”一词的是贾常业和蔡建红二人，他们于2002年在《宁夏社会科学》上发表了题为《对网络精神文明建设的认识与思考》一文，但作者并未对“网络精神文明建设”这一核心范畴的内涵进行定义。

通过对现有文献资料的研读，发现学界大多是从工具性视角对网络精神文明建设进行界定的，即认为网络精神文明建设就是将网络作为一种载体或工具所进行的精神文明建设。事实上，从本体性视角观之，网络精神文明建设的内涵有广义和狭义之分：前者泛指网络空间中一切生产、传播、消费具有“正能量”的网络产品和信息的活动；后者特指精神文明建设主体在把握网络与精神文明建设二者的关系及本质属性的基础上，在网络虚拟社会中有目的、有计划、有组织地对人们的思想道德、教育科学文化以及健康素养等施加影响，旨在促进人的虚拟生存与发展并进而促进社会良性运行和协调发展的实践活动。

第二节　网络精神文明建设的结构

作为主观见之于客观的能动地改造世界的对象性活动，网络精神文明建设在结构上包括主体、中介、客体三个部分，其中主体是网络精神文明建设的主要依靠力量，客体是网络精神文明建设的对象，中介则是连接主体和客体的媒介、桥梁、渠道或纽带。

① 蓝江：《网络社区的精神文明建设》，华中师范大学硕士学位论文，2001年，第4页。

一、主体构成

《中共中央关于社会主义精神文明建设指导方针的决议》指出："加强精神文明建设，不单是思想文教部门的任务，而且是各条战线和一切部门的任务，是全党全军和全国各族工人、农民、知识分子和其他劳动者、爱国者的共同的长期的任务。"①《关于深化群众性精神文明创建活动的指导意见》强调：搞好精神文明建设，要进一步完善党委统一领导、党政齐抓共管、文明委组织协调、有关部门各负其责、全社会积极参与的领导体制和工作机制。②

习近平同志在全国网络安全和信息化工作会议上指出："要提高网络综合治理能力，形成党委领导、政府管理、企业履责、社会监督、网民自律等多主体参与，经济、法律、技术等多种手段相结合的综合治网格局。"③ 网络精神文明建设是一项复杂的系统工程，同样要深入贯彻落实习近平同志重要讲话精神，做到党委、政府、企业、社会、网民多主体勠力同心、协调配合、各尽其能，不断加强和改进网络精神文明建设，营造清朗的网络空间。

（一）党委领导是核心

中国共产党的领导是中国特色社会主义最本质的特征，也是中国特色社会主义制度最大的优势。每个历史时期，党都会带领人民统一思想、集纳智慧、凝聚力量，擘划党和国家事业更加光明的发展方向。这是我们党和国家的根本所在、命脉所在，也是全国各族人民的利益所系、幸福所系。在党的十九大报告中，坚持党对一切工作的领导被列为新时代坚持和发展中国特色社会主义基本方略的第一条。习近平同志强调指出："互联网管理是一项政治性极强的工作。"④ "必须旗帜鲜明、毫不动摇坚持党管互联网，……在关

---

① 中国共产党第十二届中央委员会第六次全体会议：《中共中央关于社会主义精神文明建设指导方针的决议》，《人民日报》1986 年 9 月 29 日第 2 版。

② 中央精神文明建设指导委员会：《关于深化群众性精神文明创建活动的指导意见》，《人民日报》2017 年 4 月 6 日第 9 版。

③ 中共中央网络安全和信息化委员会办公室：《自主创新推进网络强国建设》，2018 年 4 月 21 日，见 http：//www. cac. gov. cn/2018 -04/21/c_ 1122719824. htm。

④ 《习近平关于网络强国论述摘编》，中央文献出版社 2021 年版，第 12 页。

键问题、复杂问题、难点问题上定调、拍板、督促。”① 同样，加强和改进网络精神文明建设也必须旗帜鲜明、毫不动摇地坚持党的领导，以习近平新时代中国特色社会主义思想为指导，各级党委要切实承担起网络精神文明建设的主体责任，党委主要负责同志是第一责任人。要把网络精神文明建设纳入经济社会发展总体规划，纳入重点工作计划和重要议事日程，列为各级领导班子和领导干部政绩考核的重要内容，切实增强对网络精神文明建设的理论自觉和实践自觉。在网络精神文明建设过程中，党委领导的主要职责就是要始终把握网络精神文明建设的社会主义方向，坚决贯彻落实党和国家的统一部署，切实加强党对网络领域意识形态工作的领导，不断巩固马克思主义在网络空间中的指导地位，在塑造政治认同、调节社会心理、凝聚公众力量方面发挥重要作用。②

（二）政府管理是基础

这里的“政府”指各级人民政府及其下设机构，“管理”主要包括各级人民政府及其下设机构对网络精神文明建设全过程的人力、物力、财力等的统一组织安排、协调调配、督查落实等工作。具体来说，教育部门要加强网络文明素养的培育；工信、科技、广电等部门要加快网络精神文明基础设施的建设；网信部门负责统筹协调网络安全工作和相关监督管理工作；电信主管部门、公安部门和其他有关机关依照有关法律、行政法规的规定，在各自职责范围内负责网络安全保护和监督管理工作，等等。总之，各级相关部门要按职责加强网络治理，进一步在互联网新闻、互联网文化、个人信息保护、网络赌博、互联网金融、电信诈骗、互联网账号、云服务、人工智能等多个领域，持续开展治理行动，加大对突出问题的专项整治，协力查处，联合执法，依法打击网络违法行为。③ 加强网络精神文明宣传阵地的建设和综合治理，打造一批有影响的、充满正能量的政务新媒体，加强网络舆情应对处置，开展净化网上舆论环境专项整治行动，着力营造秩序良好的网络空间。

① 《习近平关于网络强国论述摘编》，中央文献出版社 2021 年版，第 10 页。
② 杨斌：《加强党对网络领域意识形态工作的领导》，《党建研究》2018 年第 2 期。
③ 陈进：《以综合治理体系营造清朗网络空间》，《网络传播》2018 年第 8 期。

（三）企业履责是前提

习近平同志强调：我们要“增强互联网企业使命感、责任感，共同促进互联网持续健康发展。互联网企业要坚持经济效益和社会效益并重。一个企业既有经济责任、法律责任，也有社会责任、道德责任，企业做得越大，社会的责任、道德的责任就越大，公众对企业这方面的要求也就越高”。①

互联网企业主体责任决定了它们在网络精神文明建设中的地位。互联网企业履行好主体责任，必须要管好所属的网络传播平台，决不能让互联网成为传播有害信息、造谣生事的平台。② 一方面，互联网企业应该有效地激发全社会向上向善、诚信互助的良好风尚，尤其是要在重大政策、重大事件、重大节点，通过创新议题设置、创新表达形式、创新话语体系等方式，利用PC、Wap、App、微博“四位一体”平台，大力弘扬社会主义核心价值观，创作传播充满正能量的产品，以向上向善、积极健康的内容吸引网民，做到主动服务大局、弘扬核心价值、传播文明风尚、形成特色品牌；另一方面，互联网企业还应该主动加强网站内容管理，坚持责任到人，通过建立和规范运行管理机制，建立健全内容审核、跟帖评论管理、用户注册管理、举报受理等制度，坚决抵制违法和不良信息的传播，加强对新产品、新应用、新功能上线的安全评估，坚持人防、技防紧密结合，确保网络平台内容安全。

（四）社会监督是保证

网络社会是现实社会的延伸，网络生态的复杂性决定了做好网络治理工作不是某个机构、某个部门的事，而是需要全社会共同参与。社会监督对于网络精神文明建设的意义也十分重大，社会监督正在成为政府管理的重要辅助力量，有助于推进网络精神文明建设协同共建格局的形成。网络运营者开展经营和服务活动，必须遵守法律、行政法规，尊重社会公德，遵守商业道德，诚实守信，履行网络安全保护义务，接受政府和社会的监督，承担社会

① 中共中央网络安全和信息化委员会办公室：《习近平总书记在网络安全和信息化工作座谈会上的讲话》，2016 年 4 月 25 日，见 http：//www. cac. gov. cn/2016 －04/25/c_ 1118731366. htm。

② 陈进：《以综合治理体系营造清朗网络空间》，《网络传播》2018 年第 8 期。

责任。[1] 要为社会监督提供平台、渠道，有关部门开设举报电话、邮箱，重点网站开设举报专区，知名 App、社交账号开设举报入口。要发挥工青妇等社会团体、高校以及网络社会组织作用，积极组织网络精神文明志愿者对网络违规违纪违法言行进行举报。要通过开展线上讨论交流、线下走进校园和社区等活动，调动网民举报的积极性，共同治理网络违法违规等问题。

（五）网民自律是条件

网民是网络精神文明建设的基础力量，不断提高自身网络文明素养、自觉遵守网络行为规范、共同维护网络空间的清朗、争做中国好网民，是网络精神文明建设必不可少的条件。网络空间作为网民活动的公共场所，每一个账号都是一个媒体，发帖子、转信息、评新闻，各类信息、观点、态度汇入互联网的海洋，人人都是信息的生产者、消费者、传播者，都在通过网络吸取养分、拓展视野、丰富生活、促进工作。网上的每一条信息都有可能对社会、对他人产生影响，与网民的切身利益息息相关，尤其是各种负能量信息败坏社会风气、误导价值取向、影响身心健康，网络欺诈、盗用个人数据、网络非法交易等侵扰人们的生活，破坏公共秩序，危害国家利益、社会公共利益和公民合法权益。[2] 网络空间不是法外之地，网民应依法上网、文明上网，严格遵守法律法规，倡导社会公德，弘扬先进文化，谨守法律的边界和道德的底线。

二、中介系统

网络精神文明建设的中介系统主要包括网络硬件设施、平台应用以及网络精神文明建设方法等。一般情况下，信息化硬件平台的建设由专业机房、服务器、数据库、PC 终端等一系列硬件终端构成，这些设备构成了网络精神文明建设的硬件基础，也是网络精神文明建设的软件及平台建设的基础。网络精神文明建设的软件平台则包括了 PC 客户端、APP 应用（移动互联网

---

① 中国网信网：《中华人民共和国网络安全法》，2016 年 11 月 7 日，见 http://www.cac.gov.cn/2016-11/07/c_1119867116.htm。

② 陈进：《以综合治理体系营造清朗网络空间》，《网络传播》2018 年第 8 期。

应用）、WAP或WEB网站，等等。以移动互联网应用为例，根据数据统计，截至2020年6月，其总量已达到359万款①，这些软件媒介为网络精神文明建设提供了新的发展机遇和便捷渠道，也为网络精神文明建设的活动开展、学习教育、沟通交流等提供了重要支撑。在软件和硬件媒介基础上，更为重要的中介系统则是恰当方法的运用。所谓恰当就是要融入网民的网络生活，正如习近平同志所说："抓精神文明建设要办实事、讲实效，紧紧围绕促进人民福祉来进行。"② 网络让更多的市民成为网民，因此人民的生产、生活方式也发生了巨大变化，做好网络精神文明建设，必须主动适应这种变化，把网民作为重点对象，利用互联网及时、海量、交互、平等、跨界等优势，积极创新内容形式、方式方法，倡导网络道德和网络文明，繁荣发展网络文化，传递真善美，传播正能量。③ 要充分利用互联网新技术，将网络精神文明建设与网民的生活融入一起，研究网民的思想、心理，根据网民的需求，把生活中一些精神文明创建活动的内容，以网民喜爱的网络形式深入开展宣传教育和网络精神文明创建活动，让网络更好地传播正能量，引领社会文明新风尚。

三、客体要素

所谓客体，简而言之，就是主体作用的对象。网络精神文明建设的客体也就是网络精神文明建设主体认识和改造的对象，即网民的网络精神文明素养，主要包括网络思想道德、教育科学文化和身心健康素养等。不同网民的网络精神文明素养是不一样的，表现出层次性和差异性，有的与中国特色社会主义事业发展所提出的"四有"新人要求相一致，有的还存在一定的差距。依据网络精神文明建设的目标、内容以及网民网络思想道德、教育科学文化和身心健康素养的实际情况，可以将网民的网络精神文明素养划分为高

① 中国互联网络信息中心：《第46次中国互联网络发展状况统计报告》，2020年9月29日，见http：//www. cnnic. net. cn/hlwfzyj/hlwxzbg/hlwtjbg/202009/P020200929546215182514. pdf。

② 中国共产党新闻网：《习近平会见全国精神文明建设表彰大会代表》，2017年11月17日，见http：//cpc. people. com. cn/n1/2017/1117/c64094－29653541. html。

③ 钟俊杰：《网络精神文明建设，关键要融入》，2015年8月26日，见http：//www. wenming. cn/syjj/dfcz/ah/201508/t20150826_ 2821890. shtml。

文明素养和低文明素养：高文明素养指网民的思想政治、伦理道德、法律法规素质优良，思想文化观念先进，教育科学文化知识丰富，身心状态健康，符合中国特色社会主义事业发展所提出的“四有”新人要求；低文明素养指网民的网络思想道德、教育科学文化和身心健康素养不符合“四有”新人基本要求，是网络精神文明建设主体实践活动所指向、改变、改造、提升的对象。

一方面，网民作为“现实的人”，本身是立体的、复杂的现实存在，在网络虚拟空间中，每一个网民的思想行为都具有复杂性、多样性和多变性的特点。因此，在网络精神文明建设实践中，要从多角度、多方面分析把握作为客体的网民的网络思想道德、教育科学文化和身心健康素养的变化。只有如此，才能有针对性地做好网络精神文明素养培育工作，满足不同层次网民的需求。另一方面，网民的精神文明素养还表现为网民的网络信息辨别能力、网络行为自我约束能力、利用网络发展自我能力、网络安全和伦理道德践行能力等，这些能力的提升，都离不开正确价值观的导向、自我的约束和社会责任的规范。因此，发挥网络精神文明建设的功能，不断提升网民的精神文明素养就必须坚持以习近平新时代中国特色社会主义思想为指导，以社会主义核心价值观为指针，着力构建面向不同地域、不同年龄阶段、不同职业人群的网络文明素养教育体系，不断扩展网络文明素养教育覆盖面。

此外，网民在现实生活中的态度、价值观等往往决定了其在网络社会中的立场与观点。网络精神文明素养的本质是现实社会中精神文明素养的网络再造，这种再造过程即是网络精神文明建设的任务之所在。网络精神文明建设是现实社会精神文明建设在网络空间的延伸，将现实社会中的精神文明建设资源网络化，有助于提升人们的网络文明素养，例如志愿服务网络化、“微公益”“文明点赞”活动等，它们来源于现实生活，又在网络中逐渐兴起和形成一股强大的正能量，这股正能量反过来又辐射到现实生活中，感召和影响更多的网民从网上围观到现实生活中的身体力行。①

① 樊醒民：《汇聚指尖上的正能量奏响兰州网络文明好声音》，《兰州日报》2016年6月24日。

第二章　网络精神文明建设的类型与特征

网络精神文明建设是一项复杂的系统的社会工程，内涵丰富、涉及面广、形态多样。与现实社会中的精神文明建设相比较，网络精神文明建设具有虚拟性、泛在性、便捷性和互动性等特征。科学划分和整体把握网络精神文明建设的类型和特征，有利于提高网络精神文明建设的针对性和实效性。

第一节　网络精神文明建设的类型

根据不同的划分标准，可将网络精神文明建设分为不同的类型。按照内容属性，可分为网络思想道德素质建设、网络教育科学文化素质建设、网络健康素质建设。按照建设范围，可分为全国性、地区性、行业性网络精神文明建设。按照依存平台，可分为硬件平台型和软件平台型网络精神文明建设。其中，前者又可分为桌面型和移动型网络精神文明建设；后者则可分为基于网络社交传播平台、基于网络文艺传播平台、基于网络新闻传播平台的网络精神文明建设。按照功能作用，可分为娱乐型、认知型、交往型网络精神文明建设。按照表现形式，可分为网络文学类、网络艺术类、网络理论类、网络新闻类精神文明建设。按照传播方式，可分为文字类、图片类、音频类、视频类网络精神文明建设等类型。

一、从内容属性划分

内容是事物内部各种要素的总和，是事物存在和发展的基础。① 网络精神文明建设的内容是网络精神文明建设存在和发展的基础，它随着社会的发展和时代的要求而不断丰富、发展、创新。1986 年，《中共中央关于社会主义精神文明建设指导方针的决议》指出："精神文明建设，包括思想道德建设和教育科学文化建设两个方面。"② 2016 年，国家卫生疾病控制中心颁布的《关于加强心理健康服务的指导意见》提出："将提高公民心理健康素养作为精神文明建设的重要内容。"③ 2017 年，中央文明办颁布的《关于深化群众性精神文明创建活动的指导意见》将社会主义精神文明建设的内容发展为：思想道德素质建设、教育科学文化素质建设、健康素质建设。1994 年我国正式接入国际互联网以来，网络空间已成为社会主义精神文明建设的新阵地，并在上述《决议》和《意见》的指导下，网络思想道德素质建设、网络教育科学文化素质建设、网络健康素质建设不断加强和完善。

（一）网络思想道德素质建设

网络思想道德素质建设是网络精神文明建设的灵魂，决定着网络精神文明建设的性质和方向。网络思想道德建设包括网络理想信念建设、网络道德素质建设、网络法治文化建设等内容。其中，网络理想信念建设是网络思想道德建设的核心，网络道德素质建设是网络思想道德素质建设的主体内容，网络法治文化建设是网络思想道德素质建设的制度保障。网络思想道德建设的主要任务是在网络空间加强爱国主义、集体主义、社会主义教育，持续深化社会公德、职业道德、家庭美德、个人品德建设，强化理想信念教育，培育和践行社会主义核心价值观，加强诚信教育，弘扬中华优秀传统文化等。④

---

① 韩树英：《马克思主义哲学纲要》，人民出版社 2004 年版，第 186 页。

② 中国共产党第十二届中央委员会第六次全体会议：《中共中央关于社会主义精神文明建设指导方针的决议》，《人民日报》1986 年 9 月 29 日第 2 版。

③ 中国共产党第十二届中央委员会第六次全体会议：《中共中央关于社会主义精神文明建设指导方针的决议》，《人民日报》1986 年 9 月 29 日第 2 版。

④ 中央精神文明建设指导委员会：《关于深化群众性精神文明创建活动的指导意见》，《人民日报》2017 年 4 月 6 日第 9 版。

（二）网络教育科学文化素质建设

网络教育科学文化素质建设是网络精神文明建设不可或缺的基本内容，既是物质文明建设的重要支撑，也是提高网民思想道德觉悟的重要条件。具体说来，网络教育科学文化素质建设包括网络教育事业、网络科学事业和网络文化事业三个部分。其中，网络教育事业是提高国民综合素质的根本途径，是实现社会主义现代化的基础工程；网络科学事业是培养国民创造力的重要途径，是实现社会主义现代化强国的源泉和动力；网络文化事业是指包括文艺、新闻等在内的文化服务体系，为网民提供丰富的精神食粮。网络教育科学文化素质建设的主要任务是：提高国民的教育科学文化素质，培养国民的科技创新意识和能力，为社会主义现代化建设提供智力支持。

（三）网络健康素质建设

健康不仅指身体健康，还包括心理健康。良好的健康素质是促进人的全面发展的必然要求，是社会文明进步的基础。随着智能化生活的开启和网络的普及，人民的健康素质越来越受到国家的重视。2006 年，中国共产党第十六届中央委员会第六次全体会议提出，“明显提高全民族的思想道德素质、科学文化素质和健康素质”① 是构建社会主义和谐社会的目标之一。2017 年，《关于深化群众性精神文明创建活动的指导意见》正式将“健康素质建设”纳入社会主义精神文明建设的重要内容。

网络健康素质建设包括网络公共卫生知识和健康科学知识的普及、网络健康生活方式的宣传、网络心理健康教育等内容。网络健康素质建设的主要任务是科普公共卫生知识和健康科学知识，帮助人们树立健康意识、倡导健康生活方式；进行网络心理健康知识推广，提供网络心理咨询服务，培育自尊自信、理性平和、积极向上的社会心态；利用网络平台广泛宣传全民健身运动，推进全民健身活动，发展体育事业，增强人们体质。

当前，网络信息技术日新月异、快速发展，网络心理健康教育尤显重

---

① 中国政府网：《中共中央关于构建社会主义和谐社会若干重大问题的决定》，2014 年 10 月 15 日，见 http：//www. gov. cn/govweb/gongbao/content/2006/content_ 453176. htm。

要。所谓网络心理健康教育，是指对网民进行心理健康知识的传播普及、心理疾患的疏导诊治和阳光心态的培育塑造。网民的心理健康素质状况决定网民的精神面貌和社会心态。21 世纪以来，随着网络在人们生产和生活过程中的深入渗透，网络社会已经成为人类的“第二生存空间”。不少网民，尤其是作为“网络新生代”的青少年，由于缺乏科学的上网指导和健康的网络空间生态环境，在享受便利、自由、开放的网络学习、交往过程中，产生了或多或少的网络心理问题，如网络依赖症、网络孤独症、网络焦虑症、网络人格障碍等，严重影响了当代青少年的自由全面发展，也带来诸多社会问题。

二、从建设范围划分

从建设范围来分，网络精神文明建设可分为全国性网络精神文明建设、地区性网络精神文明建设、基层性网络精神文明建设、行业性网络精神文明建设。

（一）全国性网络精神文明建设

1997 年，根据党的十四届六中全会通过的《中共中央关于加强社会主义精神文明建设若干重要问题的决议》，中共中央成立了中央精神文明建设指导委员会（简称中央文明委），作为党中央指导全国精神文明建设工作的议事机构，其主要职责是：督促检查各地、各部门贯彻落实中央关于精神文明建设的一系列方针、政策的情况，从宏观上协调、解决精神文明建设过程中的有关重大问题，总结推广交流先进经验，深入调查研究，为中央决策提供建议。中央文明委下设办公室（简称中央文明办），是中央文明委的办事机构，负责处理中央文明委的日常的工作。因此，全国性网络精神文明建设是指在中央文明委的领导下，由中央文明办主管的面向全国的网络精神文明建设，具有前瞻性、全局性、宏观性、导向性等特点。

中国文明网是全国性网络精神文明建设的主要网站，由中央宣传部和中央文明办共同创建，是全国性宣传思想文化工作和精神文明建设系统的门户网站，其主要职能是：发布宣传思想文化和精神文明建设重要信息；进行理论宣传和形势政策教育；开展思想道德建设和精神文明创建活动；传播文明风尚，促进社会文明水平和公民文明素质的提高。该网站的主要栏目有资讯、创建、典型、评论、文化、影音、专栏、资料、地方等，所有栏目的内容和信息都是来自全国各地。

（二）地区性网络精神文明建设

地区性网络精神文明建设是指在中央精神文明建设指导委员会指导下，在面向某地区性行政区域范围内的网络精神文明建设。我国内陆的行政区划分为“省级行政区、市级行政区、县级行政区、乡级行政区”四级。“港澳台”地区属于“一国两制”地区。地区性网络精神文明建设是指面向“省级、市级、县级”行政区划范围内的网络精神文明建设。地区性网络精神文明建设的主阵地主要包括网站、微信、微博、客户端等网络途径，地区主管部门通过这些网络渠道将该地区精神文明创建活动中涌现出的先进单位、先进集体、先进个人等先进典型进行广泛宣传。截至 2020 年 8 月，湖南省已建设 34 个文明网站、92 个微信公众号、55 个新浪微博、70 个客户端。

（三）基层性网络精神文明建设

基层性网络精神文明建设中的基层是指“行政区划”中的“基层行政单位”。基层行政单位是指县级以下的行政单位，在城市是指街道办事处，在农村则指乡镇政府及村委会等基层组织。因此，基层性网络精神文明建设是指面向乡镇及村级、街道办事处范围内的网络精神文明建设。基层组织是与人民群众靠得最近的行政单位，拥有广泛的群众基础，是贯彻落实群众性精神文明建设的最直接、最有效的行政单位。《中共中央关于加强精神文明建设的若干重要问题的决议》强调：“全国各地广泛开展的群众性精神文明活动创建，要落实到基层。”① 目前，基层性网络精神文明建设尤其是村级网络精神文明建设还处在空白阶段。为了将网络性精神文明建设真正深入到基层，中央网信办等七部门联合印发《关于开展国家数字乡村试点工作的通知》，数字乡村项目就包括“乡风文明”建设。相信不久以后，基层性网络精神文明建设也会如火如荼地开展起来。

---

① 中国共产党第十二届中央委员会第六次全体会议：《中共中央关于社会主义精神文明建设指导方针的决议》，《人民日报》1986 年 9 月 29 日第 2 版。

（四）行业性网络精神文明建设

网络精神文明建设还需要充分发挥各行各业的独特优势和主体作用。《中共中央关于加强精神文明建设若干重要问题的决议》指出：“各行各业特别是与群众生活关系密切的‘窗口行业’，都要根据自身特点，对职工普遍进行职业责任、职业道德、职业纪律的教育，加强岗位培训，规范行业行为，树立行业新风。”① 虽然我党一直高度重视社会主义职业道德建设，但由于市场经济体制自身存在的自发性、盲目性、逐利性，资本主义意识形态不断渗透，有违职业道德的现象不可避免地存在着：吃、拿、卡、要、钓等行为屡禁不止，贪污受贿等违纪违规违法行为给社会造成了严重的负面影响，假冒伪劣产品让老百姓深恶痛疾。因此，各个行业要建立符合行业特点的职业道德要求，如教师职业道德、医生职业道德、公务员职业道德等。机关、企事业单位是对公民进行道德教育尤其是职业道德教育的重要场所。为加强职业道德建设，各行各业要进行网络精神文明建设，要通过各种网络平台，将现实生活中创建文明行业活动成果在行业网站上进行展示，弘扬社会良好风气。

三、从依存平台划分

依存平台可分为硬件平台和软件平台。按照硬件平台来分，网络精神文明建设可分为桌面型网络精神文明建设和移动型网络精神文明建设。桌面型网络精神文明建设是以 PC 端为接入的网络精神文明建设，移动型网络精神文明建设是以移动端为接入的网络精神文明建设。随着移动上网技术的发展，手机上网用户呈爆炸式增长。截至 2020 年 6 月，我国手机网民规模已达 9.32 亿，手机上网的网民比例高达 99.2%，而使用台式电脑、笔记本电脑、电视、平板电脑上网的比例分别为 37.3%、31.8%、28.6% 和 27.5%。网民上网的时间也日益增长，目前我国网民人均每周上网时长为 28.0 小时。② 人民群众在哪里，精神文明建设就应该在哪里。为此，不管是桌面型

① 中国共产党第十四届中央委员会第六次全体会议：《中共中央关于加强社会主义精神文明建设若干重要问题的决议》，《人民日报》1996 年 10 月 14 日第 1 版。

② 中国互联网络信息中心：《第 46 次中国互联网络发展状况统计报告》，2020 年 9 月 29 日，见 http：//www. cnnic. net. cn/hlwfzyj/hlwxzbg/hlwtjbg/202009/P020200929546215182514. pdf。

还是移动型网络精神文明建设，都是网络精神文明建设非常重要的组成部分。近年来，随着5G技术、大数据技术、融媒体技术的迅猛发展，移动型网络精神文明建设得到了快速普及，桌面型和移动型网络精神文明建设在内容建设方面已日渐趋同和整合。

按照软件平台来分，网络精神文明建设可分为基于网络社交媒体平台的网络精神文明建设、基于网络文艺传播平台的网络精神文明建设、基于网络新闻传播平台的网络精神文明建设、基于网络教育传播平台的网络精神文明建设。

网络社交媒体平台是人们彼此之间用来分享意见、见解、经验和观点的工具和平台，现阶段主要包括社交网站、微博、微信、博客、论坛、播客等。随着网络技术的发展，网络社交产品不断创新、日趋丰富，如基于短视频的“多闪”、基于声音的“吱呀”“音遇”，搜狐、微博相继推出的“狐友”“绿洲”等产品。社交已成为网络最大功能之一，目前微信朋友圈、微博、QQ空间使用率分别为85.0%、40.4%，41.6%。① 但是，近年来利用网络社交媒体大规模传播不良信息、散布恐怖主义和种族仇恨言论、侵犯隐私等现象屡见不鲜。为此，基于网络社交媒体平台的网络精神文明建设的重要性也日益突出。相应地，相关部门加强了对网络社交媒体的监管力度，制定了相关的法律法规，如《网络安全法》《互联网论坛社区服务管理规定》《互联网跟帖评论服务管理规定》《网络信息内容生态治理规定》等，并多次开展专项整治行动，加强了基于网络社交媒体平台的网络精神文明建设。基于网络社交媒体平台的网络精神文明建设的主要内容包括引导人们文明上网、规范人们上网的言行、提高网民的思想道德素质等。

网络新闻传播平台也是网络精神文明建设的重要阵地。截至2020年6月，我国网络新闻用户规模达7.25亿。② 由于网络自媒体技术的发展，网络新闻生产主体不再是传统意义上的生产主体，既包括传统的官方新闻工作者，也包括民间自媒体新闻生产者。官方新闻生产者有着严格的把关制度，一般情况下新闻内容都会经过层层严格审查，基本不会偏离精神文明建设要

---

① 中国互联网络信息中心：《第46次中国互联网络发展状况统计报告》，2020年9月29日，见http://www.cnnic.net.cn/hlwfzyj/hlwxzbg/hlwtjbg/202009/P020200929546215182514.pdf。

② 中国互联网络信息中心：《第46次中国互联网络发展状况统计报告》，2020年9月29日，见http://www.cnnic.net.cn/hlwfzyj/hlwxzbg/hlwtjbg/202009/P020200929546215182514.pdf。

求。但民间的自媒体新闻生产者，缺乏“信息把关人”，因而经常会出现虚假新闻、新闻内容低俗化等不良现象。因此，加强基于网络新闻传播平台的精神文明建设也是非常重要的战略任务。基于网络新闻传播平台的网络精神文明建设内容主要包括网络新闻从业人员的素质建设，用社会主义核心价值观引领网络新闻舆论，保证新闻的真实性和教育意义等。

网络文艺传播平台也是网络精神文明建设的重要领域。目前网络音乐、网络文学、网络游戏、网络视频用户规模已分别达 6.38 亿、4.67 亿、5.39 亿、8.88 亿。[①] 由于受到市场经济的影响，网络音乐、网络文学、网络游戏、网络视频等网络文艺作品的生产者往往会把经济效益摆在首位，偏离社会主义精神文明建设轨道，导致网络文艺作品低俗化庸俗化媚俗化。习近平同志强调：“文艺作品要坚持把社会效益放在首位，引导文艺工作者树立正确的历史观、民族观、国家观、文化观，自觉讲品位、讲格调、讲责任，自觉遵守国家法律法规，加强道德品质修养，坚决抵制低俗庸俗媚俗，用健康向上的文艺作品和做人处事陶冶情操、启迪心智、引领风尚。”[②] 习近平同志关于文艺工作的讲话为规范和规制基于网络文艺传播平台的网络精神文明建设提供了重要遵循。

网络教育传播平台是依托网络技术为学习者提供学习资源的网络传播平台，它不受时间和空间的限制，为学习者提供了便捷的个性化学习。传统教育模式由于受到社会经济发展状况的制约，接受高等教育的机会不是人人都可以获得的，基础教育也不能满足每个人的个性化需求。网络教育传播平台则可以利用网络传播的优势，作为传统教育模式的一种补充，为提高全民的教育科学文化素质作出贡献。网络教育传播平台的建设也受到了国家的重视。《国家中长期教育发展改革和规划纲要（2010—2020）》指出：“要以远程教育网络为依托，形成覆盖全国城乡的开放教育体系，为各类社会成员提供多层次、多样化的教育服务。”[③] 目前，网络教育传播平台建设还处在起

① 中国互联网络信息中心：《第 46 次中国互联网络发展状况统计报告》，2020 年 9 月 29 日，见 http://www.cnnic.net.cn/hlwfzyj/hlwxzbg/hlwtjbg/202009/P020200929546215182514.pdf。

② 《习近平谈治国理政》第三卷，外文出版社 2020 年版，第 313－314 页。

③ 中央政府门户网站：《国家中长期教育发展改革和规划纲要（2010—2020）》，2010 年 7 月 29 日，见 http://www.gov.cn/jrzg/2010-07/29/content_1667143.htm。

步阶段，大部分网络教育还没有真正利用网络的特点进行创新，而只是传统教育在网络上的延伸，而西方一些发达国家在网络教育方面已经取得较好的成就，值得我们借鉴。

四、从功能作用划分

从功能作用角度来看，网络精神文明建设的根本目的是为了满足网民日益增长的精神生活需求。网民的精神生活需求分为认知需求、交往需求、娱乐需求等。据此，网络精神文明建设可分为认知类网络精神文明建设、交往类网络精神文明建设、娱乐类网络精神文明建设。

（一）认知类网络精神文明建设

认知是指人们获得知识、应用知识的过程，是人类最基本的心理过程。马克思认为，人与动物最根本的区别是“人是有意识的动物”“动物和自己的生命活动是直接同一的。动物不把自己同自己的生命活动区别开来，它就是自己的生命活动。人则使自己的生命活动本身变成自己意志和意识的对象，他具有有意识的生命活动。”① 人类正是通过认知活动推动社会生产力的发展、丰富人的精神世界。认知类网络精神文明建设就是指能够让网民获得认识世界、改造世界所需要的知识的精神文明建设，如网络教育、网络科学知识普及等内容。

（二）交往类网络精神文明建设

交往是人与人、人与社会、人与自然的一种连接方式，是人类在实践活动中的存在方式和发展条件。人类的交往方式包括物质交往和精神交往两种形式。交往类网络精神文明建设是指在网络物质和精神交往过程中为规范和调节网民言行的精神文明建设，如网络思想道德素质建设、网络法治文化建设等内容。

（三）娱乐类网络精神文明建设

娱乐的最初意义是指人们对某种事物领悟后的感受和麦子成熟之后的喜

① 《马克思恩格斯选集》第一卷，人民出版社 2012 年版，第 56 页。

悦，后来发展为给受众带来快乐的活动或作品。随着文化的丰富，娱乐生活逐步成为人类精神生活的重要组成部分。在互联网技术的助推下，网民的娱乐需求得到蓬勃发展。娱乐类网络精神文明建设就是指为满足网民娱乐需求的精神文明建设，包括网络音乐、网络电影电视、网络文学、网络游戏、网络体育等群众性文体类网络作品。

五、从表现形式划分

表现形式是与内容相对的哲学概念，是一事物内容的外在呈现方式。按照表现形式来分，网络精神文明建设可分为网络文学类精神文明建设、网络艺术类精神文明建设、网络理论类精神文明建设、网络新闻类精神文明建设等。

（一）网络文学类精神文明建设

网络文学类精神文明建设是指用网络文学作品的表现形式来进行网络精神文明建设。文学，是一种用口语或文字作为媒介，表达客观世界和主观认识的方式和手段。文学的表现形式又分为诗歌、民谣、散文、小说、寓言、童话等。文学的重要特点是表达内心情感，再现一定时期、一定地域的社会生活。目前网络文学包括三种形态：通过电子扫描方式或人工输入方式进入互联网的传统文学作品；通过计算机创作再进入互联网的文学作品；直接在互联网上创作并发表的网络文学作品。传统的文学作品都是经过筛选、沉淀的优秀作品，广泛弘扬爱国主义、奋斗精神、奉献精神等积极向上的精神品质，给我们提供了宝贵的积极向上的精神食粮。而当代的网络文学主要以网络小说为主，这些网络小说大部分都是速成的作品，又由于受市场经济的负面影响，大部分网络小说内容低俗空洞，不符合社会主义精神文明建设需求，不但不能起到正面的影响，反而阻碍了社会主义核心价值观的培育和践行。因此，网络文学的价值引导和内容建设将是网络文学类精神文明建设的重点。

（二）网络艺术类精神文明建设

艺术是借助一些手段或媒介，塑造形象、营造氛围，来反映现实、寄托情感的一种文化，也是精神文明建设的重要表现形式。现代艺术包括文学、绘画、雕塑、音乐、舞蹈、戏剧、电影、服装设计等。艺术亦称美育，是社会主义接班人的受教育内容之一，是文化的重要表现形式。鲁迅先生曾说，要改造国人的精神世界，首推文艺。“举精神之旗、立精神支柱、建精神家园，都离不开文艺。”① 网络艺术类精神文明建设是指运用艺术表现形式进行网络精神文明建设。目前在网络上传播的艺术作品包括线下创作的艺术作品在网络上进行展示和在网络上创作的艺术作品两大类。大部分网络艺术作品是线下创作线上传播的，如网络音乐、网络电影等都是在线下创作的艺术作品。而动画和电脑游戏则是通过计算机技术和网络技术创作的。艺术作品可以丰富人们的精神世界、增强人们的精神力量。所以，网络艺术类精神文明建设也是网络精神文明建设的重要板块。目前，我国网络艺术创作还存在不少问题，如有的作品过分追求娱乐效果、有的作品停留在制造互动虚拟视觉或互动虚拟体验的表象层面，缺乏精神内涵。

（三）网络理论类精神文明建设

理论是人们关于事物知识的理解和论述，是自然科学、社会科学、思维科学知识的抽象的表达形式。网络理论类精神文明建设是指搭建学术网站、建设资源共享的研究信息化平台，传播和交流自然科学、社会科学、思维科学等相关知识。网络理论类精神文明建设可以为网民提供自主学习、互动交流的便利，有利于人类优秀文明成果的传播与推广。

（四）网络新闻类精神文明建设

所谓新闻，简而言之，就是对最近发生事件的宣传报道。从这个定义我们可以看出，新闻是记录和传播社会信息的一种文体。新闻舆论可以影响人们的价值观、是非判断标准等精神世界。网络新闻是人们将生活中发生的各种重大事件、突发事件，或对人们生活造成较大影响的事件在网络上进行发布和传播的信息。网络新闻与传统新闻最大的不同是，网络新闻发布主体可

---

① 习近平：《在文艺工作座谈会上的讲话》，2015 年 10 月 14 日，见 http：//www. xinhuanet. com/politics/2015 - 10/14/c_ 1116825558. htm。

以是任何一个网民，网络新闻可以互动，网络新闻易形成网络群极现象等。习近平同志对新时代网络新闻类精神文明建设提出了新要求：掌握网络新闻舆论的话语主导权；坚持正确的网络舆论导向；增强网络新闻舆论的引导力、传播力、影响力、公信力。①

六、从传播方式划分

随着网络技术的发展，网络信息的传播方式从文字传播发展到图片传播、音频传播、视频传播。因此，根据网络信息的传播方式来看，网络精神文明建设可分为网络文字类精神文明建设、网络图片类精神文明建设、网络音频类精神文明建设、网络视频类精神文明建设。

（一）网络文字类精神文明建设

网络文字类精神文明建设是指在网络上用文字媒介进行信息传播的精神文明建设，包括网络文学、网络新闻、网络理论中的大部分内容。网络文字类精神文明建设重点是语言艺术的运用。网络文字类精神文明作品语言生动活泼，读者就多，受到思想影响的人也就多；相反，网络文字类精神文明作品语言干瘪无趣，阅读者则寡，受到思想影响的人也就少。毛泽东同志非常重视语言艺术的使用，他在《反对党八股》一文中曾强调："中国共产党员应多学习语言，要向人民群众学、向外国学、向古人学。"②

（二）网络图片类精神文明建设

网络图片类精神文明建设是指网络空间中用图片形式表现或传播信息的网络精神文明建设，如网络社交媒体中的 QQ 表情、微信表情包等。作为一种新兴的表达方式，表情包已经在网络上流传一段时间了，而且越来越受到网民的喜爱。一张张表情生动的图片，穿插于往返的微信对话中，增添了特殊的情趣。网络表情包是在多元化的网络文化体系中产生的，因而网络表情

① 习近平：《坚持正确方向创新方法手段 提高新闻舆论传播力引导力》，《人民日报》2016 年 2 月 20 日第 12 版。

② 《毛泽东选集》第三卷，人民出版社 1991 年版，第 837 页。

包中渗透的价值观自然也是多元的。网络图片类精神文明建设的重点是如何利用网民喜闻乐见的表现形式呈现精神文明建设要求的主流文化内容。

（三）网络音频类精神文明建设

网络音频类精神文明建设是指在网络上通过音频形式传播网络文化作品的网络精神文明建设，如网络 QQ 音乐、酷狗音乐、喜马拉雅音频分享平台等音频传播平台。近年来，网络音频遍地开花，已成为满足人们在碎片化时间获取信息的重要渠道。据尼尔森网联与蜻蜓 FM 联合发布的《网络音频节目用户研究报告》显示，2018 年，中国网络音频节目听众规模已达 6.61 亿。网络音频节目听众呈年轻化、高质化、高知化、白领化趋势。由于利益的驱使，网络音频内容也存在一些乱象，对青少年健康成长产生了不良影响。因此，对网络音频内容进行监管和引导成为网络音频类精神文明建设的重点。

（四）网络视频类精神文明建设

网络视频类精神文明建设是指在网络上通过视频形式传播网络文化作品的网络精神文明建设，如网络电影电视节目、网络直播、网络短视频等。目前我国网络视频用户已经达到 8.5 亿的规模。网络短视频因满足了“短、快、精、随”的时代特点而受到网民的热捧。但目前，由于网民素质参差不齐、经济利益的驱使和网络法律法规滞后等原因，网络视频里的内容也存在淫秽色情、暴力恐怖、虚假信息等。网络视频类精神文明建设重点是保持视频传播的优势特点，加强视频内容建设，使之符合网络精神文明建设要求。

第二节　网络精神文明建设的特征

作为新媒体出现的网络具有多重属性，主要表现为技术平台属性、传播媒介属性、经营平台属性、虚拟社会属性。[①] 与网下精神文明建设比较，网络精神文明建设具有虚拟性、泛在性、便捷性、互动性等特点。

① 彭兰：《网络传播概论》（第二版），中国人民大学出版社 2009 年版，第 179 页。

一、虚拟性

虚拟性是网络的一大特征。什么是网络的虚拟性呢？陈宗章教授从技术性、网络主体身份、网络空间内容物等三个不同角度对此进行了界定。他指出，从技术性角度看，网络空间是基于数字化技术、信息技术建立起来的空间形态，它不是由原子构成的世界，而是由“比特”构成的对现实之物进行仿真模拟的虚拟世界；从网络主体身份来看，虚拟带来的匿名性使得主体的职业角色、社会地位乃至男女性别等身份标志被解构，致使“现实的人”成为了游荡在网络空间中的幽灵；从网络空间的内容物来看，一切（包括人的表情和内心活动）都转变为虚拟的网络符号，人与人之间的社会交往实践真正转变为技术性的、符号化的交往互动。[①] 哲学研究者刘友红教授认为“虚拟即是符号化”。[②] 由此可见，网络精神文明建设的虚拟性是指网络精神文明建设过程中出现的符号化特征，主要体现在以下几个方面。

第一，从建设的空间场域来看，网络精神文明建设是在符号化的网络空间进行的。到目前为止，学术界将人类生活的空间分为两个空间，一个是现实空间，另一个是虚拟空间。现实空间是指以原子构成的客观物质存在的空间；虚拟空间是指以数字符号构成的信息存在的网络空间。传统的精神文明建设是在现实空间进行的，网络精神文明建设是在网络虚拟空间进行的。与现实空间相比，在网络虚拟空间进行精神文明建设，具有以下几个特点：其一，网络虚拟空间中物理距离已消失，取而代之的是人们的心理距离。网络上人们的交往不再受到地理位置的约束，而是通过相同的兴趣爱好、思想观点组建新的不同的网络社群，开启了人类交往的新模式。网络交往的新模式使得网络精神文明建设必须创造新内容、新形式。其二，网络虚拟空间打破了现实空间中时间的约束性，网络媒体可以全天候处于报道状态，而且报道后的信息又可以永久地存储在网络空间，受众可以在任何时间查询之前发布的任何信息。所以，网络空间可利用的全时性特点，为网络精神文明建设节

---

① 陈宗章：《网络空间：概念、特征及其空间归属》，《重庆邮电大学学报（社会科学版）》2019 年第 2 期。

② 刘友红：《人在电脑网络社会里的“虚拟生存”：哲学范畴的思考》，《哲学动态》2000 年第 1 期。

约了时间成本和经济成本，给受众接收信息带来了方便。其三，网络虚拟空间是个多维影像空间。影像是指人们对视觉感知的客观物质的再现。在这个空间中，我们看到的不是有血有肉的人，而是人的主观世界的直接反映。也就是说，在网络虚拟空间，我们可以直接观察到人们的精神世界和思想世界。

第二，从网络主体角度来看，网络精神文明建设主体和受众身份是虚拟的，是符号化的存在。在网络空间中，上网主体都是符号化形式的虚拟存在，他们真实的性别、职业、年龄等身份特征通常被隐藏。一方面，因为网络精神文明建设的受众身份是虚拟的，所以网络精神文明建设主体无法了解受众身份的真实信息，使得网络精神文明建设主体必须重新了解网络社群及其精神需求，进行分众化、差异化内容建设，以满足不同网络群体的精神生活需求；另一方面，因为网络精神文明建设主体的身份是虚拟的，在一定程度上削弱了其能动性、责任心和使命感，使网络精神文明建设面临着更复杂的新形势。

第三，从建设内容来看，网络精神文明建设的内容也都是以符号化形式而存在的。网络精神文明建设内容的虚拟性是指网络精神文明建设的信息内容是以数字化符号形式进行存储、发送和传播的。一方面，网络精神文明创建活动的符号化，使得网络精神文明创建活动信息可以永久储存，并可以随时进行信息提取，因此提高了人们对网络精神文明创建活动的认可度，调动了网民对网络精神文明创建活动的参与积极性；另一方面，网络精神文明建设信息内容的虚拟性使得网络精神文明建设的信息内容可以随意进行删减、增加、变形、虚构、解构、拼凑，给不法分子和别有用心之人提供了歪曲事实、颠倒黑白的机会，导致网络成为谣言策源地。

二、泛在性

“精神文明建设，渗透在整个物质文明建设之中，体现在经济、政治、文化、社会生活各个方面。”① 网络精神文明建设同样如此，也渗透在网络

① 中国共产党第十二届中央委员会第六次全体会议：《中共中央关于社会主义精神文明建设指导方针的决议》，《人民日报》1986 年 9 月 29 日第 2 版。

物质文明建设的全过程中，体现在网络经济、网络政治、网络文化、网络生态建设的各个场域。网络精神文明建设的泛在性是指网络精神文明建设广泛存在于网络空间的各个领域。

第一，网络精神文明建设广泛存在于网络经济领域。网络经济是指建立在计算机网络技术基础之上，以现代信息技术为核心的新的经济形态。在网络时代，网络经济已经成为现代化经济体系的重要组成部分。习近平同志指出：新时代“要发展数字经济；要推动产业数字化；要推动互联网、大数据、人工智能和实体经济深度融合，加快制造业、农业、服务业数字化、网络化、智能化”。① 网络经济的快速发展需要合格的人才和文明有序的网络环境。合格人才的培养，文明有序的网络环境的建设都离不开网络精神文明建设。

第二，网络精神文明建设广泛存在于网络政治生活领域。网络政治生活是指人们利用互联网和微博等社交媒体对国家公共事务的参与，如在网络空间对社会热点事件或热点话题进行讨论、发表意见，普通网民与政府领导干部之间的网络互动等政治行为。2008 年是中国网络问政元年，此后网络政治得到蓬勃发展。习近平同志指出：新时代要“运用信息化手段推进政务公开、党务公开，加快推进电子政务、构建全流程一体化在线服务平台，更好解决企业和群众反映强烈的办事难、办事慢、办事繁的问题”。② 网络政治是一种直接民主形式，有利于扩大民主范围，但其弊端是意见多变、缺乏深思熟虑，情绪化比较明显、缺乏理性平和心态。为此，要大力加强网络道德工程建设，倡导文明上网，培育网民的宽容、理性、平和的心态。

第三，网络精神文明建设广泛存在于网络文化生活领域。网络文化是指为人们提供精神生活需求的网络文化产品和活动，包括网络文艺、网络新闻、网络哲学社会科学、网络群众性文化生活等。在新时代，我党非常重视网络文化事业的发展。为了满足人民群众日益增长的精神文化生活需求，习近平同志强调要“坚持以人民为中心的创作导向”“推出优质的网络文艺作

① 《习近平谈治国理政》第三卷，外文出版社 2020 年版，第 307 页。

② 《习近平谈治国理政》第三卷，外文出版社 2020 年版，第 307 页。

品。”[①] 由于目前部分网络文化产品还存在价值观异化、思想肤浅等问题，所以，“网络文化事业发展要坚持把社会效益摆在首位的原则”[②]，广大网络文艺工作者要“在市场经济大潮面前自尊自重、自珍自爱，讲品味、讲格调、讲责任，抵制低俗庸俗媚俗”[③]。

第四，网络精神文明建设广泛存在于网络生态建设领域。网络生态是指网络空间的环境。2016 年，习近平同志提出“要建设网络良好生态”[④]。网络生态建设是指“本着对社会负责、对人民负责的态度，依法加强网络空间治理，加强网络内容建设，做强网上正面宣传，培育积极健康、向上向善的网络文化，为广大网民营造一个风清气正的网络空间”[⑤]。“网络生态良好，符合人民利益；网络生态恶化，不符合人民利益。”[⑥] 针对目前网络生态出现的不良现象，中央精神文明建设指导委员会联合网信等部门，加强了网络法制建设和对网络传播平台的整顿与监管。

三、便捷性

网络既是一个信息传播平台，也是一个技术平台。网络技术的发展速度是惊人的，无论是硬件技术还是软件技术。著名的摩尔定律称，每过 18 个月，计算机芯片的集成速度就会翻一番，这意味着计算机处理能力的急剧扩展。[⑦] 便捷性是网络技术的重要特征。网络精神文明建设的便捷性是指在网络空间进行精神文明建设具有方便、快速、高效等特点。

第一，网络技术使得精神文明建设的文化作品生产更高效。以前文字、图片类型的文化作品生产主要是通过手写、手绘等人工方式完成，需要长时间才能完成一件作品，而在网络平台上创作文字、图片类型的文化作品，速度明显提升。以前视频类文化作品的生产往往耗时非常长，如传统电影制作一般需要 9 个月左右，而网络电影制作一般只需 3 个月，几乎节省了半年时

---

① 《习近平谈治国理政》第二卷，外文出版社 2017 年版，第 314 页。
② 《习近平谈治国理政》第二卷，外文出版社 2017 年版，第 313 页。
③ 《习近平谈治国理政》第三卷，外文出版社 2020 年版，第 326 页。
④ 《习近平谈治国理政》第二卷，外文出版社 2017 年版，第 335 页。
⑤ 《习近平谈治国理政》第二卷，外文出版社 2017 年版，第 337 页。
⑥ 《习近平谈治国理政》第二卷，外文出版社 2017 年版，第 336 页。
⑦ 彭兰：《网络传播概论》（第二版），中国人民大学出版社 2009 年版，第 180 页。

间，效率提升了两倍。尤其是随着网络短视频技术的出现，现在只要几分钟就可以录好一个网络视频作品。

第二，网络技术使得精神文明建设内容传播速度更快。以前精神文明建设内容的传播主要通过教育、书籍、电视、广播等传统媒体，审核和制作流程复杂繁琐，信息传播速度缓慢。在网络精神文明建设过程中，内容传播速度快、覆盖面广，而且人们可随时随地接收和查找信息，尤其是有了微信、微博以后，传播速度更快捷了。

第三，网络技术使受众接收精神文明建设的信息更方便。广播、电视等传统媒体所发布的信息“转瞬即逝”。如果受众错过了收听、收看时间，就再也没有机会获得这些信息。而网络媒体则成功地避免了这个缺点，受众可以在信息发布后的任何时间通过搜索引擎或网站的数据库来获取这些信息。

第四，网络技术使得精神文明建设的内容保存更方便。没有网络之前，精神文明建设的内容通常是用书籍、光碟等物质形式进行保存。但是书籍、光碟这些物质形式通常可能会随着时间的推移而产生破坏、遗失、损坏等现象。而在网络精神文明建设过程中，内容在网络空间是通过数字符号而存储的，几乎不可能产生破坏、遗失、损坏等问题，而且网络空间是个巨大的无穷的存储空间，可以无限制地存储精神文明建设的内容信息。

第五，网络技术使精神文明创建活动更高效。群众性精神文明创建活动是精神文明建设的重要内容，是提高群众思想道德素质、教育科学文化素质和健康素质的重要途径。首先，网络可以提高人们参与精神文明创建活动的积极性主动性。如中国文明网举办的“我推荐我评议身边好人”活动，该活动自 2008 年 5 月开展以来，截至 2018 年 5 月，共收到网民举荐的好人好事线索 4492 万余件，中国文明网集中展示宣传了 63204 位身边好人的先进事迹，网友共评议推出了 11681 名中国好人。其次，利用网络进行群众性精神文明创建活动会让活动影响面更广泛更持久。如网络诚信活动的开展，国家相关部门签署了“信用联合奖惩备忘录”，初步建立了网络诚信发布机制，让守信者处处便利，让失信者寸步难行。此活动开展以后，极大地震慑了不讲诚信之徒，弘扬了诚实守信的社会风尚。另外，各地方政府利用文明网、微信、微博、客户端等网络传播平台对“文明城市、文明村镇、文明家庭”

等精神文明创建活动进行广泛宣传和报道，使这些创建活动深入人心，形成了向典型看齐的良好精神文明建设氛围。

四、互动性

互动性是互联网新传播媒体最突出的特点。所谓互动性，是指人们在网络平台中发送、传播和接收各种信息时，表现的双向、多向操作方式。网络的互动性是网络精神文明建设互动性的基础。网络精神文明建设互动性是指受众与网络精神文明建设主体、内容之间的互动。

第一，受众与网络精神文明建设主体之间的互动。传统精神文明建设过程中，文明办、文化、宣传、教育等权威部门是精神文明建设的主体，建设主体采用自上而下的领导式、灌输式的传播模式，受众只是精神文明建设的被动接受者，而且基层民众与高层建设主体之间由于地理位置和身份层级的原因，几乎不可能产生直接互动。但有了网络以后，精神文明建设情况发生了颠覆性的变化。微信、微博等网络社交平台的交互性功能，使受众在网络精神文明建设过程中可以直接与各层级的建设主体进行交流互动，对精神文明建设活动的方式、效果等进行点赞、评价、提出合理化意见，等等；或与建设主体进行网络交流及进一步探讨，甚至有可能碰撞出新的思想火花。网络空间中，由于受众和建设主体都是以符号形式而存在，所以大家在交流时，会比现实生活中面对面的交流少了一份拘谨，多了一份轻松，交流效果更佳。

第二，受众与网络精神文明建设内容、受众之间的互动。随着网络技术的发展，网络新闻、网络文学等文字类网络文艺作品都有了点赞、转发、评论等互动功能，网络电影、网络视频等视频类网络文艺作品也有了弹幕的功能，使网民在浏览网络新闻、阅读网络文学作品、观看网络视频时，可以随时对阅读或观看的内容进行评价与反馈，让受众与网络精神文明建设的内容、受众之间产生互动。通过受众与网络精神文明建设的内容、受众之间的互动，网络精神文明建设主体能更加准确地把握建设内容的受欢迎程度，以及受众的需求、喜好等，从而使网络精神文明建设主体更好地调整网络精神文明建设内容，以适应受众的现实需求。如新一代电子杂志设有留言板，可以让网民在在线阅读时进行即时互动；也有一些电子杂志尝试使网民直接与内容进行互动，如《物志》杂志在第五期首创推出了体验式网络情景剧《麦琪的礼物》，读者可以通过对不同的故事情节进行选择，在线参与完成整部情景剧；一些时尚类杂志更是注重利用互动技术增加受众的个性化体验等。

第三章　网络精神文明建设的矛盾与规律

矛盾和规律是表征事物形成发展过程中内部构成要素及其与外界相互关系的范畴，二者既相互区别，又相互联系。准确把握网络精神文明建设的矛盾是科学揭示网络精神文明建设规律的基础，只有遵循网络精神文明建设的规律，才能正确处理网络精神文明建设实践中的各种矛盾。

第一节　网络精神文明建设的矛盾

辩证唯物主义认为，矛盾无处不在、无时不有。毛泽东同志指出：矛盾存在于一切事物的发展过程中，每一事物的发展过程中存在着自始至终的矛盾运动。① 矛盾即对立统一，是事物内部包含着的既相互联结、相互依存、相互渗透，又相互分离、相互排斥、相互否定的方面和倾向，是事物发展的源泉和动力。② 网络精神文明建设的矛盾，是指网络精神文明建设系统内部各构成要素之间相互联系的形式，是决定网络精神文明建设发生、存在和发展的根本动力。分析和认识网络精神文明建设的矛盾就是分析和认识网络精神文明建设系统内部及其与外部环境之间的关系。网络精神文明建设的矛盾可分为基本矛盾和具体矛盾两大类。

---

① 《毛泽东选集》第一卷，人民出版社 1992 年版，第 305 页。

② 韩树英：《马克思主义哲学发展纲要》，人民出版社 2004 年版，第 104 页。

一、网络精神文明建设的基本矛盾

基本矛盾即事物的根本矛盾，是指贯穿于事物发展过程始终并规定着事物发展过程基本性质的矛盾。事物作为过程而存在，过程不同，就是因为它们所包含的基本矛盾不同。① 事物发展过程往往表现为若干不同的发展阶段，在事物发展过程的各个阶段，其基本矛盾不会改变。② 如果事物的基本矛盾消失了，就代表事物发展过程终结了，说明该事物的性质已经发生了根本变化。

网络精神文明建设的基本矛盾就是指贯穿于网络精神文明建设过程始终、决定网络精神文明建设基本性质、在网络精神文明建设过程中起支配和制约作用的矛盾。辩证唯物主义认为，认识客观世界的根本任务就是为了解决该事物的基本矛盾。网络精神文明建设的根本任务，就是以社会主义核心价值观为基本遵循，提高人们的网络思想道德素质、教育科学文化素质和健康素质水平，使之成为网络信息时代中国特色社会主义事业发展所需要的“有理想、有道德、有文化、有纪律”③ 的社会主义建设者和接班人。目前，人们实际的网络思想道德素质、教育科学文化素质和健康素质水平与网络信息时代中国特色社会主义事业发展所需的“四有”新人要求之间存在差距，而且这个差距将会一直存在于网络精神文明建设的全过程。由此可见，网络精神文明建设的基本矛盾是：中国特色社会主义事业发展所提出的“四有”新人要求与人们实际的网络思想道德素质、教育科学文化素质和健康素质水平之间的差距。

第一，这个矛盾是网络精神文明建设发生、存在的内在根据。首先，这个矛盾是网络精神文明建设发生的根本动力。虽然我党一直重视网络精神文明建设，加大了网络空间的治理力度，但网络暴力、恐怖、色情、诈骗、谩骂等不文明言行依然存在。这些网络不文明言行，污染了网络生态环境，损害了人民利益，阻碍了中国特色社会主义事业的发展。为此，中央精神文明

① 韩树英：《马克思主义哲学发展纲要》，人民出版社2004年版，第117页。

② 韩树英：《马克思主义哲学发展纲要》，人民出版社2004年版，第117页。

③ 中国共产党第十二届中央委员会第六次全体会议：《中共中央关于社会主义精神文明建设指导方针的决议》，《人民日报》1986年9月29日第2版。

建设指导委员会郑重提出，新时代“要加强网上精神文明建设”①，使人们的网络素养明显提高。其次，这个矛盾是网络精神文明建设存在的根本依据。网络精神文明建设的根本任务就是不断提升人们的网络文明素养，达到网络信息时代中国特色社会主义事业发展所提出的文明素质要求。如果人们的网络文明素养达到了中国特色社会主义事业发展所提出的文明素质要求，网络精神文明建设的历史使命也就结束了，网络精神文明建设也就不复存在了。

第二，这个矛盾贯穿于网络精神文明建设过程的始终并推动着网络精神文明建设的发展。首先，这个矛盾始终贯穿于网络精神文明建设的全过程。事物的基本矛盾决定事物的基本性质，网络精神文明建设的基本矛盾决定了网络精神文明建设的基本性质和根本任务。只要这个差距还存在，网络精神文明建设的根本任务就会存在。其次，这个矛盾运动推动着网络精神文明建设向前发展。矛盾是运动和发展的，矛盾的运动和发展推动着事物向前发展。在网络精神文明建设过程中，人们实际的网络文明素质水平随着网络物质文明的发展、人们受教育程度的提高而逐步提高。人们网络文明素质水平的提高，又推动着网络物质文明建设的发展，网络物质文明建设的进步又引起网络精神文明建设目标和要求的提高。如此循环往复，推动着网络精神文明建设不断向前发展。

第三，这个矛盾规定和制约着网络精神文明建设的具体矛盾。辩证唯物主义认为，在事物的矛盾体系中，居于支配地位、起主导作用的基本矛盾通常制约和规定着居于从属地位、起次要作用的具体矛盾。在网络精神文明建设过程中，除了基本矛盾以外，还存在着具体矛盾，如网络精神文明建设和网络物质文明建设之间的矛盾，网络精神文明建设和网下精神文明建设之间的矛盾，网络文化产品供给和网民精神需求之间的矛盾，党委、政府、企业、学校、网民五大主体之间的矛盾等。这些矛盾都是网络精神文明建设基本矛盾的具体表现。网络精神文明建设基本矛盾规定和制约着具体矛盾的发展和解决。网络精神文明建设基本矛盾在发展过程中不断产生量的变化，网

---

① 中央精神文明建设指导委员会：《关于深化群众性精神文明创建活动的指导意见》，《人民日报》2017年4月6日第9版。

络精神文明建设基本矛盾所制约的具体矛盾，有些激化了，有些缓和了，有些暂时或局部地解决了，还有可能会有新的矛盾产生；网络精神文明建设的基本矛盾得到解决，网络精神文明建设的具体矛盾才会得到缓解或消失。

二、网络精神文明建设的具体矛盾

具体矛盾是指事物基本矛盾在事物发展过程中的具体表现。网络精神文明建设的具体矛盾，是指网络精神文明建设基本矛盾在网络精神文明建设过程中的具体表现，主要包括：网络精神文明建设与网络物质文明建设之间的矛盾、网络精神文明建设和网下精神文明建设之间的矛盾、网络文化产品供给与网民精神需求之间的矛盾、党委政府企业学校网民等五大主体之间的矛盾等。

（一）网络精神文明建设与网络物质文明建设之间的矛盾

如前所述，网络精神文明建设是指社会主义精神文明建设的网络表现形式，是思想道德水平、教育科学文化知识、健康素质的网络化。网络物质文明建设是指社会主义物质文明建设的现代化、信息化，包括数字经济化、产业数字化，互联网、大数据、人工智能与实体经济的深度融合等。网络精神文明建设和网络物质文明建设关系密切，相互依存，相互影响。一方面，网络物质文明建设是网络精神文明建设的物质基础和保障，任何网络精神文明建设都需要以一定的网络物质文明成果为载体；另一方面，任何网络物质文明建设都必然蕴含、体现、表征着网络精神文明建设的成果。在一定意义上说，网络精神文明建设和网络物质文明建设是人们在网络虚拟空间同一实践过程中的两个方面。因此，网络精神文明建设和网络物质文明建设是中国特色社会主义建设的两个不可分割的重要组成部分。自接入国际互联网以来，我国网络精神文明建设和网络物质文明建设都取得了显著的成就。但由于我国社会历史发展的特殊性，网络物质文明建设和网络精神文明建设之间仍然存在着一些矛盾和冲突：其一，网络物质文明建设的滞后性与网络精神文明建设的超越性之间的矛盾。马克思主义认为，社会意识与经济发展水平之间具有发展不平衡的特点。网络物质文明建设的滞后性是指我国在网络核心技术发展方面落后于西方发达国家，网络精神文明建设的超越性是指我国网络精神文明建设是超越于资本主义精神文明建设的社会主义性质的精神文明建设。26 年来，我国网络物质文明建设取得了显著成就。目前，有 4 个互联网企业冲进了世界互联网企业前 10 强。但网络核心技术仍然受制于西方发达国家，这导致我国的网络物质文明建设无法满足网络精神文明建设超越性之需求。其二，网络物质文明建设的市场逐利性与网络精神文明建设坚持社会效益第一位原则之间的矛盾。网络物质文明建设是在社会主义市场经济体制环境下进行的，而网络精神文明建设要求以培育和践行社会主义核心价值观为根本。前者的市场逐利性必然驱使建设主体追求经济效益最大化，后者要求建设主体坚持社会效益第一位的原则，从而不可避免地导致网络物质文明建设与网络精神文明建设之间发生矛盾和冲突。其三，网络精神文明建设法治化的滞后性与网络物质文明建设健康有序发展需求之间的矛盾。网络物质文明建设需要有一个遵纪守法、诚实守信、健康有序的文明环境作为保障，但由于网络精神文明建设法治化的滞后性，我国互联网市场还存在恶性竞争、滥用市场支配地位等情况，网络诈骗案件越来越多，作案手段花样翻新①，给人民群众带来了严重的财产损失，影响和制约着网络物质文明建设的健康有序发展。

（二）网络精神文明建设和网下精神文明建设之间的矛盾

网络精神文明建设和网下精神文明建设是社会主义精神文明建设在两个不同空间所进行的精神文明建设。网络精神文明建设是指在网络虚拟空间所进行的精神文明建设，网下精神文明建设是指在现实物理空间所进行的精神文明建设。由于两个空间信息生产、传播、消费的机制和模式不同，网络精神文明建设与网下精神文明建设之间不可避免地存在着矛盾和冲突。其一，网络道德与网下道德实践之间的矛盾。现实社会中，人与人之间的交往是现实的具体的，性别职业等身份特征都是公开透明的，所以人们在交往过程中大多会主动遵守社会伦理道德规范。而在网络虚拟空间中，人与人之间的交往可以是匿名的，因此，一些缺乏自律的网民就会放松社会伦理道德规范的

---

① 习近平：《在网络安全和信息化工作座谈会上的讲话》，《人民日报》2016 年 4 月 26 日第 2 版。

自我约束，进而产生不文明言行，使网络成为道德滑坡的助推器。其二，网络多元化社会思潮相互激荡与网下主流文化占主导之间的矛盾。网下精神文明建设是由上级权威部门通过自上而下的传播方式，对主流文化和主流价值观念进行线性传播。而网络空间中，传播模式是双向循环传播与社会系统传播，每个人都是精神文明建设的参与者、贡献者，每个人都可以自由发表自己的思想和观点。所以，网络精神文明建设过程中，不再是主流文化的主导传播，而是多元化社会思潮的相互交融、相互激荡。其三，网络舆论的不可控性与现实社会舆论的可控性之间的矛盾。现实社会舆论一般是在相对稳定的亲朋好友或工作伙伴群体中进行传播，传播速度较慢，影响范围较小，易控制；网络空间的舆论传播面向全国网民，传播速度快，影响范围广，容易形成群极现象，控制难度增大。

（三）网络文化产品供给与网民精神需求之间的矛盾

网络文化产品是网络文化发展和传播的载体，是以网络为基础和手段、为满足互联网用户需求而创造的文化产品，如网络游戏产品、网络动漫产品、网络音像制品及其他网络文化产品等。[①] 从产生机制来看，网络文化产品大致可分为两类：一类是根植于传统文化土壤，但又有着独自“基因”的网络文化产品，如网络文学等；另一类是网络新技术、新应用催生的新型的网络文化产品，如网络表情包等。[②] 网民精神需求是指网民为满足自身全面发展的心理诉求。网络文化产品供给与网民精神需求之间存在矛盾，主要表现在以下几个方面：其一，网络文化产品供给的有限性与网民精神需求的无限性之间的矛盾。网络文化产品供给的有限性是指网络文化产品的生产与创新能力是有限的。创新是文化进步和发展的动力，网络文化产品的创新包括理念的创新、内容的创新、形式的创新。网络文化产品的创新能力往往会受到网络技术、人们对网络技术的应用能力、国家的文化体制等因素的影响和制约，所以，在一定社会发展阶段，网络文化产品的生产与创新能力是有限

① 瞿浩、何家霖、马锦玉：《高校网络文化产品的供给机制研究》，《赤峰学院学报（自然科学版）》2016 年第 10 期。

② 彭兰：《网络文化产品带来的文化新景观》，《人民日报》2017 年 9 月 10 日第 5 版。

的。网民精神需求的无限性是指在网络的开放性、民主性和平等性的刺激下，网民的精神需求得到充分释放，网民精神需求在数量上和质量上不断变化和提升，而且永无止境。因此，网络文化产品生产与创新能力无法满足网民不断提升的精神需求，从而产生了矛盾与冲突。其二，网络文化产品供给的有偿性与网民购买力有限性之间的矛盾。在市场经济体制环境下，许多网络文化产品都走向了市场化，逐步形成付费消费和有偿服务模式，如注册付费、VIP 会员制等消费模式。但是根据第 46 次《中国互联网络发展状况统计报告》显示，截至 2020 年 6 月，无收入网民占比为 10%，月收入在 1000 元以下的网民占比为 31.5%，月收入在 3000 元以下的网民占比为 56%。如果一个网民每天消费 10 元左右的网络文化产品，一个月也需要消费 300 元左右，这对于月收入在 3000 元以下的网民来说是一笔不小的消费。于是，网络文化产品供给的有偿性和网民购买力的有限性之间就产生了差距和矛盾。其三，网络文化产品内容的低俗化、庸俗化、媚俗化与网民对美好精神需求之间的矛盾。新时代以来，随着物质生活水平和受教育程度的提高，人们对美好精神生活的需求也越来越高，更希望看到品位高雅、思想深刻、艺术精湛、制作精美的优秀网络文化产品，享受到优质的网络文化服务。但是由于受到市场经济体制的影响和西方资本主义意识形态的渗透，有些网络文化企业和网民社会责任感不强，将经济利益放在第一位，无原则地迎合市场和网民的需求，生产出一些思想肤浅、内容低俗、制作粗糙的网络文化产品，无法满足网民对美好精神生活的需求。其四，网络文化产品同质化与网民精神需求个性化之间的矛盾。网络文化产品同质化是指不同网络文化产品在内容上的重复或在形式上的类似或在风格上的模仿，例如一些网络剧故事情节基本雷同，网络综艺节目环节设置几乎一模一样。但是随着社会经济水平和民主化程度的提高，网民精神需求的个性化越来越凸显。网民精神需求个性化是指不同年龄段、不同职业、不同兴趣爱好的网民的网络精神需求的差异性，如老年人更加关注养生的话题，中年人追求生活品质，年轻人喜欢时尚新奇的事物等。目前网络文化产品适合年轻人的较多，适合中老年人的较少；娱乐休闲的节目较多，科技、文化、教育类较少；低俗化、庸俗化、媚俗化网络文化产品较多，思想深刻、制作精良的网络文化产品较少。因此，同质化的网络文化产品无法满足网民个性化的精神需求。

（四）党委政府企业学校网民等五大主体相互之间的矛盾

“加强精神文明建设，不单是思想文教部门的任务，而且是各条战线和一切部门的任务，是全党全军和全国各族工人、农民、知识分子和其他劳动者、爱国者的共同的长期的任务。”① 网络精神文明建设也是如此，不是某一部门的任务，而是所有网络主体共同的责任。网络精神文明建设的主体主要包括党委、政府、企业、学校和网民等五大主体。党委、政府、企业、学校、网民等五大主体在网络精神文明建设中所担负的职责不同、权力有别，所以在网络精神文明建设过程中，五大主体之间不可避免地会产生一些矛盾和冲突。这些矛盾和冲突主要表现为：其一，五大主体之间职责不明的矛盾。由于网络精神文明建设时间不长，重视不够，所以对于网络精神文明建设五大主体之间的分工、职责、要求等还没有形成规范性的制度体系，导致网络精神文明建设过程中五大主体之间还存在协作协调效率不高的问题，没有形成合力。其二，五大主体之间利益冲突的矛盾。党委和政府代表的是广大人民群众的根本利益，通常考虑的是整体利益和长远利益；企业代表的是本企业内部职工的利益，学校代表的是学校和学生的利益，网民代表的是个人利益，他们通常考虑的是局部利益和短期利益。因此，在网络精神文明建设过程中，五大主体之间不可避免地会产生整体利益与局部利益、长期利益与短期利益之间的矛盾。其三，五大主体之间思想观念的矛盾。“生活决定意识。”② 人们的思想是从社会实践中产生的。党委、政府、企业、学校、网民等五大主体由于受教育程度的不一致和社会实践环境的差异，所产生的思想认识和思想观念自然会存在差异性。

第二节　网络精神文明建设的规律

“规律就是关系。……本质的关系或本质之间的关系”③，反映事物发展

---

① 中国共产党第十二届中央委员会第六次全体会议：《中共中央关于社会主义精神文明建设指导方针的决议》，《人民日报》1986 年 9 月 29 日第 2 版。

② 《马克思恩格斯选集》第一卷，人民出版社 2012 年版，第 152 页。

③ 《列宁全集》第 55 卷，人民出版社 1990 年版，第 128 页。

过程中的本质联系和必然趋势。规律具有层次性，有贯穿事物发展过程始终的基本规律和只存在于事物某一阶段或某一环节的具体规律。网络精神文明建设的规律是指网络精神文明建设过程中各要素之间的本质联系，是由网络精神文明建设的内部矛盾所规定的，反映了网络精神文明建设发展的必然趋势，包括网络精神文明建设的基本规律和具体规律。探索和揭示网络精神文明建设的规律，有利于增强网络精神文明建设的预见性，解决网络精神文明建设过程中的各种矛盾，从而提高网络精神文明建设的有效性和针对性。

一、网络精神文明建设的基本规律

唯物辩证法认为，基本规律贯穿于事物发展过程的始终，揭示了事物发展最一般、最普遍的发展特点和必然趋势。① 网络精神文明建设的基本规律是贯穿于网络精神文明建设过程始终内在的、本质的、必然的联系及其基本矛盾运动的必然趋势。

（一）网络精神文明建设基本规律的主要内涵

对于网络精神文明建设基本规律主要内涵的认识，要在马克思主义经典作家关于规律的论述基础上来进行科学把握。首先，规律表现为事物发展的必然趋势。网络精神文明建设的基本规律就是指网络精神文明建设发展的必然趋势。网络精神文明建设是在中国特色社会主义现代化建设、实现中华民族伟大复兴中国梦的历史条件下发生的，是中国特色社会主义事业的重要组成部分，受到中国特色社会主义经济、政治、文化、社会、生态的制约和影响。同时，网络精神文明建设是一项社会实践活动，通常会受到活动主体需要、利益、观念和目的等主观因素的制约。网络精神文明建设的领导主体是中国共产党，而中国共产党的奋斗目标是实现中国特色社会主义现代化，实现中华民族伟大复兴的中国梦。因此，网络精神文明建设必须要服从中国特色社会主义现代化建设这个大局，为中国特色社会主义现代化建设、为实现中华民族伟大复兴这个历史使命服务。其次，规律表现为“目的”的实现。辩证唯物主义认为，“目的作为规律，决定主体活动的方式和方法，这是规

---

① 江晓萍：《思想政治教育基本规律研究》，中国社会科学出版社 2018 年版，第 30 页。

律的主体性、现实的人的能动性的重要表现，也是社会历史规律与自然规律作用形式的重大区别之一。”① 社会主义精神文明建设的《决议》和《意见》指出，网络精神文明建设的根本目的是为中国特色社会主义事业发展和实现中华民族伟大复兴的中国梦提供坚强思想保证、强大精神动力、丰润道德滋养、良好文化条件。所以，网络精神文明建设内容和目标的制定既要受到中国特色社会主义事业发展和实现中华民族伟大复兴中国梦现实条件的制约，又要为促进中国特色社会主义事业发展和实现中华民族伟大复兴的中国梦贡献力量。综上所述，网络精神文明建设基本规律可以表述为：网络精神文明建设必须服从、服务于中国特色社会主义事业发展和中华民族伟大复兴中国梦的实现。

（二）网络精神文明建设基本规律的主要特征

任何事物都有自己的特点，网络精神文明建设基本规律亦然。网络精神文明建设基本规律的主要特征主要表现在以下几个方面：一是客观性。网络精神文明建设基本规律是不以人的意志为转移而客观存在的，能够被人们认识、把握和遵循。只有透过网络精神文明建设的种种现象，充分地认识、准确地把握、严格地遵循，网络精神文明建设才能顺利开展，取得实效，达到预期目标。否则，任何轻视、忽视或无视网络精神文明建设基本规律的行为，都会阻碍、破坏网络精神文明建设，从而影响中国特色社会主义事业发展的进程和中华民族伟大复兴中国梦的实现。二是主观性。网络精神文明建设基本规律虽然是客观存在的，但是网络精神文明建设基本规律的认识主体是主观的、认识过程是主观的、表现形式是主观的。所以，对于网络精神文明建设基本规律的认识或早或晚，认识的结论或对或错，表现形式也会丰富多样。三是主导性。网络精神文明建设基本规律贯穿于网络精神文明建设过程始终，规定了网络精神文明建设的基本性质，指明了网络精神文明建设发展的方向，在网络精神文明建设过程中占主导地位，制约和影响着其他规律的发展与运用。四是全局性。网络精神文明建设基本规律要求网络精神文明

① 刘曙光：《马克思“目的作为规律”思想探微》，《北京大学学报（哲学社会科学版）》2006年第6期。

建设要有大局意识，要以人民为中心，服从、服务于不断促进人民网络思想道德、教育科学文化和健康素质水平的提升；要服从、服务于中华民族伟大复兴的战略全局，适应、应对世界百年未有之大变局；要服从、服务于社会发展的整体利益和长远利益。五是内隐性。网络精神文明建设基本规律隐藏在网络精神文明建设过程的各种现象之中，不易为人所察觉，需要人们透过现象，看到本质，由表及里、由浅入深地认识，才能把握到其基本规律。

（三）网络精神文明建设基本规律的价值

网络精神文明建设基本规律反映了网络精神文明建设过程中诸要素之间的本质联系和基本矛盾运动的发展趋势。认识网络精神文明建设基本规律对于网络精神文明建设具有重要的实践意义。第一，认识网络精神文明建设基本规律，有助于对网络精神文明建设进行科学合理的部署，制定切实可行的实施方案。基本规律是事物发展过程中内部的、本质的、必然的联系，是属于对事物科学的认识。所以，认识网络精神文明建设基本规律，有利于网络精神文明建设立足国情、从实际出发，避免主观盲目性。第二，认识网络精神文明建设基本规律，有助于解决网络精神文明建设过程中的各种矛盾。基本规律是人们对事物本质的认识，抓住了事物的本质特征就相当于牵住了牛鼻子。认识了网络精神文明建设基本规律，人们就认识了网络精神文明建设的本质特征，就能自觉地运用基本规律解决网络精神文明建设过程中的各种矛盾。第三，认识网络精神文明建设基本规律，有助于增强对网络精神文明建设过程中可能出现的问题的预见性。网络精神文明建设基本规律反映了网络精神文明建设的发展趋势。所以，认识网络精神文明建设基本规律，有利于预见网络精神文明建设过程中有可能会产生的问题，从而制定具有前瞻性、针对性的应对之策。

二、网络精神文明建设的具体规律

网络精神文明建设的具体规律是指反映网络精神文明建设过程中不同阶段、不同领域、不同矛盾之间的内在联系的规律。网络精神文明建设的具体规律包括网络物质文明建设与网络精神文明建设均衡发展相互促进规律，网络精神文明建设与网下精神文明建设统筹兼顾相互配合规律，网络文化产品供给和网民精神需求供需一致相互匹配规律，党委、政府、企业、学校、网民五大主体之间同向同行相互协调规律等。

（一）网络物质文明建设与网络精神文明建设均衡发展相互促进规律

物质文明与精神文明协调发展是中国特色社会主义建设的战略目标与战略方针。同样，在网络信息时代，网络物质文明建设和网络精神文明建设也必须遵循均衡发展相互促进规律，即网络物质文明建设与网络精神文明建设紧密联系，两者互为条件，互为目的，坚持“两手都要抓、两手都要硬”。

2013 年，习近平同志在全国宣传思想工作会议上指出：“只有物质文明建设和精神文明建设都搞好，国家物质力量和精神力量都增强，全国各族人民物质生活和精神生活都改善，中国特色社会主义事业才能顺利向前推进。”① 网络信息时代，中国特色社会主义事业的向前发展既需要强大的网络物质力量，也需要强大的网络精神力量。从社会发展史来看，人类社会经历了农业革命、工业革命，现在正经历信息革命。工业革命，我们遗憾地错失了与世界同进步的机会。当代社会的信息革命为我国现代化发展带来了千载难逢的机遇。所以，在网络信息时代，必须充分利用信息化，站在时代潮头，抓住历史机遇，使网络物质文明建设、网络精神文明建设协调、均衡发展，加快推进中国特色社会主义事业发展进程。但目前，我国在处理网络物质文明建设和网络精神文明建设的关系时，还存在“一手硬、一手软”的问题，即重网络物质文明建设，轻网络精神文明建设。

新时代，要使网络物质文明建设和网络精神文明建设均衡发展相互促进，必须做到以下几点：其一，提高建设主体的思想认识，尤其是党政领导干部的思想认识。思想是行动的先导，认识是行动的动力。党政领导干部是网络精神文明建设的领导主体，必须提高党政领导干部的政治站位，强化大局意识、风险意识，增强战略思维，坚持统筹兼顾的方针，提高领导能力水平；网络企业是网络精神文明建设的重要生产主体，必须增强网络企业的使命感、责任感，坚持经济效益与社会效益相统一的原则，在发展网络物质文明建设的同时，兼顾网络精神文明建设；网民是网络精神文明建设的重要参

① 《习近平谈治国理政》第一卷，外文出版社 2014 年版，第 153 页。

与者，必须提高网民对网络精神文明建设重要性的认识，提高网民的网络素养。其二，加强网络物质文明建设和网络精神文明建设之间的联系。一方面，利用网络物质文明建设已经取得的巨大成果，促进网络精神文明建设。26 年来，我国在网络物质文明建设方面已经取得了巨大的成就，尤其是网络基础设施建设、网络休闲娱乐、网络购物、大数据、云计算、人工智能等技术突飞猛进。我们可以将网络物质文明建设方面已经取得的伟大成果应用到网络精神文明建设过程中去，提高网络精神文明建设的效率。另一方面，将网络精神文明建设融入网络物质文明建设全过程，为网络物质文明建设提供健康有序的发展环境，从而加快网络物质文明建设的步伐。《关于深化群众性精神文明创建活动的指导意见》指出，网络精神文明建设要树立法治思维，运用法治方式，将网络精神文明建设要求融入法律法规、政策制度和社会治理、行业治理之中，“发挥法律法规对维护良好社会秩序、树立文明社会风尚、培育和谐人际关系的保障作用，发挥市民公约、乡规民约、学生守则、行业规范、职业规则、团体章程等社会规范在社会治理中的积极作用”①，为网络物质文明建设保驾护航。

（二）网络精神文明建设和网下精神文明建设统筹兼顾相互配合规律

毛泽东同志曾在《在省市自治区党委书记会议上的讲话》中指出：“我们的方针是统筹兼顾，各得其所。”② 统筹兼顾是科学发展观的根本方法，统筹是建立在充分发挥各方面积极性和创造性的基础上的统筹；兼顾是一种整合和优化。网络精神文明建设和网下精神文明建设统筹兼顾相互配合是指在遵循网络精神文明建设和网下精神文明建设各自运行的基本规律基础上，充分发挥网络精神文明建设和网下精神文明建设各自的传播优势，对网络精神文明建设和网下精神文明建设进行整合和优化，从而构成网上网下同心圆，实现网上网下同频共振，凝聚社会共识。

习近平同志在全国宣传思想工作会议上指出，只有“构建网上网下同心

① 中央精神文明建设指导委员会：《关于深化群众性精神文明创建活动的指导意见》，《人民日报》2017 年 4 月 6 日第 9 版。

② 《毛泽东文集》第七卷，人民出版社 1999 年版，第 186 页。

圆，更好凝聚社会共识”，才能“巩固全党全国人民团结奋斗的共同思想基础，巩固马克思主义在意识形态领域的指导地位”。① 目前，关于处理网络精神文明建设和网下精神文明建设之间的关系还存在以下问题：一是重网下精神文明建设，轻网上精神文明建设。个别党政领导干部在抓网络精神文明建设时，缺乏主动性，习惯于等待上级的工作安排，不能及时敏锐地发现网络精神文明建设中存在的问题。二是缺乏互联网思维，不懂互联网技术，存在本领恐慌现象。有些党政领导干部因为年龄偏大，又不善于与时俱进，没有及时学习互联网技术，所以在工作中缺乏互联网思维，不知道如何运用互联网新技术平台开展精神文明建设。

新时代，要做到网络精神文明建设和网下精神文明建设统筹兼顾相互配合，必须做好以下几个方面的工作：其一，加强党政领导干部对互联网技术的学习，强化互联网思维，提升互联网工作能力。当今，互联网已经与人们的生产、工作、学习、生活深度融合，对人们的思维方式、价值观念均产生了巨大影响。对此，习近平同志指出：“过不了互联网关，就过不了时代关”“没有信息化就没有现代化。”② 为了适应时代的变化、实现党的奋斗目标，习近平同志对新时代的领导干部提出了具有战略意义的新任务新要求：“各级党政机关和领导干部要学会通过网络走群众路线，经常上网看看，潜潜水、聊聊天、发发声，了解群众所思所愿，收集好想法好建议，积极回应网民关切、解疑释惑。”③ “各级党委和政府，要强化互联网思维，善于利用互联网优势，推进政府决策科学化、社会治理精细化、公共服务高效化。”④ “各级领导干部特别是高级干部要主动适应信息化要求，强化互联网思维，不断提高对互联网规律的把握能力、对网络舆论的引导能力、对信息化发展的驾驭能力、对网络安全的保障能力。”⑤ 其二，在人力、财力、物力的分

---

① 《习近平谈治国理政》第三卷，外文出版社 2020 年版，第 306 页。

② 习近平：《总体布局统筹各方创新发展 努力把我国建设成为网络强国》，2014 年 2 月 27 日，见 http：//www. cac. gov. cn/2014 －02/27/c_ 133148354. htm？ from = timeline。

③ 《习近平谈治国理政》第二卷，外文出版社 2017 年版，第 336 页。

④ 中华人民共和国中央人民政府：《习近平：以更高站位更宽视野推进改革开放 真抓实干加快建设美好新海南》，2018 年 4 月 13 日，见 http：//www. gov. cn/xinwen/2018 －04/13/content_ 5282285. htm。

⑤ 《习近平谈治国理政》第三卷，外文出版社 2020 年版，第 308 页。

配上要进行统筹兼顾。人、财、物是网络精神文明建设和网下精神文明建设的关键三要素，要对网络精神文明建设和网下精神文明建设进行统筹兼顾，首先就要建立人力、财力、物力科学合理的调配机制。人力、财力、物力的分配要坚持抓重点、补短板、强弱项原则，在“重点领域”“薄弱环节”等方面进行人力、财力、物力投入倾斜，使其均衡发展。其三，在考察评价时，既要考察网下精神文明建设成果，也要注重网上精神文明建设成果。关于精神文明建设成果的考核评价，各地区均出台了相关的测评细则，但是测评细则中大部分是关于网下精神文明建设的，关于网络精神文明建设的部分则指标权重偏小、评价内容过窄、评价方式欠妥。网上精神文明建设是一项复杂的社会工程，要有独立的考察评价细则，而不是被包含在网下精神文明建设考察评价细则之中。

（三）网络文化产品供给与网民精神需求供需一致相互匹配规律

所谓网络文化产品供给与网民精神需求供需一致相互匹配规律，是指“坚持以人民为中心”的理念以及社会效益和经济效益相统一的原则，以社会主义核心价值观为指针，尊重网民精神需求的多样性、差异性，研发、生产满足不同网民需求的网络文化产品，从而不断提升网民的思想道德素质、教育科学文化素质和健康素质。

习近平同志多次强调，网络文艺作品要“坚持以人民为中心的创作导向”。其主要内涵是指：文艺作品要来源于生活，反映人民关切，表达人民心声；文艺作品生产的目的是为满足人民日益增长的精神需求。这个导向必然要求网络文化产品供给与网民精神需求供需一致相互匹配。目前影响网络文化产品供给与网民精神需求供需一致相互匹配的主要因素是：首先，从网络文化产品生产主体角度来说，有些网络文化产品企业没有处理好社会效益与经济效益之间的关系，存在重经济效益、轻社会责任的问题，生产了部分不符合社会主义核心价值观的网络低俗化、媚俗化、庸俗化的文化产品。其次，从网民精神需求角度来说，网民的精神需求可以分为合理的需求和不合理的需求，前者是符合社会主义核心价值观的精神需求，后者是不符合社会主义核心价值观的精神需求。有些网络企业为了追求经济效益，不管受众的需求是否合理合法，只要受众有需求，就生产，导致网络空间乌烟瘴气。这里所指的供需一致是指网络文化产品供给是为了满足网民合理合法的精神需求。

要使网络文化产品供给与网民精神需求供需一致相互匹配，需要做到以下几点。其一，扩大网络文化产品生产规模，满足网民日益增长的网络精神需求。人民的精神需求是时时刻刻都存在、并不断提高的。我国正式接入国际互联网以后，尤其是微博、微信、短视频等网络社交媒体出现后，网民的精神需求被点燃，像火山爆发一样奔涌而出。其二，提高网络文化产品的质量，做到精神高度、文化内涵、艺术价值相统一，提升网民对美好精神生活需求的品位。中国特色社会主义进入新时代，我国社会主义矛盾已经转化为人民日益增长的美好生活需要和不平衡不充分的发展之间的矛盾。随着社会物质财富的极大丰富和生活水平的提高，网民的精神需求也相应提高了，由原来对精神生活数量上的需求逐步转变为对精神生活品位格调的追求。其三，网络文化产品要扎根生活、扎根人民，反映时代、反映人民心声，引起网民的情感共鸣。网络文化产品的内容是网络文化产品的灵魂，决定着网络文化产品的精神高度。网络文化产品的内容要能反映现实、关照现实，而不是无病呻吟；要用心用情用功抒写人民、描绘人民、歌唱人民。其四，网络文化产品要创新表现手段，采用人民喜闻乐见的形式，使人民群众爱看、爱听。一部好的网络文化作品要经得起人民的检验、专家的检验、市场的检验。网络时代，人们的个性得到彰显，网民的个性化精神需求更加凸显，有的喜欢幽默风趣的作品，有的喜欢有教育意义的作品；有的喜欢阳春白雪，有的喜欢下里巴人，等等。因此，网络文化产品要以社会主义核心价值观为指针，学习人民群众丰富生动的语言表达形式，创作时代感强、亲和力强的文艺作品。

（四）党委、政府、学校、企业、网民五大主体同向同行相互协调规律

党委、政府、学校、企业、网民五大主体同向同行相互协调规律，是指在网络精神文明建设实践中，要始终坚持社会主义方向、走中国特色社会主义道路，形成党委领导、政府管理、企业履责、学校教育、网民自律等多主体参与，权责分明、协同共建的格局。

习近平同志指出，新时代网络精神文明建设必须形成党委领导、政府管

理、企业履责、学校教育、网民自律等多主体参与，权责分明、协调共建的格局。这是因为，目前在网络精神文明建设方面还存在多头管理、权责不清、协调不够等问题，遇到困难时，各部门能躲就躲，能推就推。习近平同志强调“坚持和完善中国特色社会主义制度、推进国家治理体系和治理能力现代化，是关系党和国家事业兴旺发达、国家长治久安、人民幸福安康的重大问题”。① 因此，建设中国特色社会主义现代化强国，首先必须推进国家治理体系和治理能力现代化。国家治理体系和治理能力现代化的内涵主要包括两个方面：一方面是完善和发展中国特色社会主义制度，使制度更加成熟更加定型；另一方面是形成党委领导、政府负责、社会协同、公众参与、法治保障的社会治理体制，打造多元共建共治共享的社会治理格局。②

党委、政府、学校、企业、网民五大主体同向同行相互协调，需要做到以下几点：其一，要有核心意识、大局意识。习近平同志指出：“党政军民学，东西南北中，党是领导一切的。”③ 坚持党的领导是中国特色社会主义最本质的特征，是我国最大的制度优势。中国共产党的主要职责是把方向、谋大局、定政策，总揽全局、协调各方，其中最显著的优势便是能够“集中力量办大事”。因此，在网络精神文明建设过程中，五大建设主体必须要有核心意识、大局意识，自觉维护党中央权威和集中统一领导。其二，各司其职，形成合力。职责分明是多主体合作的基本前提。网络精神文明建设过程中，五大主体的职责分工主要表现为：党委是领导主体，主要负责把握网络精神文明建设的方向性问题；政府是管理主体，主要负责贯彻落实网络精神文明建设的目标与任务；学校是教育主体，主要负责传承网络精神文明建设的思想文化、价值观念、伦理道德等内容；企业是责任主体，主要负责履行其社会责任；网民是参与主体，主要负责约束自身的言行。五大主体在各司其职的基础上还需要加强相互协调。当五大主体在建设过程中遇到职责交叉或出现中空地带等问题时，党委需要发挥领导和协调的作用，对各主体各部门间出现的问题和矛盾进行协调，这样才能让五大主体既分工明确，又协同

---

① 《习近平谈治国理政》第三卷，外文出版社 2020 年版，第 118 页。

② 曹川川：《习近平总书记的国家治理之道》，2019 年 8 月 12 日，见 http：//guoqing. china. com. cn/2019zgxg/2019－08/12/content_ 75090284. html？ a = true&f = pad，2019－08－12。

③ 《习近平谈治国理政》第三卷，外文出版社 2020 年版，第 16 页。

共建。其三，使五大主体在思想上形成共识。社会主义精神文明建设的《决议》和《意见》明确指出，社会主义精神文明建设必须坚持以马克思主义为指导思想，以培育和践行社会主义核心价值观为根本。在网络精神文明建设过程中，五大主体在思想认识上、价值观念上必然会存在一些差异。这时，相关部门只有坚持以马克思主义为指导、以社会主义核心价值观为指针，采用“求同存异”的策略原则，对其进行思想认识和思想观念上的协调，才能使五大主体凝聚共识，形成合力。

现 状 篇

习近平同志强调："调查研究是谋事之基、成事之道，没有调查就没有发言权，没有调查就没有决策权。调查研究是我们做好工作的基本功。"因此，探讨加强和改进网络精神文明建设的路径，必须全面系统深入地总结和揭示网络精神文明建设实践中取得的成功经验、存在的主要问题及成因。

为此，课题组通过网上和网下问卷调查，访谈咨询相关领域专家学者、党政部门工作人员和大中小学师生，浏览研读省市县三级文明网站、"两微一端"栏目内容等方式，客观辩证地分析了湖南省在网络精神文明建设方面取得的主要成绩、存在的主要问题及成因，从而为探寻加强和改进网络精神文明建设之策提供可靠的现实依据。

第四章　网络精神文明建设的现状调研

习近平同志强调指出："调查研究是谋事之基、成事之道，没有调查就没有发言权，没有调查就没有决策权。调查研究是我们做好工作的基本功。"① 要全面客观地总结网络精神文明建设取得的成就、反思存在的问题、剖析问题的成因、探讨应对之策略，不能闭门造车、坐而论道，必须以科学严谨的态度进行调查研究，收集、整理、分析各种相关数据，掌握第一手资料。为此，课题组耗时半载，发放回收线上线下问卷 3363 份，调研考察了湖南省内 12 所大中小学校、21 个地方相关党政部门，访谈咨询了相关领域的专家学者，浏览研读了省市县文明网站、"两微一端"等平台所有栏目内容。

第一节　调研设计

一、调研对象

依据调研方式，本次调研的对象分为两大类，即问卷调查对象和访谈对象，前者包括线上和线下问卷调查对象两类；后者主要包括省市县文明办、网信办、工信局、公安局、教育局等相关党政部门的部分领导和工作人员，大中小学辅导员、班主任和思想政治理论课教师，大中小学生，网络精神文

① 习近平：《在党的十九届一中全会上的讲话》，2017 年 12 月 25 日，见 http://backend.chinanews.com/m/gn/2017/12-31/8413296.shtml。

明建设领域的专家学者等四类。

（一）问卷调查对象

1. 性别与年龄

从问卷调查对象性别来看，男性占47.73%，女性占52.27%，女性比男性多4.54%；从问卷调查对象年龄来看，共分为15岁以下、15~19岁、20~29岁、30~39岁、40~49岁、50~59岁、60岁及以上七个年龄段，其所占比例依次为1.49%、48.20%、20.90%、6.66%、16.56%、5.74%、0.45%。

2. 文化程度

包括初中及以下，高中、中专、技校，大专，本科，研究生五类，其所占比例依次为6.63%，25.16%，22.33%，36.22%，9.66%。

3. 身份类别

包括党政机关工作人员，企业单位工作人员，事业单位工作人员，农民，学生，现役军人，个体户、自由职业者，无业、下岗、失业人员八类，其所占比例依次为1.67%，4.28%，14.81%，5.11%，67.71%，0.24%，5.38%，0.80%。

4. 政治面貌

共有共青团员、共产党员、民主党派、群众四种类型，其所占比例依次为65.39%、15.05%、1.40%、18.16%。

（二）访谈对象

1. 大中小学校师生

课题组随机从全省3所大学、6所中学、3所小学的各年级在校学生，辅导员、班主任和思想政治理论课教师中抽取了500人作为访谈对象。从样本的身份来看，大、中、小学生人数各占25%，辅导员、班主任和思想政治理论课教师占25%。

2. 相关党政部门工作人员

课题组通过实地面对面以及电话等形式访谈了省市县文明办、网信办、工信局、公安局、教体局等21个相关党政部门的领导和工作人员215人，主要包括在职在编领导55人、工作人员160人。

3. 相关领域专家学者

针对网络精神文明建设的专业性和理论性较强的问题，课题组通过当面请教和电话、邮件等方式咨询了相关领域的专家学者共12人。

二、调研内容

根据课题组采用的调研方式，本次调研内容分为两部分：一是问卷调查内容，主要从湖南省网络精神文明建设取得的主要成效、存在的问题、问题成因、对策建议等方面设计了22个单项和多项选择题；二是访谈内容，针对不同访谈对象的特点和职能，设计了相应的问题。

（一）问卷调查内容

问卷调查共设计了22个选择题，包括12个单选题、10个多选题，主要涉及以下三个方面的内容：一是调查样本的基本情况，包括性别、年龄、文化程度、身份、政治面貌；二是湖南省网络精神文明建设的现状，包括取得的成绩、存在的主要问题、问题的成因；三是从主体、客体、中介等方面了解网民对加强和改进网络精神文明建设的对策建议等。问卷具体内容详见本章第二节“数据分析的结果”。

（二）访谈内容

1. 文明办、网信办等部门访谈提纲

（1）请问贵办可否将制定的加强和改进网络精神文明建设相关的政策法规、文件资料、统计数据等提供给课题组学习参考？

（2）请问贵办在加强和改进网络精神文明建设方面采取了哪些主要措施？取得了哪些主要成效？积累了哪些成功经验？

（3）您认为网络精神文明建设面临哪些机遇与挑战？

（4）您认为网络精神文明建设在组织领导、机制体制、人才队伍、方式方法、载体环境、经费保障、技术支撑、督查评估等方面存在哪些需要改进之处？

（5）您认为应该如何加强和改进网络精神文明建设？

（6）您对省文明委、文明办在组织领导网络精神文明建设方面有哪些期待和建议？

2. 公安部门访谈提纲

（1）请问网警的主要工作职责是什么？

（2）您认为在加强和改进网络精神文明建设方面网警的主要作用有哪些？

（3）如网络精神文明建设评估工作需要，请问网警能否以匿名形式提供任一网民一年内所有网络言行记录？

（4）请问根据QQ、微信、微博、抖音等账号，网警最快需要多长时间才能对网民的身份及位置进行锁定？

（5）请问您是否参加过由文明委、文明办组织召开的网络精神文明建设会议、活动等？

（6）对充分发挥公安部门在网络精神文明建设方面的作用，您有哪些好的建议？

3. 大中小学教师访谈提纲

（1）请问学校是否组织开展过网络安全知识、网络伦理道德、网络法律法规、网络信息技术等相关方面的讲座、竞赛活动？制定了哪些关于网络精神文明建设的规章制度？如果有，可否提供一份供我们参考学习？

（2）请问学校在加强网络精神文明建设方面采取了哪些主要措施？取得了哪些主要成效？积累了哪些实践经验？

（3）您认为目前中小学的网络安全、网络道德、网络法治、网络心理等方面的整体素质如何（很高、高、较高、一般、较低、低、很低）？

（4）您认为学校在网络精神文明建设中存在的主要问题或面临的困难有哪些（如：领导、教师是否重视？与网络思想道德建设相比，学校是否更重视网络教育科学文化建设？是否有专兼职的教育、建设人才队伍？学校通过什么途径和方式对学生进行网络文明素养教育？是否将学生网络文明素养的水平作为对其评价的标准之一？有无专项建设经费？上级教育部门、文明办等有无对学校网络精神文明建设情况的督查评估等）？

（5）请问网民应该坚守的互联网“七条底线”是什么？

（6）您知道哪些关于网络的法律法规？

（7）您认为应如何加强和改进中小学网络精神文明建设？

4. 大中小学生访谈提纲

（1）请问全国青少年网络文明公约的内容是什么？

（2）请问网络违法和不良信息的举报途径有哪些？

（3）您知道哪些关于网络的法律法规？

（4）您认为我们应该遵守哪些网络道德？

（5）请问教师在课堂上是否进行过网络思想、道德、法治、心理等方面的教育？如果有，主要内容是什么？

（6）您认为应如何加强中小学生网络精神文明建设？

（7）请问学校组织开展过哪些与网络精神文明建设相关的讲座、竞赛等活动（如：网络思想道德、网络教育科学文化、网络心理健康等相关活动）？

（8）您认为网络科学文化教育与网络思想道德建设二者哪个更重要？

5. 专家学者访谈提纲

（1）您认为网络精神文明建设的内涵与外延是什么？

（2）您认为网络精神文明建设的矛盾与规律是什么？

（3）您认为网络精神文明建设存在哪些主要问题？其成因有哪些？

（4）您认为网络精神文明建设的主要原则是什么？如何坚持这些原则？

（5）您认为加强和改进网络精神文明建设的方式方法有哪些？

（6）您认为网络精神文明建设的长效机制有哪些？

（7）您认为应如何创新网络精神文明建设的内容？

（8）您认为应如何加强网络精神文明队伍建设？

（9）您认为应如何加强网络精神文明平台建设？

（10）您认为网络精神文明建设的评价标准及方式是什么？

三、调研方法

本次调研主要采取问卷调查法、访谈法、文献研究法、网络检索法等。

（一）问卷调查法

包括网上问卷调查和网下问卷调查，以前者为主，在发放的 3363 份问卷中，网上问卷调查占 84.90%，其余 15.10% 为当场发放问卷，被调查者作答后及时回收。

（二）访谈法

课题组从实际出发，针对湖南省网络精神文明建设取得的主要成就、存在问题及原因、对策建议等与地方各级党政部门相关工作人员，相关领域专家学者，大中小学辅导员、班主任和思想政治理论课教师，大中小学生进行了面对面访谈、在线交流、咨询。

（三）文献研究法

课题组对与网络精神文明建设研究相关的图书、期刊、政策法规、会议、测评细则等文献资料进行了广泛的查阅、收集和细致的分类整理。

（四）网络检索法

课题组对中国文明网、全国除港澳台外的所有省市自治区文明网、湖南省所有市、县（市、区）文明网站、“两微一端”传播平台等进行了全面的网络检索，并做好了相关记录。

四、调研过程

调研大致经历了以下三个阶段：调查问卷和访谈提纲设计、网上和实地调研、问卷回收及访谈资料的整理，历时六个月。

（一）调查问卷和访谈提纲设计

受疫情影响，本次问卷调查和访谈提纲内容的设计，课题组借助网络交流的方式完成。课题组负责人首先对调研问卷和提纲做整体性、方向性的统筹工作；然后组织课题组成员展开讨论，由课题组核心成员对相关问题进行整理、分类、编辑，合并相近内容、补充必要内容；再将调查问卷和访谈提纲发给相关领域专家学者审查并提出意见；最后由课题组负责人综合专家学者意见进行修改，形成定稿。该阶段历时约两个月。

（二）网上和实地调研

网上调研主要依托专业问卷调查平台问卷星、QQ 和微信等社交媒体，多终端、多渠道分发问卷，共回收有效问卷 2855 份。实地调研采取的是问卷调查与访谈相结合的形式。课题组先后在湖南省长沙、岳阳、湘潭、常德 4 个地级市开展调研工作，随机对全省 3 所大学、6 所中学、3 所小学的 125 位辅导员、班主任和思想政治理论课教师，375 位学生，文明办、网信办、工信局、公安局、教体局等 21 个相关党政部门的领导和工作人员 215 人，12 位相关领域专家学者进行问卷调查和访谈。该阶段历时三个月。

（三）问卷回收及访谈资料的整理

该阶段工作主要分为两项，历时一个月。一是对回收的 521 份问卷进行分类整理，剔除空白、残次以及不符合要求的问卷，最终得到有效问卷 509 份，问卷回收率为 97.70%；二是对地方相关党政部门的领导及工作人员，专家学者，辅导员、班主任和思想政治理论课教师，大中小学生访谈的文字资料进行分类整理。

第二节　数据分析

利用 SPSS16.0 软件对网上和网下问卷进行数据分析，结合网络精神文明建设相关的文献、政策法规、测评细则等资料进行定量与定性分析，然后进行归纳总结，得出相关结论，尽量做到客观、真实地反映湖南省网络精神文明建设的现状。

一、数据分析的方法

将经过分类、整理之后的 3363 份有效问卷进行编码，用 Foxpro9.0 进行数据录入，用 SPSS16.0 进行统计分析，再制作图表。

二、数据分析的结果

1. 您的性别是什么？

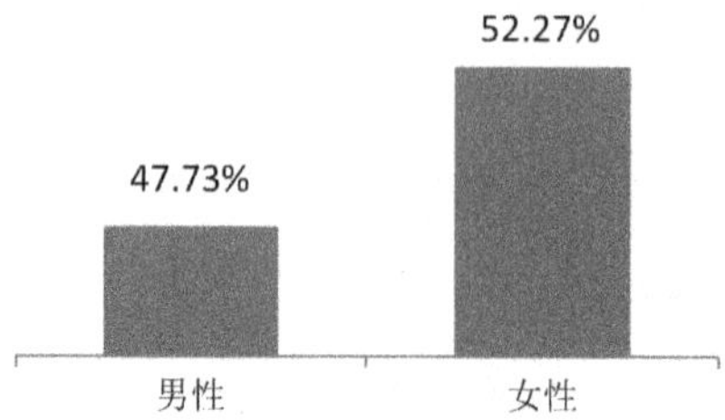

图 4-1

调查数据显示，男性占 47.73%，女性占 52.27%，女性网民占比略高于男性网民。

2. 您的年龄是多少？

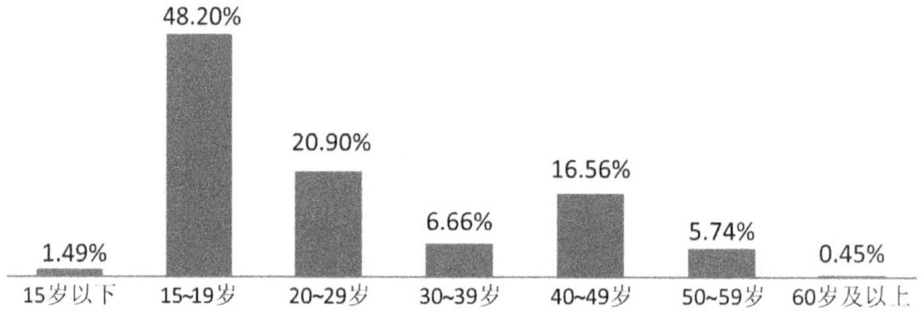

图 4-2

调查数据显示，15 岁以下、15～19 岁、20～29 岁、30～39 岁、40～49 岁、50～59 岁、60 岁及以上的网民群体占比依次为 1.49%、48.20%、20.90%、6.66%、16.56%、5.74%、0.45%。其中，作为网民最大群体的 15～19 岁学生占比最高，60 岁及以上网民占比最低。

3. 您的文化程度是什么？

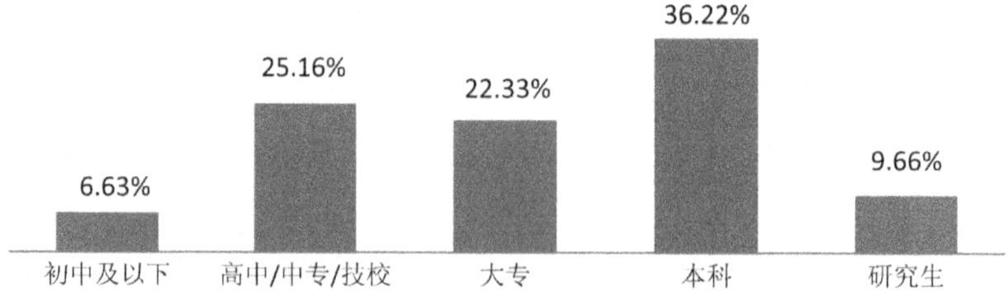

图 4-3

调查数据显示，本次问卷调查的对象中，初中及以下，高中、中专、技校，大专，本科，研究生学历的网民群体所占比例依次为 6.63%，25.16%，

22.33%，36.22%，9.66%。其中，本科学历占比最高，为36.22%；初中及以下占比最低，为6.63%。

4. 您的身份是什么？

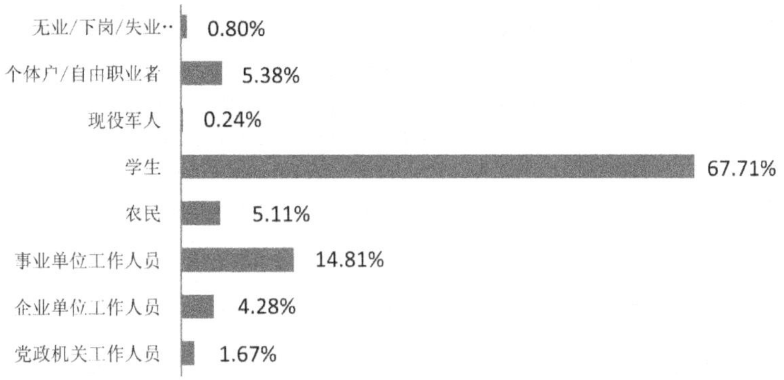

图 4–4

调查数据显示，在八类职业身份网民中，学生最多，占比为67.71%；其次是事业单位工作人员，占比为14.81%；占比最低的为现役军人，为0.24%。

5. 您的政治面貌是什么？

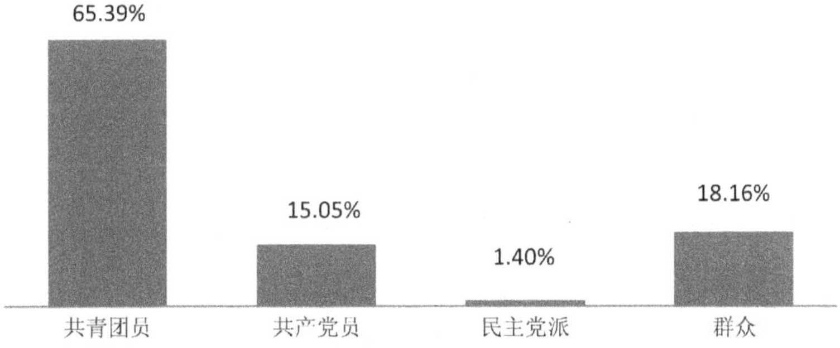

图 4–5

调查数据显示，本次问卷调查的对象中，共青团员占比最高，为65.39%；其次是群众，占比为18.16%；再次是共产党员，占比为15.05%；民主党派人士占比最低，为1.40%。

6. 您认为对自己世界观、人生观、价值观影响最大的网络内容是什么？

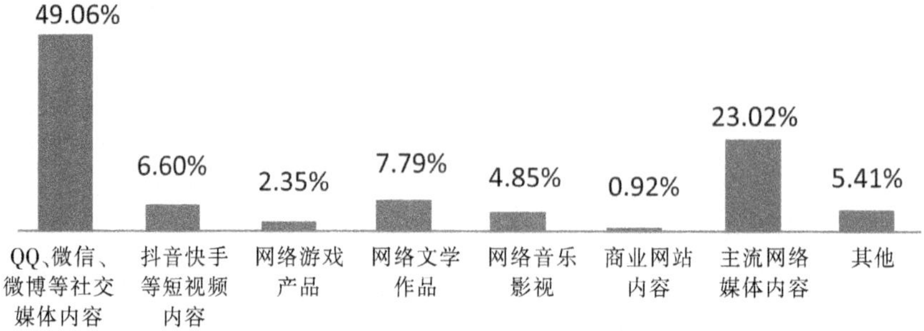

图 4–6

网络内容丰富多样、商业模式日趋完善，对网民的世界观、人生观、价值观形成发展的影响越来越大。调查数据显示，网民的世界观、人生观、价值观受到“QQ、微信、微博等社交媒体内容”影响的比例最高，为 49.06%；其次是主流网络媒体内容的影响，为 23.02%；“抖音快手等短视频内容”“网络游戏产品”“网络文学作品”“网络音乐影视”“商业网站内容”等对网民世界观、人生观、价值观的影响占比均低于 10%。

7. 在网络生活中，您以及身边人遇到过以下哪些情况（可多选）？

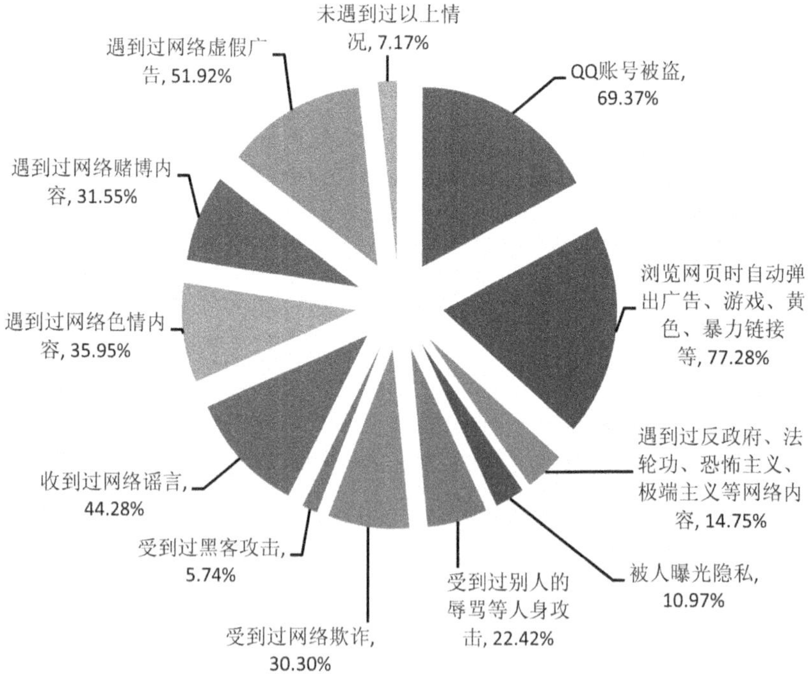

图 4–7

调查数据显示，在网络生活中各种网络不文明现象仍然广泛存在。超过半数的网民经常遇到“浏览网页时自动弹出广告、游戏、黄色、暴力链接等”“QQ 账号被盗”“网络虚假广告”等情况；遇到“网络谣言”“网络色情”“网络赌博”“网络欺诈”“辱骂等人身攻击”的网民占比依次为 44. 28%、35. 95%、31. 55%、30. 30%、22. 42%。这些网络安全问题与网络违规、违纪、违法犯罪行为严重影响网络空间的生态环境。可见，加强和改进网络精神文明建设任重道远。

8. 当遇到不健康的网络内容时，您会怎么做？

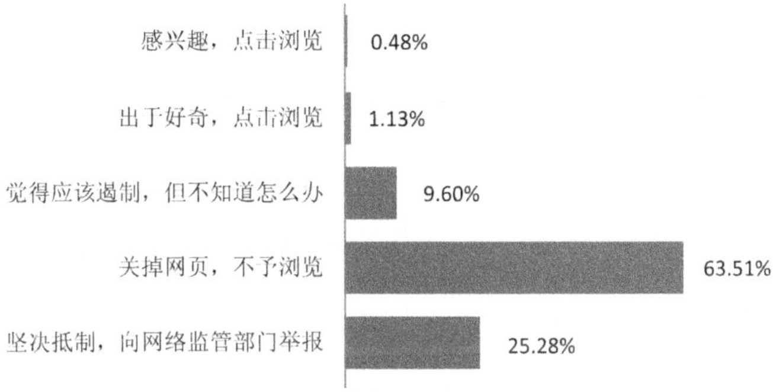

图 4–8

调查数据显示，在面对不健康的网络内容时，大部分网民能理性面对、自觉抵制、积极举报、合理应对。63. 51% 的受访者选择“关掉网页，不予浏览”，25. 28% 的受访者选择“坚决抵制，向网络监管部门举报”。但认为“应该遏制，但不知怎么办”“出于好奇，点击浏览”“感兴趣，点击浏览”的网民之和超过了 10%。所以，网络文明素养教育仍需加强。

9. 您认为下列哪些属于网络精神文明建设的内容？（可多选）

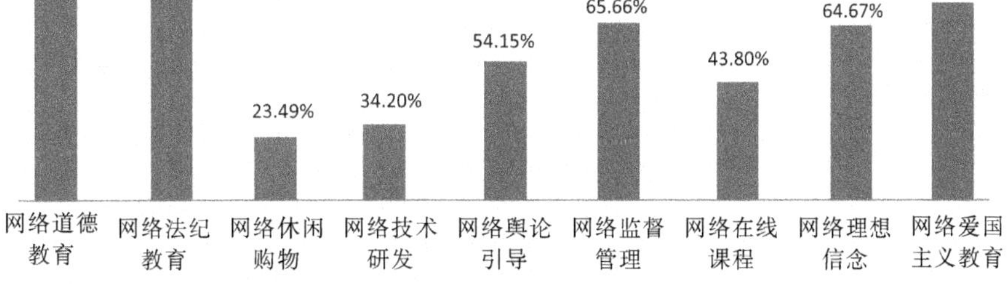

图 4–9

精神文明建设主要包括思想道德建设、教育科学文化建设和健康素养建设，而网络是现实社会的延伸，网络精神文明建设亦应包括网络思想道德建设、网络教育科学文化建设和网络健康素养建设。调查数据显示，绝大多数网民能认识到网络思想道德建设是网络精神文明建设的重要内容，但对网络教育科学文化建设是否为网络精神文明建设的重要内容认识不足。当被问及“哪些属于网络精神文明建设的内容”时，回答“网络道德教育”“网络法纪教育”“网络爱国主义教育”“网络监督管理”“网络理想信念教育”“网络舆论引导”的网民所占比例依次为 94.14%、85.31%、73.18%、65.66%、64.67%、54.15%；而对“网络在线课程”等内容的选择均未达半数。

10. 您所在单位开展过以下哪些活动？（可多选）

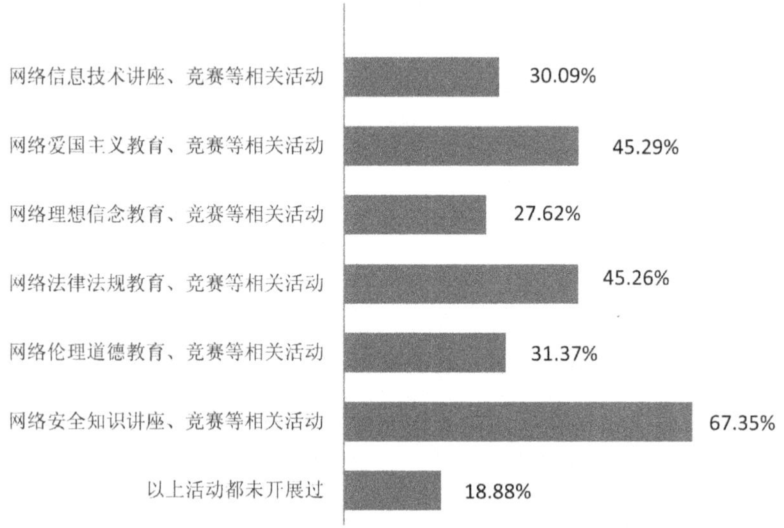

图 4–10

调查数据显示，大部分受访者所在单位开展过网络精神文明建设活动，但活动主题的全面性有待提升。67.35% 的受访者所在单位开展过网络安全知识讲座、竞赛等相关活动。近半数受访者所在单位开展过网络爱国主义和网络法律法规的教育、竞赛等相关活动。而网络伦理道德、网络信息技术和网络理想信念等主题的教育、竞赛活动的开展比例相对较低。另外，尚有 18.88% 的单位“以上活动都未开展过”。

11. 您对加强网络精神文明建设重要性的认识是什么?

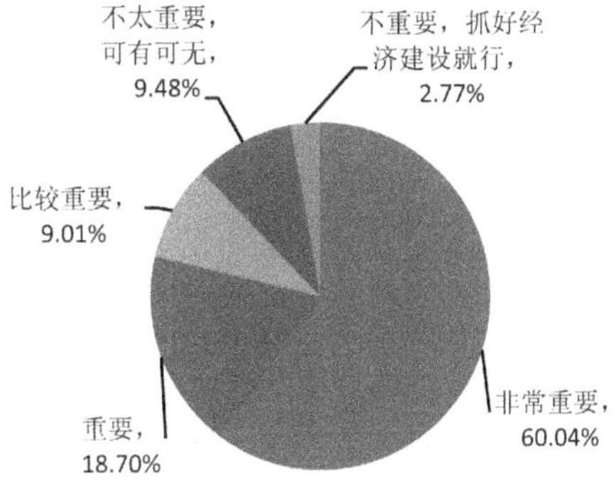

图 4-11

调查数据显示，受访者对加强网络精神文明建设重要性的认识水平总体良好，少部分受访者的思想认识水平有待提高。近九成受访者认为加强网络精神文明建设“非常重要”“重要”“比较重要”。同时，仍有 12.25% 的受访者认为加强网络精神文明建设“不太重要，可有可无”或“不重要，抓好经济建设就行”。

12. 您对湖南省网络精神文明建设的满意度是什么?

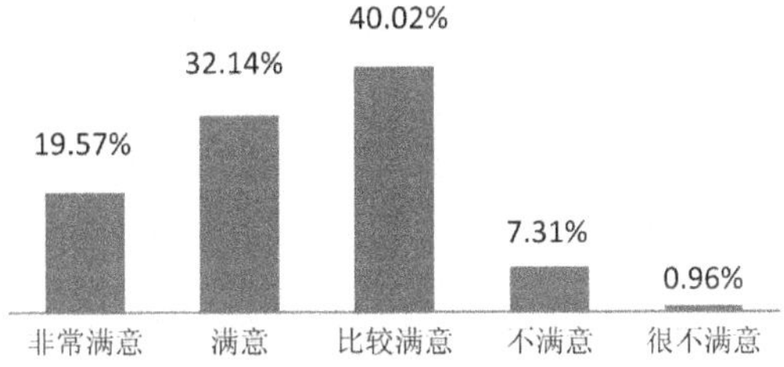

图 4-12

受访者对湖南省网络精神文明建设总体满意度较高。调查数据显示，逾九成受访者对湖南省网络精神文明建设表示“非常满意”“满意”或“比较满意”。

13. 您如何看待湖南省及各市、县的文明网站和微博、微信平台？

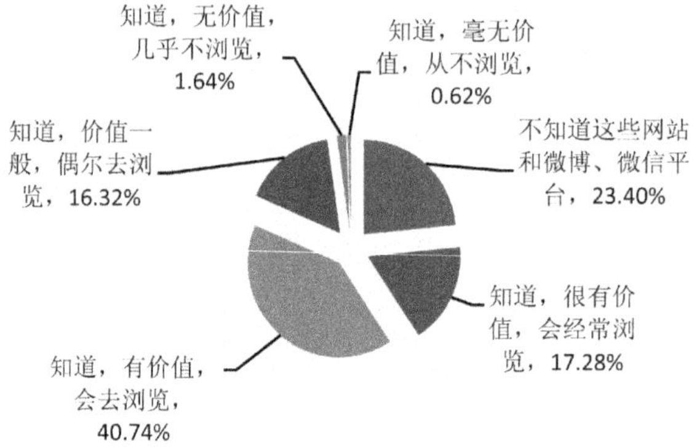

图 4–13

调查数据显示，湖南省及各市、县的文明网站和微博、微信平台的宣传力度不够，且内容价值不高，吸引力不强。当被问及“如何看待湖南省及各市、县的文明网站和微博、微信平台”时，回答“知道，价值一般，偶尔去浏览”“不知道这些文明网站和微博、微信平台”“知道，无价值，几乎不浏览”“知道，毫无价值，从不浏览”的受访者比例为41.98%。

14. 您认为湖南省各级党政部门官网和微博、微信平台有哪些需要改进之处？（可多选）

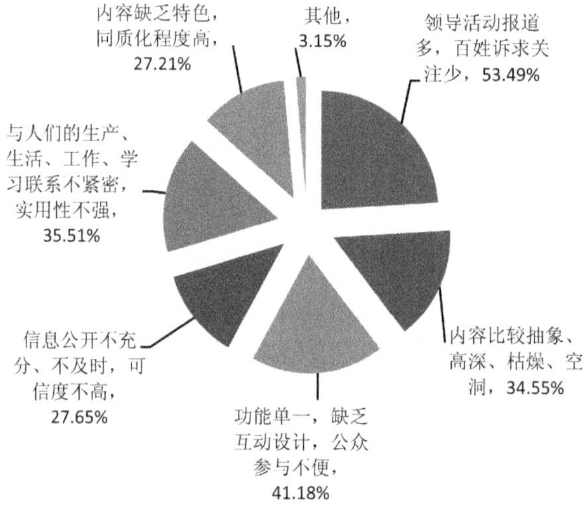

图 4–14

湖南省各级党政部门官网及微博、微信平台在内容和形式上都存在改进的空间。调查数据显示，当被问及“您认为湖南省各级党政部门官网和微博、微信平台有哪些需要改进之处”时，大部分受访者的意见聚焦于内容方面，如“领导活动报道多，百姓诉求关注少”“内容比较抽象、高深、枯燥、空洞”“与人们的生产、生活、工作、学习联系不紧密，实用性不强”“内容缺乏特色，同质化程度高”等。另外，少数意见针对形式方面，包括“功能单一，缺乏互动设计，公众参与不便”“信息公开不充分、不及时，可信度不高”等。

15. 您认为湖南省网络精神文明建设存在哪些主要问题（可多选）？

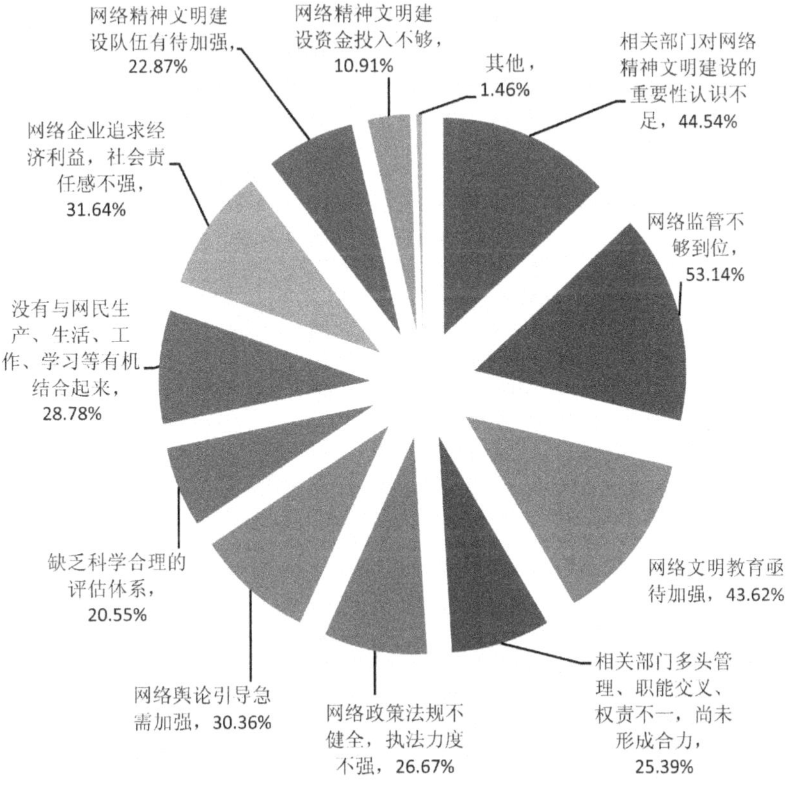

图 4-15

网络监管问题、相关部门的思想认识问题和网络文明教育问题成为网民关注的焦点。调查数据显示，对于湖南省网络精神文明建设存在的主要问题，53.14%受访者选择了“网络监管不够到位”，近半数受访者认为“相关部门对网络精神文明建设的重要性认识不足”及“网络文明教育亟待加强”。同时，网络企业的社会责任感、网络舆论引导与网民的生产生活实际等有机结合，以及网络政策法规的健全与执行情况等问题也受到受访者的普遍重视。

16. 您认为加强网络精神文明建设应从哪些方面入手？（可多选）

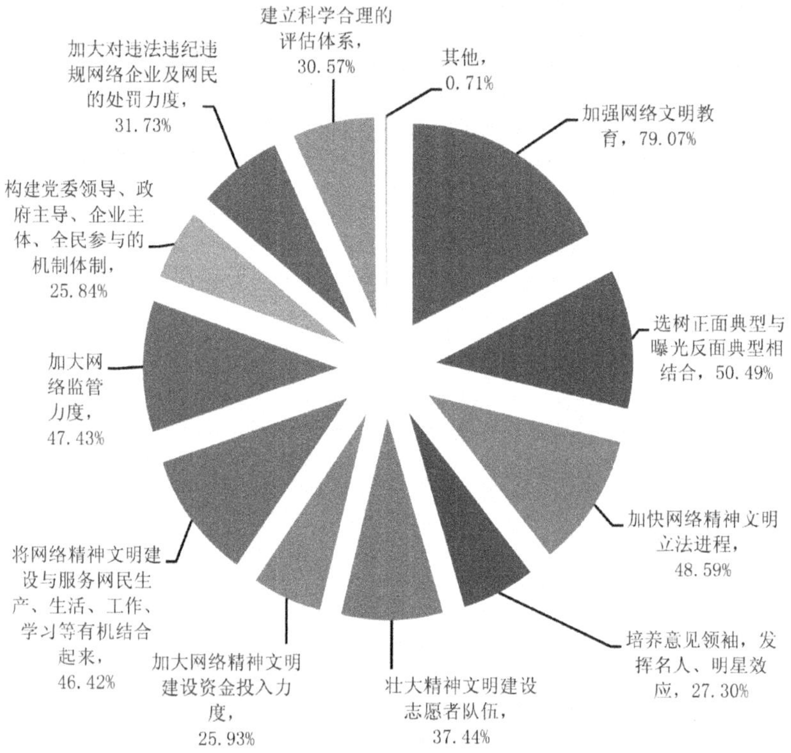

图 4–16

调查数据显示，受访者对网络精神文明建设途径的认知较为健全，选项分布较为均衡。被问及“您认为加强网络精神文明建设应从哪些方面入手”时，“加强网络文明教育”“选树正面典型与曝光反面典型相结合”“加快网络精神文明立法进程”“加大网络监管力度”以及“将网络精神文明建设与服务网民生产、生活、工作、学习等有机结合起来”等途径得到受访者的较多关注。

17. 您认为应如何加强网络精神文明队伍建设？（可多选）

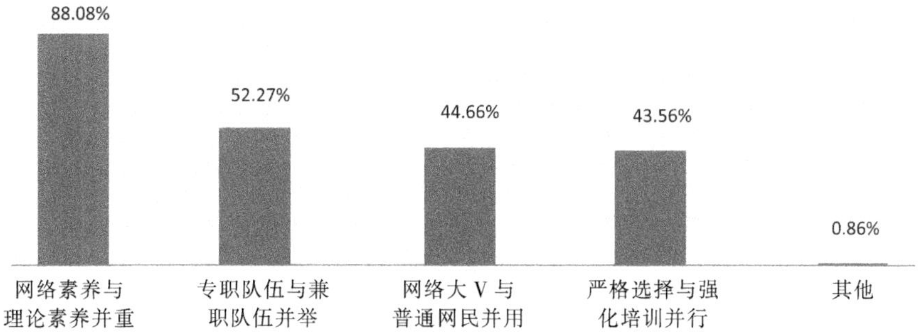

图 4–17

网络精神文明队伍建设是加强和改进网络精神文明建设的重要保障。网络精神文明建设的队伍规模大小、素质高低，决定着网络精神文明建设质量的优劣和成效的好坏。造就一支政治素质硬、理论水平高、专业能力强的高素质网络精神文明建设队伍是做好网络精神文明建设的关键。调查数据显示，近九成受访者认为，加强网络精神文明队伍建设应坚持“网络素养与理论素养并重”，半数受访者支持“专职队伍与兼职队伍并举”，超过 40% 的网民认为要坚持“网络大 V 与普通网民并用”和“严格选拔与强化培训并行”等原则。

18. 您认为各级党政部门官网和微博、微信平台建设的重点应该是什么？（可多选）

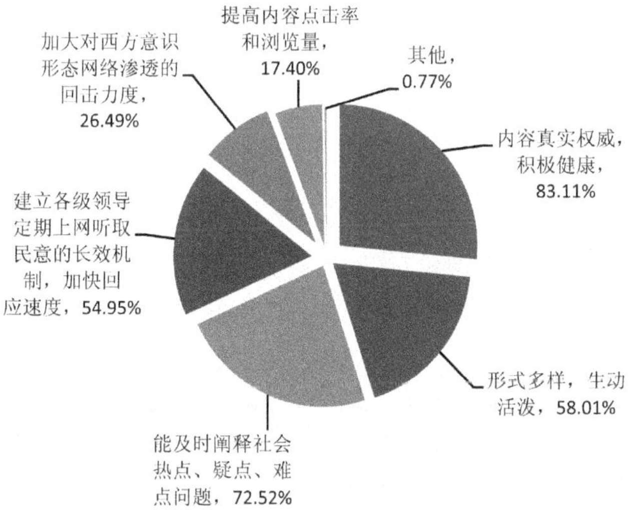

图 4–18

网络精神文明平台建设要坚持内容与形式相结合，不断打造吸引力强的网络产品，合力建设优质内容生态。调查数据显示，对湖南省各级党政部门官网和微博、微信平台建设的重点，83.11%的受访者选择了“内容真实权威，积极健康”，72.52%的受访者重视对社会热点、疑点、难点问题的及时阐释。“形式多样，生动活泼”“建立各级领导定期上网听取民意的长效机制，加快回应速度”“加大对西方意识形态网络渗透的回击力度”“提高内容点击率和浏览量”也受到了受访者的一定关注。

19. 您最喜欢的网络精神文明建设活动是什么？（可多选）

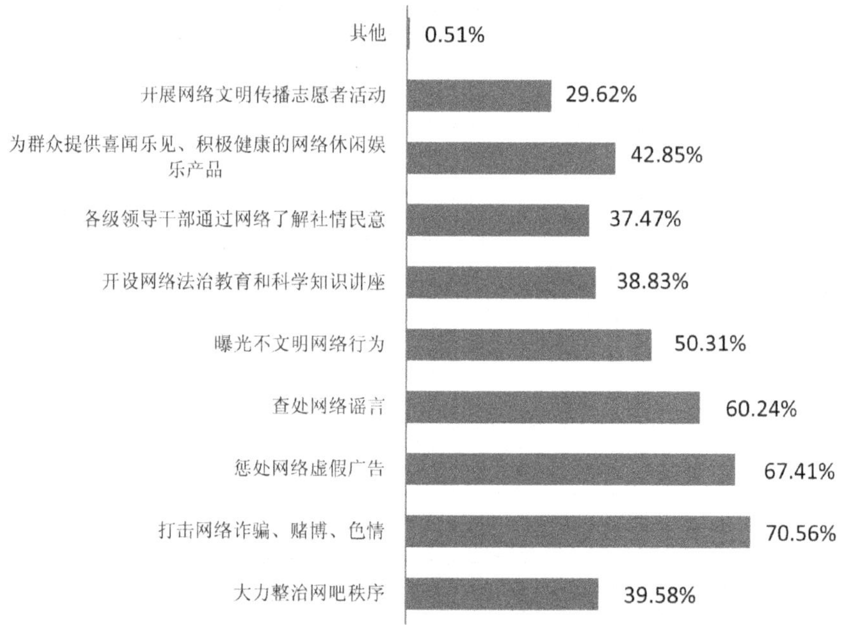

图 4–19

开展网络精神文明建设活动要抓住重点，落到实处，让人民满意。调查结果显示，受访者支持率较高的网络精神文明建设活动分别是“打击网络诈骗、赌博、色情”“惩处网络虚假广告”“查处网络谣言”和“曝光不文明网络行为”，这些都受到了超过半数受访者的支持。“为群众提供喜闻乐见、积极健康的网络休闲娱乐产品”和“大力整治网吧秩序”等措施也得到一定关注。

20. 您认为判断网络精神文明建设好坏的标准是什么？（可多选）

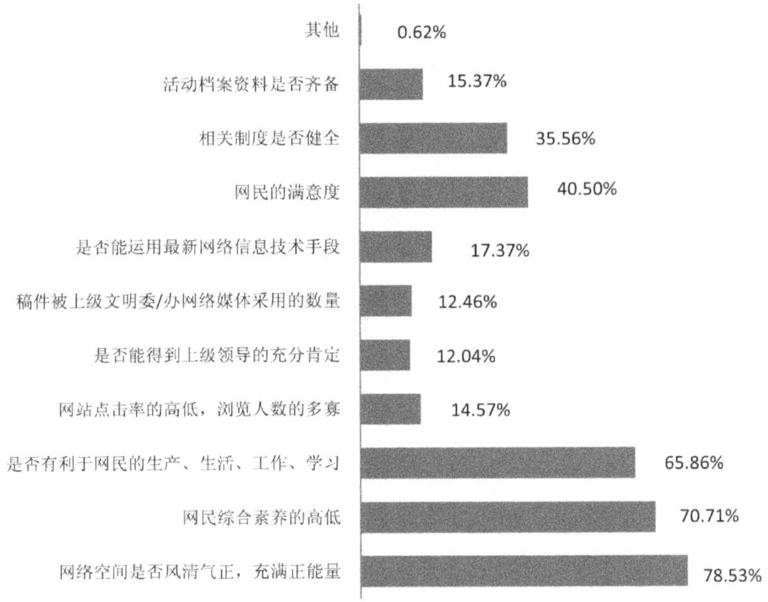

图 4–20

判断网络精神文明建设成效的好坏要依据一定的评价标准，采用科学合理的评价方法，对网络精神文明建设过程中各个运行要素、活动效果及其影响进行价值判断。调查数据显示，对于“判断网络精神文明建设好坏的标准是什么”，受访者尤其重视其实际效用与网民自身联系较为紧密的指标，如“网络空间是否风清气正，充满正能量”“网民思想政治、伦理道德、法律法规、网络安全知识等综合素质的高低”“是否有利于网民的生产、生活、工作、学习”以及“网民的满意度”等。

21. 您认为网络精神文明建设评估的主体应该是？

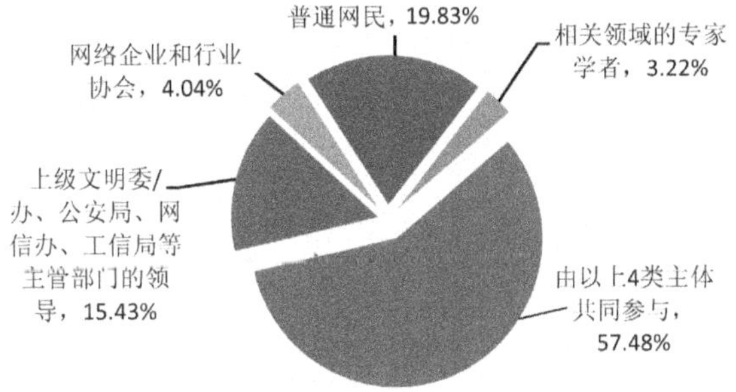

图 4–21

评估是网络精神文明建设的重要环节，而评估主体的构成是影响评估结果客观性、公正性的重要因素之一。调查数据显示，57.48%的受访者认为网络精神文明建设评估的主体应该由上级文明委、文明办、公安局、网信办、工信局等主管部门的领导，网络企业和行业协会，普通网民，相关领域的专家四类主体共同参与，即评价主体的多元化。

22. 您认为网络精神文明建设评估的方式应该是？

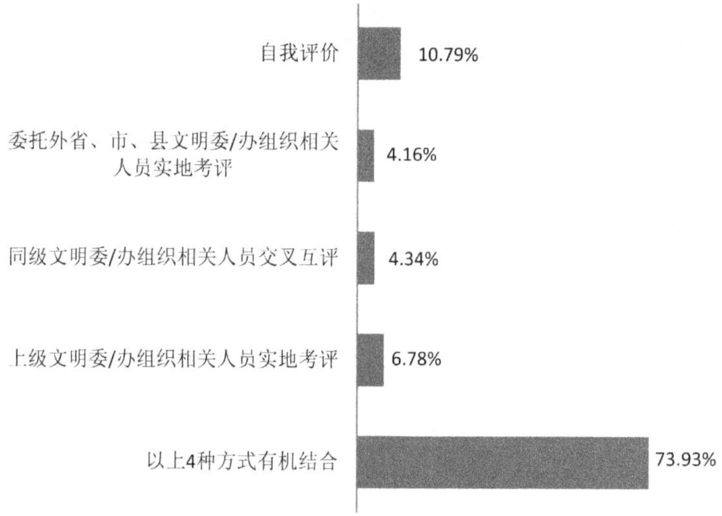

图 4–22

评估方式是否科学合理也是影响评价结果信度和效度的重要因素。调查数据显示，73.93%的受访者认为，网络精神文明建设的评估应采用自我评价，上级文明委、文明办组织相关人员实地考评，同级文明委、文明办组织相关人员交叉互评，委托外省、市、县文明委、文明办组织相关人员实地考评等四种方式相结合的形式。

第五章　网络精神文明建设的主要成就

近年来，湖南省坚持贯彻落实中央文明委关于精神文明建设的《决议》与《意见》，大力推进网络精神文明建设，取得了可喜的成绩，建立了一系列网络精神文明建设规章制度、初步搭建了省市县三级网络文明传播平台、打下了较为完备的网络软硬件基础、构筑了比较牢固的网络信息安全防火墙、举办了系列丰富多彩的特色网络活动。

第一节　建立了网络精神文明建设规章制度

制度建设是网络精神文明建设常态化、长效化的根本保障。湖南省在中央文明委的指导下，立足本省实际，坚持以问题为导向，制定了一系列网络精神文明建设规章制度，主要包括省级网络精神文明建设相关规章制度、地州市网络精神文明建设相关规章制度以及县市区网络精神文明建设相关规章制度。

一、省级网络精神文明建设相关规章制度

2004 年 7 月 30 日，湖南省第十届人大常委会第 10 次会议通过了《湖南省信息化条例》，这是我国第一部关于信息化的地方性法规。“经过调研、论证、协调、修改和完善”等一系列环节，湖南省第十一届人大常委会于 2012 年 5 月 31 日审议通过了《湖南省信息化条例（修订）》，与时俱进地推动了

“数字湖南”的建设。[①] 该《条例（修订）》共9章56条，包括总则、信息化规划与建设、信息资源开发利用、信息技术推广应用、信息产业发展、信息安全保障、监督管理、法律责任、附则等章节。总的来说，《条例》的制定和修订极大地规范和促进了湖南省各地区、各单位的信息化建设进程。

随着信息化建设的推进，湖南省对网络精神文明建设重要性的认识不断深化。早在2005年，省政府办公厅就已根据《互联网信息服务管理办法》（国务院令第292号）等相关法律法规，按照中央关于互联网管理的相关要求，制定了《湖南省互联网集中整顿实施方案》（湘政办明电［2005］671号），提出要“对互联网传播有害信息进行治理，防止利用互联网传播淫秽色情、煽动蛊惑、谣言邪教、欺诈赌博等有害信息影响社会稳定、败坏社会风气”。[②] 自此，湖南省就将良好的网络空间环境作为网络精神文明建设的一个重要条件和任务。2010年省委省政府出台了《湖南省文化强省战略实施纲要（2010—2015）》与《湖南省建设教育强省规划纲要（2010—2020年）》，分别对湖南省的网络文化建设与教育信息化建设进行了详细的规划，前者提出要“高度重视互联网的运用和管理，加强网络文化建设”[③]；后者则提出要“加强教育信息化基础设施建设、加强教育电子政务建设”[④]，不断地丰富拓展了网络精神文明建设的内容。

自2004年《湖南省信息化条例》发布以来，湖南省各部门制定的与网络精神文明建设相关的规章制度共约56个，内容涉及网络空间治理、网络文化建设、网络基础设施建设、网络志愿服务、网络文明教育、网络市场监管等多个方面（见表5-1）。

---

① 湖南省网络空间安全协会：《省人大常委会审议通过〈湖南省信息化条例（修订）〉》，2012年6月7日，见 http://www.hnains.net.cn/zhengcefagui/falvfagui/20170620174.html。

② 百度文库：《湖南省人民政府办公厅关于印发〈湖南省互联网集中整顿实施方案〉的通知》，见 https://wenku.baidu.com/view/28c13c3fbf1e650e52ea551810a6f524cdbfcb13.html。

③ 百度文库：《湖南省文化强省战略实施纲要（2010—2015）》，见 https://wenku.baidu.com/view/e672a30cba1aa8114431d9ad.html。

④ 百度文库：《湖南省建设教育强省规划纲要（2010—2020）》，见 https://wenku.baidu.com/view/855e9b80ec3a87c24028c45c.html。

表 5－1　省级网络精神文明建设相关规章制度

序号	年份	文件名称	发布单位
1	2004	《湖南省信息化条例》	省人大常委会
2	2004	《湖南省教育厅关于加快全省教育系统办公自动化网络建设的通知》	省教育厅
3	2005	《湖南省互联网集中整顿实施方案》	省政府办公厅
4	2010	《网乐潇湘网络文化管理服务平台实施方案》	省文化厅
5	2010	《湖南省文化强省战略实施纲要（2010—2015）》	省委、省政府
6	2010	《湖南省建设教育强省规划纲要（2010—2020）》	省委、省政府
7	2011	《数字湖南建设纲要》	省委、省政府
8	2012	《湖南省信息化条例（修订）》	省人大常委会
9	2012	《中共湖南省委关于加快建设文化强省的意见》	省委、省政府
10	2012	《湖南省政府网站管理办法》	省政府办公厅
11	2013	《关于加强教育阳光服务平台建设的意见》	省教育厅
12	2013	《关于开展网络淫秽色情信息专项整治“净网”行动的通知》	省“打黄扫非”办公室
13	2014	《湖南省推进志愿服务制度化任务分工》	省文明委、省志工委
14	2014	《关于开展教育阳光服务网络平台建设工作的通知》	省教育厅
15	2014	《湖南省建设教育强省推进教育现代化县市区分类监测方案（试行）》	省教育厅
16	2014	《湖南省教育网络与信息安全工作实施方案》	省教育厅
17	2014	《湖南省志愿服务工作测评体系（试行）》	省文明委
18	2015	《湖南省实施“互联网＋”三年行动计划》	省政府办公厅
19	2015	《湖南省教育扶贫规划（2015—2020 年）》	省政府办公厅
20	2015	《湖南省中小企业公共服务平台网络运行管理办法》	省经信委

续表

序号	年份	文件名称	发布单位
21	2015	《关于开展全省教育阳光服务网络平台接入工作的通知》	省教育厅
22	2016	《湖南省全面推进三网融合实施方案》	省政府办公厅
23	2016	《湖南省人民政府办公厅关于加快高速宽带网络建设的意见》	省政府办公厅
24	2016	《湖南省网络举报志愿者招募管理办法》	省互联网违法与不良信息举报中心
25	2017	《湖南省加快推进“互联网＋政务服务”工作实施方案》	省政府
26	2017	《关于加快推进“互联网＋监督”工作实施方案》	省政府办公厅
27	2017	《湖南省中小学校文明（标兵）单位校园测评细则》	省文明委
28	2017	《湖南省文明校园、文明标兵校园评选管理办法及测评细则》	省文明委
29	2017	《湖南省网络扶贫行动实施方案》	省网信办、省发改委、省扶贫开发办公室
30	2017	《湖南省教育网络安全综合治理行动方案》	省教育厅
31	2017	《湖南省教育信息化“十三五”规划（2016—2020年）》	省教育厅
32	2017	《2017年湖南教育网络安全和信息化工作要点》	省教育厅
33	2017	《湖南省网络食品安全“清网行动”专项整治方案》	省食药监办
34	2018	《湖南省“互联网＋教育”行动计划（2019—2022）》	省政府
35	2018	《深化制造业与互联网融合发展的若干政策措施》	省政府办公厅
36	2018	《湖南省信息通信基础设施能力提升行动计划（2018—2020年）》	省政府办公厅
37	2018	《湖南省文明城市测评细则（地级市）》	省文明委
38	2018	《湖南省文明城市测评细则（县级市、县城）》	省文明委

续表

序号	年份	文件名称	发布单位
39	2018	《湖南省“十三五”信息化发展规划》	省网信办、省发改委、省工信厅
40	2019	《中共湖南省委湖南省人民政府关于加强网络安全和信息化工作的实施意见》	省委、省政府
41	2019	《中共湖南省委网络安全和信息化委员会工作规则》	省委
42	2019	《网络安全工作责任制实施细则》	省委
43	2019	《湖南省移动互联网重点企业认定管理办法》	省工信厅
44	2019	《湖南省“上云上平台”标杆企业认定管理办法》	省工信厅
45	2019	《湖南省 5G 应用创新发展三年行动计划（2019—2021 年）》	省工信厅
46	2019	《湖南省市场监管系统 2019 网络市场监管专项行动（网剑行动）方案》	省市管局等部门
47	2020	《关于贯彻落实〈新时代爱国主义教育实施纲要〉的实施意见》	省委、省政府
48	2020	《关于贯彻落实〈新时代公民道德建设实施纲要〉的实施意见》	省委、省政府
49	2020	《湖南省文明城市测评细则（地级市·2020 年版）》	省文明委
50	2020	《湖南省文明城市测评细则（县级城市、城区·2020 年版）》	省文明委
51	2020	《湖南省文明村镇测评细则（2020 年版）》	省文明委
52	2020	《湖南省文明（标兵）单位测评细则（2020 年版）》	省文明委
53	2020	《加快第五代移动通信产业发展的若干政策》	省政府办公厅
54	2020	《湖南省数字经济发展规划（2020—2025 年）》	省工信厅
55	2020	《湖南省互联网接入服务行业自律公约》	省互联网协会
56	2020	《省交通运输厅干部职工文明上网倡议书》	省交通运输厅

二、地州市网络精神文明建设相关规章制度

为贯彻落实中央、湖南省关于网络精神文明建设的指示精神，湖南省各地州市坚持一切从实际出发的原则，制定了一系列符合本地区、本单位实际的网络精神文明建设规章制度。通过对全省 14 个地州市的文明网、政府网、网信网、志愿服务网等官方网站内容的研读与整理，共搜集到约 61 个网络精神文明建设相关规章制度（见表 5－2）。其中，长沙市 5 个、衡阳市 2 个、株洲市 10 个、湘潭市 7 个、邵阳市 6 个、岳阳市 11 个、常德市 2 个、张家界市 3 个、益阳市 2 个、郴州市 4 个、永州市 3 个、怀化市 2 个、娄底市 2 个、湘西自治州 2 个。

由上可知，株洲市与岳阳市在网络精神文明制度建设方面的成果最为突出。前者率先将党的建设与互联网相结合，相继出台了《关于建立网络反腐倡廉工作机制的暂行办法》《关于贯彻落实〈关于建立网络反腐倡廉工作机制的暂行办法〉的实施意见》《网络反腐倡廉工作平台操作规程》等文件。根据《关于建立网络反腐倡廉工作机制的暂行办法》，“市纪委、市监察局将利用网络平台，听取网民对该市党风廉政建设和反腐败工作的意见、建议，接受、处理和反馈网民的信访举报及有关损害经济发展环境方面的投诉，宣传党和政府反腐倡廉的方针政策及优化经济发展环境方面的有关政策，报道反腐倡廉工作动态和工作成效。”①

后者根据《全国文明城市测评体系》《全国县级文明城市测评体系》《全国文明村镇测评体系》《全国文明单位测评体系》以及《湖南省文明城市测评细则》（地级市）、《湖南省文明城市测评细则》（县级市、城区）、《湖南省文明村镇测评细则》、《湖南省文明（标兵）单位测评细则》等的相关要求，制定了《岳阳市文明单位测评细则》《岳阳市文明标兵单位测评细则》《岳阳市文明村镇测评细则》《岳阳市文明窗口测评细则》，将网络精神文明建设的相关内容作为评估本市、本单位文明程度的标准之一纳入到《测评细则》之中。

---

① 中国网：《湖南株洲出台网络反腐办法 专人收集网友举报》，2008 年 8 月 14 日，见 http://www.china.com.cn/news/txt/2008－08/14/content_16216405.htm。

表 5－2　地州市网络精神文明建设相关规章制度

序号	年份	文件名称	发布单位
1	2004	《关于开展网吧等互联网上网服务营业场所专项整治的意见》	湘潭市政府办公室
2	2007	《湘潭市互联网宣传管理办法》	湘潭市委、市政府
3	2007	《关于进一步加强全市网吧管理工作的通知》	邵阳市政府办公室
4	2008	《关于建立网络反腐倡廉工作机制的暂行办法》	株洲市纪委、市监察局
5	2008	《关于贯彻落实〈关于建立网络反腐倡廉工作机制的暂行办法〉的实施意见》	株洲市纪委、市监察局
6	2008	《网络反腐倡廉工作平台操作规程》	株洲市纪委、市监察局
7	2010	《郴州市文化强市战略实施纲要（2010—2015）》	郴州市委、市政府
8	2012	《长沙市互联网信息管理实施办法 2012》	长沙市委宣传部等
9	2012	《“数字衡阳”建设管理办法》	衡阳市政府
10	2012	《常德市文化强市战略实施纲要（2010—2015）》	常德市政府
11	2013	《网络文明传播志愿服务考评办法》	长沙市文明办
12	2013	《湘潭市政府网站管理办法》	湘潭市政府办公室
13	2013	《岳阳市网络文明传播志愿者工作方案》	岳阳市文明办
14	2013	《关于进一步加强网络文明传播工作的通知》	岳阳市委宣传部
15	2013	《关于推进全市网络宣传管理“三三五”基础工程建设的实施意见》	岳阳市委、市政府
16	2013	《娄底市网络文明传播志愿者工作实施方案》	娄底市文明办
17	2014	《湘潭市人民政府关于推进“宽带中国”战略的实施意见》	湘潭市政府
18	2014	《关于切实做好网络文明传播工作的通知》	岳阳市文明办
19	2014	《关于进一步加强文明创建网络宣传工作的通知》	岳阳市委宣传部

续表

序号	年份	文件名称	发布单位
20	2014	《湘西自治州网络问政平台运行管理办法（暂行）》	湘西自治州政府
21	2015	《关于推进网络问政的实施意见》	邵阳市委、市政府
22	2015	《邵阳市推进网络问政工作问责办法》	邵阳市纪委
23	2016	《关于进一步明确株洲市网络文明传播工作任务的通知》	株洲市文明委
24	2016	《关于进一步加强网络舆情办理工作的通知》	株洲市文明办
25	2016	《张家界市加快推进“互联网+政务服务”工作实施方案》	张家界市政府办公室
26	2016	《张家界市实施“互联网+”三年行动方案（2015—2017）》	张家界市政府办公室
27	2016	《郴州市人民政府关于加快信息化发展的实施意见》	郴州市政府
28	2016	《怀化市网络舆情引导处置暂行办法》	怀化市委、市政府
29	2016	《关于加强网络文明传播志愿服务工作的管理实施意见》	娄底市文明委
30	2017	《长沙市“文明办网文明上网”倡议书》	长沙市文明委
31	2017	《湘潭市加快推进“互联网+政务服务”工作方案》	湘潭市政府办公室
32	2017	《岳阳市全面推进“互联网+政务服务”工作实施方案》	岳阳市政府办公室
33	2017	《永州市“互联网+政务服务”试点工作方案》	永州市政府办公室
34	2017	《关于加强网络精神文明建设工作的通知》	岳阳市文明办
35	2017	《张家界市加快推进“互联网+政务服务”工作实施方案》	张家界市政府
36	2018	《湘潭市诚信“红黑榜”发布制度实施方案》	湘潭市创建文明城市领导小组办公室
37	2018	《衡阳市关于进一步推动和促进学雷锋志愿服务制度化的实施意见》	衡阳市文明办

续表

序号	年份	文件名称	发布单位
38	2018	《邵阳市人民政府办公室关于贯彻落实〈湖南省信息通信基础设施能力提升行动计划（2018—2020年）〉的通知》	邵阳市政府办公室
39	2018	《株洲市建设新时代全域化更高水平文明城市的实施意见》	株洲市委、市政府
40	2018	《关于推进移动互联网健康有序发展的实施意见》	株洲市委办公室、市政府办公室
41	2018	《株洲市深入推进“十大文明行动”实施方案（2018年—2020年）》	株洲市创建文明城市工作领导小组
42	2018	《株洲市文明城市建设十大专项整治三年行动计划》	株洲市创建文明城市工作领导小组
43	2018	《常德市“互联网＋监督”平台运行管理实施细则》	常德市“互联网＋监督”工作协调领导小组办公室
44	2018	《郴州市“互联网＋监督”平台管理实施细则（试行）》	郴州市委办公室、市政府办公室
45	2018	《关于深入推进“互联网＋政务服务”改革实施方案》	永州市政府办公室
46	2018	《怀化市网络文化章程》	怀化市网络文化协会
47	2018	《关于开展网络文明专项行动的通知》	湘西州委宣传部、网信办
48	2019	《文明行为促进条例》	长沙市人大常委会
49	2019	《2019“十大文明行动”实施方案》	株洲市创文办
50	2019	《湘潭市数字乡村发展五年规划（2019—2023）》	湘潭市农业农村局
51	2019	《岳阳市文明单位测评细则（2019年版）》	岳阳市文明委
52	2019	《岳阳市文明标兵单位测评细则（2019年版）》	岳阳市文明委
53	2019	《岳阳市文明村镇测评细则（2019年版）》	岳阳市文明委

续表

序号	年份	文件名称	发布单位
54	2019	《岳阳市文明窗口测评细则（2019年版）》	岳阳市文明委
55	2019	《2019年益阳市“互联网＋政务服务”工作方案》	益阳市政务公开、政务服务领导小组
56	2019	《2019网络市场监管专项行动（网剑行动）方案》	益阳市监管局
57	2019	《永州市推进“互联网＋教育”行动方案（2019—2022）》	永州市政府
58	2020	《长沙市文明（标兵）校园动态管理操作办法（试行）》	长沙市文明办
59	2020	《关于在全市开展党政机关网站和新媒体“僵尸”“睡眠”等现象专项整治行动的通知》	邵阳市网信办
60	2020	《关于进一步加强党员干部网络行为规范的通知》	邵阳市网信办
61	2020	《郴州市数字乡村发展实施方案（2020—2022年）》	郴州市政府

三、县市区网络精神文明建设相关规章制度

县市区网络精神文明建设相关规章制度的制定，旨在落实中央、省、地州市关于网络精神文明建设的相关指示精神与会议精神，保障本地区网络精神文明建设的顺利运行。课题组从湖南省123个县市区中抽取长沙县、宁乡市、浏阳市、衡阳县、茶陵县、攸县、湘潭县、湘乡市、韶山市、岳阳县、汨罗市、慈利县、桂阳县、东安县、道县、宁远县、蓝山县、涟源市、冷水江市等19个县市区，将其作为考察对象，共搜集到约15个与网络精神文明建设有关的规章制度（见表5－3）。

纵观所收集的县市区网络精神文明建设相关规章制度，可以看出，“文明上网”是网民传播网络精神文明的基本要求。韶山市、茶陵县、涟源市、冷水江市相继发布《韶山市文明上网倡议书》《抵制网络谣言，净化网络环境倡议书》《涟源市文明上网倡议书》《冷水江市“文明办网，文明上网”倡议书》，号召广大网民文明上网，营造良好的网络环境，共建网络精神

文明。

表 5－3　县市区网络精神文明建设相关规章制度

序号	年份	文件名称	发布单位
1	2012	《韶山市文明上网倡议书》	韶山市新闻中心、韶山市信息中心
2	2012	《关于进一步深化志愿服务工作的通知》	衡阳县文明办
3	2013	《关于加强全市网络文明传播工作的通知》	汨罗市文明委
4	2013	《东安县 2014 年学雷锋志愿服务工作实施方案》	东安县文明委
5	2014	《网络文明传播志愿服务活动方案》	岳阳市岳阳楼区教育局
6	2014	《茶陵县创建省级文明县城宣传工作实施方案》	茶陵县委办公室
7	2014	《抵制网络谣言，净化网络环境倡议书》	茶陵县委宣传部、茶陵县文明办等
8	2014	《东安县 2014 年度精神文明建设工作考核细则》	东安县文明委
9	2014	《东安县未成年人思想道德建设工作测评实施方案》	东安县文明办
10	2016	《蓝山县网络文明传播志愿服务活动方案》	蓝山县文明办
11	2017	《茶陵县“十大文明行动”实施方案》	茶陵县创建省级文明县城工作领导小组
12	2018	《湘乡市创建全国文明城市，普及志愿服务行动实施方案》	湘乡市文明委
13	2020	《湘乡市推进新时代文明实践中心建设试点工作方案》	湘乡市文明委
14	2020	《涟源市文明上网倡议书》	涟源市网信办
15	2020	《冷水江市“文明办网，文明上网”倡议书》	冷水江市网信办

第二节　初步搭建了省市县三级网络文明传播平台

筑牢网络文明传播阵地，是网络精神文明建设的必然选择。近年来，湖南省文明办主动适应移动互联网的大趋势大潮流，深度把握“互联网+”的传播规律，建设湖南文明网、湖南好人榜网、“文明湖南”微信微博和“时刻”客户端文明频道等网络阵地，形成了“两网两微一端”的宣传矩阵，并坚持“责任在网站，特色在文明，优势在合力”的工作原则，力求把全省精神文明建设工作触角延伸至互联网，让互联网这个最大变量变成精神文明建设事业的最大增量，不断推进媒体融合。①

一、建立了省市县三级文明网站

文明网是各级文明办的门户网站，是全国宣传思想文化工作和精神文明建设的重要窗口，主要用于发布宣传思想文化和精神文明建设重要信息，进行理论宣传和形势政策教育，开展思想道德建设和精神文明创建活动，传播文明、引领风尚，促进社会文明水平和公民文明素质的提高。② 由此可见，文明网站是网络精神文明建设的基础条件，是网络文明传播的基本平台。

2015 年 7 月，湖南省积极学习贯彻落实全国网络精神文明建设工作座谈会精神，充分利用互联网技术建立了湖南文明网，随后全省各地文明网站纷纷建立。据课题组统计，截至 2020 年 6 月，湖南省及其所辖 14 个地州市、123 个县市区，共建立了 34 个文明网，占比 24.64%（见表 5－4）。

浏览与研读现有的文明网内容可以发现，就网站内容而言，湖南省始终坚持“内容为王”的原则，不断丰富网站内容、拓展创建活动，着力增强文明网站的影响力、辐射力、传播力；就网站设计而言，包括领导活动、文明传播、文明创建、志愿服务、中国好人、我们的节日、道德讲堂、未成年人等多个栏目，涉及范围广泛、内容体系庞大（见图 5－1）。与此同时，各文

① 刘进能：《线上线下合力互动 推进网络文明建设》，《新湘评论》2019 年第 15 期。

② “文明网”简介：https://baike.baidu.com/item/%E6%96%87%E6%98%8E%E7%BD%91/7977068?fr=aladdin。

明网与好人榜网、志愿服务网实现了三网联动；省市县文明网之间实现了三级联动（见图5－1）。

表5－4　湖南省文明网建立情况

行政区划	文明网	数量
省	湖南文明网	1
地州市	长沙市、衡阳市、株洲市、湘潭市、邵阳市、岳阳市、常德市、张家界市、益阳市、郴州市、永州市、怀化市、娄底市、湘西自治州	14
县市区	长沙县、宁乡市、浏阳市、衡阳县、茶陵县、攸县、湘潭县、湘乡市、韶山市、岳阳县、汨罗市、慈利县、桂阳县、东安县、道县、宁远县、蓝山县、涟源市、冷水江市	19

图5-1　湖南文明网首页

二、建立了“两微一端”传播平台

“两微一端”传播平台，即微博、微信、客户端。随着文明网的建立，湖南省在省文明委的领导下，积极探索网络精神文明传播的新渠道，推动传统媒体与新媒体深度融合，着力打造精神文明传播的新平台。目前，湖南省共开通微博官方账号55个（39.86%）、微信公众号91个（65.94%），共建立文明传播客户端70个（50.72%）（见表5－5）。

从政府层面来看，湖南省各级政府不断提高对“互联网＋”这一新形态的认识，大力推进“互联网＋政务服务”工作模式，利用“两微一端”传播平台实时发布政府工作信息，坚持“以人民为中心”，加强政府与网民的沟通交流，切实解决其在生产、生活、工作、学习中所面临的困难。就文明办而言，湖南省各级文明办自2015年起纷纷开通微博官方账号、微信公众号，利用新媒体技术并结合互联网企业建立专门的客户端，形成“文明湖南”传播矩阵，共建网络精神文明建设主阵地。

从媒体层面来看，近年来，湖南省高度重视媒体融合，采用“网、报、端、微、视”联动立体报道形式，实现了网络精神文明宣传多样化，多层次、全方位地增强了网络精神文明建设的效果。红网作为湖南省新闻综合门户网站，形成了以“一县一网一报（手机报）一端（客户端）两微（官方微博、微信公众号）”为基础（见图5－2），以省直、市州、园区、企业、高校网群为补充的传播新格局[①]，努力构建“全程媒体”“全息媒体”“全员媒体”“全效媒体”传播新格局。

表5－5　湖南省“两微一端”建设情况

“两微一端”	
微博（55个）	湖南省
	长沙市、浏阳市、宁乡市、长沙县、天心区、岳麓区、雨花区、望城区
	衡阳市、常宁市、耒阳市、衡南县、祁东县、蒸湘区
	株洲市、醴陵市、攸县、天元区、芦淞区、荷塘区、石峰区
	湘潭市
	邵阳市、城步县、新宁县
	岳阳市、汨罗市、华容县、临湘市、岳阳楼区
	常德市、汉寿县、石门县、澧县、安乡县
	张家界市、永定区
	益阳市、安化县、南县
	郴州市、宜章县、汝城县
	永州市、东安县、道县、宁远县、新田县、蓝山县、冷水滩区
	怀化市、辰溪县、洪江区
	娄底市

① 中共中央网络安全和信息化委员会办公室：《湖南红网新闻网络传播有限责任公司》，2014年8月19日，见http：//www.cac.gov.cn/2014－08/19/c_1112129995.htm。

续表

“两微一端”	
微信（91个）	湖南省
	长沙市、宁乡市、浏阳市、长沙县、岳麓区、开福区、芙蓉区、望城区
	衡阳市、常宁市、耒阳市、衡东县、衡山县、衡南县、祁东县、南岳区、石鼓区、珠晖区
	株洲市、醴陵市、炎陵县、茶陵县、攸县、芦淞区、荷塘区、石峰区
	湘潭市、湘乡市、韶山市、湘潭县、岳塘区
	邵阳市、邵东市、武冈市、新邵县、隆回县、洞口县、新宁县、大祥区、双清区、北塔区
	岳阳市、临湘市、汨罗市、华容县、平江县、岳阳楼区、云溪区、君山区
	常德市、汉寿县、武陵区
	张家界市、慈利县、永定区、武陵源区
	益阳市、资阳区、赫山区
	郴州市、桂阳县、宜章县、汝城县、桂东县
	永州市、道县、东安县、江永县、江华县、新田县、冷水滩区
	怀化市、洪江市、沅陵县、溆浦县、麻阳县、中方县、会同县、通道县、洪江区、辰溪区
	娄底市、涟源市、冷水江市、新化县、娄星区
	湘西自治州、吉首市、凤凰县、永顺县
客户端（70个）	湖南省
	长沙市、宁乡市、芙蓉区、开福区、望城区
	衡阳市、常宁市、耒阳市、衡南县、衡阳县、衡东县、衡山县、南岳区、石鼓区、蒸湘区
	株洲市、炎陵县、茶陵县、荷塘区
	湘潭市、湘乡市、韶山市、岳塘区
	邵阳市、邵东市、新邵县、洞口县、邵阳县、北塔区
	岳阳市、汨罗市、湘阴县
	常德市、汉寿县
	张家界市、慈利县、桑植县、永定区
	益阳市、沅江县、南县、桃江县、赫山区、资阳区
	郴州市、资兴市、桂阳县、永兴县、临武县
	永州市、道县、江永县、宁远县、新田县、蓝山县、冷水滩区
	怀化市、洪江市、辰溪县、溆浦县、麻阳县、鹤城区
	娄底市、冷水江市
	湘西自治州、吉首市、凤凰县、花垣县、永顺县

图 5–2　红网搭建传播平台

第三节　打下了较为完备的网络软硬件基础

近年来，湖南省积极贯彻落实《湖南省信息化条例》《数字湖南建设纲要》《湖南省信息化条例（修订）》等文件精神，加快“数字湖南”建设的步伐，大力推进数字产业化、产业数字化进程，通过政策支撑、财政支持等手段不断完善网络基础设施建设，为网络精神文明建设打下了较为完备的网络软硬件基础。

一、政策支撑

十八大以来，湖南省相继出台了《湖南省人民政府办公厅关于加快高速宽带网络建设的意见》《湖南省全面推进三网融合实施方案》《湖南省网络扶贫行动实施方案》《湖南省信息通信基础设施能力提升行动计划（2018—2020 年）》《湖南省“十三五”信息化发展规划》《湖南省 5G 应用创新发展三年行动计划（2019—2021 年）》《湖南省数字经济发展规划（2020—2025 年）》等七个政策文件，为网络精神文明基础设施建设提供了相应的政策支撑与科学规划。

第一，《湖南省人民政府办公厅关于加快高速宽带网络建设的意见》

（以下简称《意见》）。2016年6月30日，省政府办公厅就全省的宽带网络建设出台了《意见》。文件中明确提出了湖南省宽带网络建设的主要任务，包括加快推进光纤高速宽带网络建设、加快推进第四代移动通信网络建设、加快宽带应用基础设施建设、深入推进共建共享、有效降低网络资费等五个方面。通过完成以上五个任务，力求实现“到2020年，宽带网络全面覆盖城乡，城镇地区实现光网覆盖，城市家庭用户宽带实现100Mbps以上接入能力；98%以上行政村实现光纤到村，85%以上自然村实现光纤、4G网络覆盖，农村家庭用户宽带实现50Mbps以上接入能力；4G网络实现全面覆盖全省城市、乡镇和行政村”的总体目标。①

第二，《湖南省全面推进三网融合实施方案》（以下简称《方案》）。三网，即电信网、广播电视网、互联网。2016年8月8日，为推动湖南省网络基础设施的互联互通，省政府办公厅出台该《方案》，对“三网融合”进行了统筹规划。《方案》指出，要“加快高速宽带网络、全光纤网络城市、第四代移动通信（4G）网络，加快构建高速、移动、安全、泛在的新一代信息基础设施，全面提高网络技术水平和业务承载能力”。②

第三，《湖南省网络扶贫行动实施方案》。习近平同志强调：“相比城市，农村互联网基础设施建设是我们的短板。要加大投入力度，加快农村互联网建设步伐，扩大光纤网、宽带网在农村的有效覆盖。”③ 为此，湖南省高度重视农村尤其是农村贫困地区的网络基础设施建设。2017年8月8日，省网信办、省发改委、省扶贫办联合出台《湖南省网络扶贫行动实施方案》，大力推进全省贫困地区的网络覆盖，“为贫困地区特别是武陵山和罗霄山两大集中连片贫困地区优先铺设光纤宽带，以建档立卡贫困村为重点，逐村推

① 湖南省人民政府门户网站：《湖南省人民政府办公厅关于加快高速宽带网络建设的意见》，2016年7月19日，见 http://www.hunan.gov.cn/szf/hnzb/2016/2016nd13q/szfbgtwj_98864/201607/t20160719_4701807.html。

② 湖南省人民政府门户网站：《湖南省人民政府办公厅关于印发〈湖南省全面推进三网融合实施方案〉的通知》，2016年8月31日，见 http://www.hunan.gov.cn/hnszf/szf/hnzb/2016/2016nd16q/szfbgtwj_98828/201608/t20160831_4701736.html。

③ 温红彦等：《让互联网更好造福国家和人民——党的十八大以来习近平总书记关于互联网系列重要讲话精神综述》，《人民日报》2016年11月14日第1版。

进光纤宽带和4G移动通信基站等信息基础设施建设。"① 除此之外，省通信管理局在2016年推动实施了包括“宽带乡村”试点工程、农村电信普遍服务试点工程、农村光纤网络建设与升级改造工程、4G网络建设工程、三网融合推广工程、农业信息化应用工程等在内的“六大工程”，着力解决贫困地区网络基础设施建设相对落后的问题。

第四，《湖南省信息通信基础设施能力提升行动计划（2018—2020年）》（以下简称《计划》）。2018年9月20日，省政府办公厅出台该《计划》，对湖南省2018年至2020年三年间的网络基础设施建设进行了规划，指出全省要“以高速光网、4G/5G移动网络、互联网协议第六版（IPv6）、物联网、工业互联网、大数据、云计算等为重点，积极开展信息通信基础设施建设和升级改造，力争用3年左右时间，引入投资400亿元，实现城乡光纤网络、4G网络全覆盖，促进宽带网络人（户）均普及率等主要发展指标提升到同期全国平均水平，使我省信息通信基础设施能力与经济社会发展需求相适应，部分领域进入全国前列”②。

第五，《湖南省“十三五”信息化发展规划》。网络基础设施建设是信息化发展的基础条件。湖南省在“十二五”发展现状的基础上，于2018年12月3日出台了《“十三五”信息化发展规划》，文件强调，到2020年，全省要建成与新时代相适应的信息化发展五大体系，形成多主体协作、大数据驱动、智能化运行、开放创新的信息化可持续发展路径。③

第六，《湖南省5G应用创新发展三年行动计划（2019—2021年）》。目前，5G建设是网络基础设施建设的关键领域，为落实网络强国战略，加快全省“互联网+”建设的步伐，省工信厅、省通管局出台了该《计划》，统筹规划全省2019年至2021年间的5G网络基础设施建设、5G协同创新、5G行业发展、5G产业发展等多个方面的工作。

---

① 湖南省网信办：《关于湖南省网络扶贫行动实施方案》，2017年8月8日。

② 湖南省人民政府门户网站：《湖南省人民政府办公厅关于印发〈湖南省信息通信基础设施能力提升行动计划〉（2018—2020年）的通知》，2018年9月20日，见http：//www.hunan.gov.cn/hnszf/xxgk/wjk/szfbgt/201809/t20180920_5113647.html。

③ 红网：《关于湖南省网络扶贫行动实施方案》，2017年8月8日，见http：//images.rednet.cn/ArticleImage/2017/08/09/20171123282429294.pdf。

第七，《湖南省数字经济发展规划（2020—2025年）》。2020年1月18日，省工信厅出台该《规划》，明确指出湖南省要大力发展数字产业化、产业数字化，优化升级网络基础设施、提升大数据基础设施水平、建设工业互联网基础设施、发展高性能计算基础设施、完善人工智能基础设施、提供智慧城市基础设施。①

可见，在系列政策的支撑与扶持下，湖南省的网络基础设施建设在不断地发展与完善。据统计，截至2019年底，全省共“建成移动通信基站36.1万个，省内所有城区、县、乡、行政村及92%自然村实现4G全覆盖。同时，省内已完成2631座5G基站建设。新型信息通信基础设施发展迅速，国家超级计算中心、国家智能网联汽车（长沙）测试区及40多个大数据中心相继投入运营”。② 因此，从这个意义上说，湖南省已为网络精神文明建设打下了较为完备的网络软硬件基础，尤其是网络硬件基础。

二、财政支持

在上述政策的支撑下，湖南省加快网络软硬件基础建设，大力支持互联网企业、文化企业的创新升级，坚持“专款专用”的原则，加大对全省信息化发展的资金投入。近年来，在省委、省政府的统一领导和部署下，在省财政厅、省工信厅、省发改委等部门共同配合下，湖南省对新兴产业、移动互联网产业、文化产业、文化事业等的发展设立了多项专项资金项目。课题组从2016年、2017年、2018年、2019年、2020年的专项资金项目中随机抽取三年，通过浏览、筛选与统计得出：2016年、2019年、2020年专项资金项目中涉及网络软硬件基础建设的项目共约120项，其中2016年约71项（见表5－6）、2019年约20项（见表5－7）、2020年约29项（见表5－8）。

以2019年移动互联网产业专项资金支持项目为例，湖南省共投入15000

---

① 湖南省工业和信息化厅：《关于印发〈湖南省数字经济发展规划（2020—2025年）〉的通知》，2020年2月6日，见http://gxt.hunan.gov.cn/gxt/xxgk_71033/tzgg/202002/t20200206_11171576.html。

② 湖南省人民政府门户网站：《关于印发〈湖南省“十三五”信息化发展规划〉的通知》，2018年12月20日，见http://www.hunan.gov.cn/hnszf/xxgk/tzgg/szbm/201812/t20181220_5242331.html。

万元支持329项移动互联网产业项目，其中支持网络软硬件基础建设的项目共约16项，共计610万元（见表5－9）。因此，在专项资金的支持下，全省相关企业对网络软硬件基础技术的研发取得了突破性进展，为网络精神文明建设打下较为完备的网络软硬件基础，尤其是网络软件基础。

表5－6　2016年网络软硬件基础建设专项资金支持项目表

序号	年份	项目单位	项目名称
1	2016	中广天择传媒股份有限公司	视频内容云平台建设
2	2016	醴陵恒茂电子科技有限公司	国产网络核心处理芯片的研制及产业化
3	2016	湖南恒凯通信信息科技有限公司	光纤通信网络传输设备关键生产线升级转移项目
4	2016	湖南红网新闻网络传播有限责任公司	新思路网络展示交流服务平台
5	2016	湖南快乐阳光互动娱乐传媒有限公司	芒果TV“智能云媒资”海外新媒体内容分发平台建设项目
6	2016	湖南日报报业集团有限公司	新湖南移动媒体传播平台
7	2016	湖南快乐阳光互动娱乐传媒有限公司	“芒果直播”APP项目
8	2016	天闻数媒科技（湖南）有限公司	基于移动互联网的智慧校园教育服务平台研发及应用示范
9	2016	湖南体育产业集团有限公司	湖湘农商农产品移动网络电商交易平台
10	2016	湖南省演艺集团有限责任公司	基于移动互联网“爱演艺”平台
11	2016	长沙市海图科技有限公司	基于物联网的三维智能管网监控平台
12	2016	湖南潭州教育网络科技有限公司	基于移动互联网的在线教育平台内容提供
13	2016	湖南兴天电子科技有限公司	基于龙芯2H的高速率高安全性网络通信设备
14	2016	湖南创研科技股份有限公司	O2O智能同步移动电商平台系统项目
15	2016	长沙八骏信息科技有限公司	全面教育信息化的校企联动创新掌上数字化校园建设项目

续表

序号	年份	项目单位	项目名称
16	2016	湖南卓景京信息技术有限公司	移动互联网就业服务平台建设及应用
17	2016	湖南信德信息技术有限公司	基于移动互联网的高校智慧校园云服务平台
18	2016	湖南苏宁云商有限公司	苏宁易购移动互联网 APP 端发展平台
19	2016	长沙湘计华湘计算机有限公司	基于“移动互联网”的区县智慧教育云平台
20	2016	湖南省中信泽实业有限公司	移动智能化教育管理应用综合平台
21	2016	湖南亿盛科技有限公司	移动数字化校园综合信息管理平台
22	2016	中软国际科技服务（湖南）有限公司	基于移动互联网的在线学习平台的研发与推广
23	2016	湖南五方科技有限公司	五方智慧教育+平台及客户端系统的开发
24	2016	湖南华宽通科技股份有限公司	基于三网融合的无线应用平台
25	2016	湖南双菱电子科技有限公司	SLBTM8000 融媒体平台与大数据智能挖掘
26	2016	湖南思洋信息技术有限公司	微众云商移动互联网公共服务平台
27	2016	湖南新财智文化传媒股份有限公司	以曾国藩及中华优秀传统文化为核心的移动互联网内容生产平台传播项目
28	2016	湖南易联众信息技术有限公司	基于大数据的在线教育云平台
29	2016	湖南中科博华科技有限公司	桌面云网融合一体机
30	2016	长沙雨人网络安全技术有限公司	伪基站实时监测和准确定位系统开发与推广
31	2016	湖南炫视文化传媒有限公司	基于移动互联网的教务管理及校园资讯信息平台
32	2016	湖南创恒信息技术有限公司	基于云计算的企业统一通信系统开发
33	2016	湖南长沙阳环科技实业有限公司	“云计算+移动互联网”在线教育平台

续表

序号	年份	项目单位	项目名称
34	2016	湖南报网文化传媒有限公司	基于移动互联网的新媒体平台
35	2016	湖南安全网文化传播有限公司	互联网舆情监控采集与服务
36	2016	湖南三湘智谷技术有限公司	“优农易购” E2C 移动互联网电商平台
37	2016	湖南理才网科技发展有限公司	“互联网 + 管理” 模式下的企业级软平台项目
38	2016	湖南出头科技有限公司	出头 Smart School 在线教育
39	2016	湖南智传信息技术有限公司	移动互联网通讯平台
40	2016	湖南远见视觉科技有限责任公司	工业互联网大数据分析系统和服务
41	2016	醴陵恒茂电子科技有限公司	多频段无线混合型智能物联网路由器研发及产业化
42	2016	湖南白兰智能电子有限公司	移动互联网基于云计算和智慧社区软件智能应用
43	2016	湖南中兴网信科技有限公司	智慧城市云平台数据共享交换中心
44	2016	湖南湘梦电子商务科技有限公司	衡阳农村电子商务综合服务平台移动端
45	2016	南岳电控（衡阳）工业技术股份有限公司	电商平台和信息化协同系统
46	2016	岳阳日报传媒集团有限责任公司	基于移动互联网产业发展的新媒体融合（两中心五平台建设）
47	2016	岳阳市远景网络技术有限公司	“掌上巴陵” 全媒体 APP 移动平台项目
48	2016	湖南中世发电子科技有限公司	基于物联网技术的移动智能终端研发及产业化
49	2016	益阳搜空高科软件有限公司	搜空风媒新媒体传播平台
50	2016	兴盛社区网络服务股份有限公司	芙蓉兴盛移动电商平台建设
51	2016	湖南云巢信息科技有限公司	资兴市东江湖大数据中心
52	2016	省委宣传部	新湘评论杂志社 “指点” 理论宣传微信平台建设

续表

序号	年份	项目单位	项目名称
53	2016	省文化厅	“文化湖南”宣传及平台建设
54	2016	省邮政局《时代邮刊》杂志社	“时代+”全媒体平台建设
55	2016	红网	红网“时刻新闻”新媒体建设
56	2016	湖南日报社	“新湖南”客户端及新媒体建设
57	2016	湖南广播电视台公共频道	“快乐益&爱周末”群众公益文化活动平台建设
58	2016	株洲日报社	全媒体融合平台建设
59	2016	湘潭在线新闻网	湘潭市新媒体平台建设
60	2016	岳阳日报社	新闻中心全媒体建设
61	2016	永州市新媒体中心	“永州发布”平台提质
62	2016	保靖县广播电视台	新媒体建设
63	2016	华声在线股份有限公司	新湖南H5全景创意传播平台
64	2016	湖南快乐阳光互动娱乐传媒有限公司	芒果TV移动客户端——传播创新产品项目
65	2016	红网	“红网视窗”全省高清LED联播网（一期工程）
66	2016	石门网络有限公司	石门新媒体数据网络中心
67	2016	娄底市报业新闻发展有限责任公司	综合数字电子新媒体
68	2016	常德广电传媒集团	常德广电传媒新闻云平台
69	2016	娄底市广播电视台	无限娄底移动客户端新媒体
70	2016	湖南众益文化传媒股份有限公司	“互联网+”文化信息互动平台
71	2016	湖南双语科技传媒有限公司	“双语湖南”融媒体平台建设

表 5－7　2019 年网络软硬件基础建设专项资金支持项目表

序号	年份	项目单位	项目名称
1	2019	长沙联远电子科技有限公司	基于“互联网＋物联网”的智能硬件产业化
2	2019	长沙斗金信息科技有限公司	信息安全行业一站式服务平台的开发及运营
3	2019	湖南福莱特信息技术有限公司	F8 网络安全管理系统项目
4	2019	湖南联冠电子科技有限公司	联冠超融合智能云数据中心的研发及应用
5	2019	长沙希赛教育科技有限公司	基于区块链技术的在线课堂云平台
6	2019	湖南长天信息技术有限公司	基于大数据的风险预警平台建设
7	2019	湖南华南光电科技股份有限公司	商密版虚拟化云桌面平台
8	2019	常德市银天信息技术有限公司	“智慧教育”教研平台一期建设项目
9	2019	湖南豪威电子信息技术服务有限公司	豪威智慧校园网络管理平台
10	2019	湖南浪潮云投科技有限公司	智慧常德云计算中心
11	2019	湖南极光网络科技有限公司	无线网络安全防御平台项目
12	2019	湖南奥昇信息科技有限公司	智慧教育系列软件研发及产业化项目
13	2019	湖南创变电子商务科技有限责任公司	兴梦橙移动互联网电商平台建设及应用
14	2019	兴盛社区网络服务股份有限公司	兴盛社区移动互联网平台（B2B）
15	2019	湖南日报	重点时政微信公众号建设
16	2019	湖南广播电视台	“芒果新闻”APP 建设
17	2019	红网	“学习强国”平台建设
18	2019	省委宣传部	麦咭萌移动手机应用
19	2019	湖南雨人网络安全技术股份有限公司	网络安全自动化检测与防御系统
20	2019	湖南捷报信息技术有限公司	基于大数据的政府应急综合管理平台建设

表 5－8 2020 年网络软硬件基础建设专项资金支持项目表

序号	年份	项目单位	项目名称
1	2020	湖南兴盛优选电子商务有限公司	兴盛优选移动电子商务平台建设
2	2020	湖南好搜信息服务有限公司	高校教学管理云平台开发和应用
3	2020	湖南潭州教育网络科技有限公司	潭州课堂 CRM 系统的开发与研究
4	2020	湖南承希科技有限公司	智慧电厂网络安全管控系统的建设及应用
5	2020	长沙浩鲸云软件有限公司	基于 AI 的下一代网络运维支撑系统
6	2020	湖南亚信软件有限公司	亚信 AISWare IPU 集成开发平台
7	2020	红网	突发公共事件网上群众服务大数据云平台
8	2020	湖南微算互联信息技术有限公司	基于 ARMVM 的云计算（简称微算云）
9	2020	长沙极客营信息科技有限公司	基于大数据技术云教育服务平台
10	2020	湖南基石通信技术有限公司	应急通信无线异构网络智能融合系统
11	2020	湖南品腾电子科技有限公司	基于人工智能物联网的 AIo 芯片系统的研发及应用
12	2020	湖南龙信通讯技术有限公司	基于大数据的中小学智慧学习平台研发及产业化
13	2020	湖南麓远信息科技有限公司	互联网＋智慧校园平台
14	2020	湖南方格智能节能科技股份有限公司	智慧社区手机 APP 软件开发及运营推广
15	2020	湖南亿盛科技有限公司	亿盛创客教育云平台
16	2020	湖南科诚信息技术有限公司	基于大数据的动态舆情监测与评估平台
17	2020	湖南双菱电子科技有限公司	智慧融媒体活动运营云平台的建设与应用
18	2020	湖南蚁坊软件股份有限公司	基于大数据的自媒体舆情智能监测与分析服务平台
19	2020	湖南中周至尚信息技术有限公司	基于网络社交媒体大数据分析平台建设

续表

序号	年份	项目单位	项目名称
20	2020	湖南戎腾网络科技有限公司	多用户虚拟化移动互联网采集与监测系统研制及产业化
21	2020	桃源县北方一造电路技术有限公司	互联网智能终端技术产业化
22	2020	湖南云感科技有限公司	湖南软件之窗
23	2020	红网	“学习强国”湖南平台建设和运维
24	2020	湖南日报社	推动媒体融合发展
25	2020	湖南日报报业集团有限公司	湖南日报移动视频文创直播营销系统
26	2020	潇湘晨报社	潇湘晨报全域全媒体内容聚合与分发平台
27	2020	湖南红网新媒体集团有限公司	“湘农荟”信息化平台
28	2020	中广天择传媒股份有限公司	中广天择 MCN 短视频运营平台
29	2020	湖南日报集团	湖南文化产业数据统计分析和信息中心建设

表 5－9　2019 年网络软硬件基础建设专项资金项目分配表

序号	项目单位	项目名称	投入资金（万元）
1	湖南金鹰卡通有限责任公司	麦咭萌移动手机应用	30
2	长沙联远电子科技有限公司	基于“互联网＋物联网”的智能硬件产业化	100
3	长沙斗金信息科技有限公司	信息安全行业一站式服务平台的开发及运营	30
4	湖南福莱特信息技术有限公司	F8 网络安全管理系统项目	30
5	湖南联冠电子科技有限公司	联冠超融合智能云数据中心的研发及应用	30
6	长沙希赛教育科技有限公司	基于区块链技术的在线课堂云平台	30
7	湖南长天信息技术有限公司	基于大数据的风险预警平台建设	50

续表

序号	项目单位	项目名称	投入资金（万元）
8	湖南捷报信息技术有限公司	基于大数据的政府应急综合管理平台建设	30
9	湖南华南光电科技股份有限公司	商密版虚拟化云桌面平台	30
10	常德市银天信息技术有限公司	“智慧教育”教研平台一期建设项目	30
11	湖南豪威电子信息技术服务有限公司	豪威智慧校园网络管理平台	30
12	湖南浪潮云投科技有限公司	智慧常德云计算中心	50
13	湖南极光网络科技有限公司	无线网络安全防御平台项目	30
14	湖南奥昇信息科技有限公司	智慧教育系列软件研发及产业化项目	30
15	兴盛社区网络服务股份有限公司	兴盛社区移动互联网平台（B2B）	50
16	湖南雨人网络安全技术股份有限公司	网络安全自动化检测与防御系统	30

总体而言，湖南省的移动互联网产业正在从高速增长向高质量发展转型，且其与装备制造、文化创意等优势产业不断地深度融合发展，涌现出了更多的新技术、新产业、新业态、新模式，带动了大数据、人工智能、区块链、5G 应用等产业的快速发展，形成了新的经济增长点。① 可以说，移动互联网产业的发展在一定程度上促进了网络软硬件的研发、创新与创造。

第四节　构筑了比较牢固的网络信息安全防火墙

近年来，湖南省高度重视网络空间治理与网络空间安全的相关问题。特别是十八大以来，全省积极贯彻落实习近平总书记关于网络强国的重要思

① 湖南民生网：《2019 年湖南省移动互联网产业发展年度报告》，2020 年 2 月 11 日，见 http：//www. hnmsw. com/show_ article_ 120515. html。

想，切实做到“因势而谋、应势而动、顺势而为”，通过开展网络空间专项治理行动与网络举报信息受理整治等一系列网络空间治理行动，着力清理网络不良信息，净化网络空间环境，不断提高管辖范围内的网络空间监管能力，抑制网络灰色、打击黑色信息等在网络空间的滋生蔓延，为网络信息安全构筑了一道较为牢固的防火墙。

一、网络空间专项治理行动

在省文明委的指导下，湖南省各部门持续发力，根据相关法律法规的要求，不断加大对网络内容的监管力度。据统计，截至目前，全省 10 年间共开展了 8 次专项治理行动，并取得了显著的成效。

第一，2010 年集中整治网络赌博违法犯罪活动专项行动。2010 年 3 月至 8 月，省委宣传部、省综治办、省公安厅、省高级人民法院、省人民检察院、省通信管理局、省人民银行、省银监局等八部门联合开展集中整治网络赌博违法犯罪活动专项行动。在党委的领导下，各部门相互协作，齐抓共管，“严厉打击利用互联网组织赌博的违法犯罪活动，集中查处一批利用互联网赌博的活动团伙，打掉一批境内外勾结组织网络赌博活动的赌博团伙，严惩一批违法犯罪贩子，集中打击和取缔一批为赌博集团提供资金流转服务的地下钱庄和第三方支付平台，打击和整治一批为赌博集团提供信息和接入服务的网络运营商，全面清理赌博网站和赌博信息”①，有力地遏制了网络赌博行为在网络空间的蔓延。

第二，2013 年网络淫秽色情信息专项整治“净网”行动。近年来，湖南省积极打击污染网络空间的网络淫秽色情信息，2013 年在省“扫黄打非”办公室的部署下，在全省开展整治网络淫秽色情信息的“净网”行动，具体分为宣传发动阶段、自查自纠阶段、全面清查阶段、总结汇报阶段等四个阶段对其进行集中整治，并“以各类传播淫秽色情信息的网站、网络工具和移动存储设备为重点，对网络接入、增值服务、广告发布、代收服务费等各个环节进行清理，教育一批、清理一批、曝光一批、处罚一批、关停一批违法

---

① 新浪网：《湖南省部署开展整治网络赌博专项行动》，2010 年 3 月 12 日，见 http://news.sina.com.cn/o/2010-03-12/173117208467s.shtml。

违规网站”①，严厉查处传播网络淫秽色情信息的违法犯罪行为。

第三，2014年网络淫秽色情信息专项整治“净网·2014”行动。为了营造健康良好的网络空间环境，省“扫黄打非”办公室在2014年继续开展网络淫秽色情信息专项整治行动，全面清查网络空间的淫秽色情信息。与2013年专项整治行动相比，此次“净网”行动的目标对象更加明确，要“重点清查文学、视频网站提供淫秽色情信息，应用软件商店、移动客户端传播淫秽色情信息，为淫秽色情网站发布广告、提供链接和游戏网站利用淫秽色情信息弹窗吸引眼球等行为”。②

第四，2015年开展打击电信网络新型违法犯罪专项行动。电信网络违法犯罪行为是影响网络空间安全的一个重要因素。随着网络信息技术的迅猛发展，利用电信网络进行违法犯罪的行为愈演愈烈，“电信诈骗、侵害公民个人信息安全以及非法生产、销售和使用‘伪基站’、窃听窃照专用器材、手机恶意程序”③ 等行为时有发生。为此，湖南省于2015年12月组织开展了为期6个月的打击电信网络新型违法犯罪专项行动，坚持“系统治理、依法治理、源头治理”的原则，全面打击电信网络新型违法犯罪行为④，有效地维护了网络空间安全、保护了人民群众的财产安全。

第五，“净网2016”专项行动。2016年湖南省“扫黄打非”办公室组织开展“净网”专项行动，“从严查处制作传播淫秽色情信息的门户网站、视频网站、搜索引擎等，集中整治‘微领域’以及利用网盘、云存储、移动智能终端应用软件和网络电视棒、机顶盒等从事‘色情营销’、传播淫秽色情信息的行为；依法惩治为淫秽色情信息传播提供互联网接入、服务器托管、网络存储、广告推广等服务的经营者”⑤，全年共“关闭违法违规网站165

---

① 新浪湖南：《全省将开展整治网络淫秽色情信息的“净网”行动》，2013年3月29日，见http://hunan.sina.com.cn/news/b/2013-03-29/072044677.html。

② 新浪新闻：《湖南开展网络淫秽色情信息专项整治“净网·2014”行动》，2014年5月6日，见https://news.sina.com.cn/o/2014-05-06/192930072754.shtml。

③ 湖南文明网：《湖南启动专项行动 打击电信网络新型违法犯罪》，2015年12月31日，见http://hun.wenming.cn/yw/201512/t20151231_3057265.html。

④ 湖南文明网：《湖南启动专项行动 打击电信网络新型违法犯罪》，2015年12月31日，见http://hun.wenming.cn/yw/201512/t20151231_3057265.html。

⑤ 红网：《湖南“扫黄打非”开展四大专项行动》，2016年4月20日，见https://hn.rednet.cn/c/2016/04/20/1046509.htm。

个，处置网络有害信息69725条”①，有力地打击了传播网络淫秽色情信息的行为。

第六，2018年网络文化市场专项整治行动。众所周知，网络文化是网络精神文明建设的重要组成部分。2018年湖南省文化厅根据《湖南省网络文化市场专项整治行动实施方案》的相关要求，专门成立了省网络文化执法协作小组，深入开展网络文化市场专项整治行动，“对我省网络游戏、网络表演、网络动漫、网络音乐等领域的近300家网络文化经营单位进行清查与整治”，从而进一步规范了网络文化市场的经营行为。②

第七，“净网2019”专项行动。2019年，湖南省公安机关组织开展“净网2019”专项行动，依据《中华人民共和国网络安全法》等法律法规对网络空间的各种违法乱象进行集中整治。截至2019年11月8日，“共办理行政案件687起，警告541人（次），行政拘留115人，停机整顿13家（次），关停下架违法违规网络应用693款。”③

第八，2020年“清朗”专项行动。2020年6月，为贯彻落实《网络信息内容生态治理规定》，进一步规范网上信息传播秩序，营造良好网络生态，湖南省在中央网信办的统一部署下，在全省范围内组织开展为期六个月的“清朗”专项行动，并着重推进未成年人网络环境专项治理行动。据统计，“截至9月底，共清理违法违规信息3万余条，关闭违规网站17家、公共账号60余个，约谈违规网站和账号持有人80余次，移交公安机关线索50余件。”④

可见，湖南省大多采取多部门配合、多层级联动的方式，根据网络不良信息的影响程度，综合运用多种处置手段，着力维护风清气正的网络生态环境。

---

① 红网：《2016年湖南查办“扫黄打非”案件654起》，2017年4月20日，见https：//hn. rednet. cn/c/2017/04/20/4272291. htm。

② 红网：《湖南开展网络文化市场专项整治 将对300家经营单位清查摸底》，2018年3月8日，见https：//wh. rednet. cn/c/2018/03/08/4572155. htm。

③ 腾讯新闻：《湖南网警发布“净网2019”专项行动网络安全行政执法十大类典型案例》，2019年11月8日，见https：//new. qq. com/omn/20191108/20191108A0BWM600. html? pc。

④ 湖南文明网：《湖南深入推进涉未成年人网络环境专项治理行动》，2020年10月9日，见http：//hun. wenming. cn/yw/202010/t20201009_ 5809579. html。

二、网络举报信息受理整治

网络空间治理，同样需要网民的参与。十八大以来，湖南省始终坚持"以人民为中心"的发展思想，利用网络平台开通多个互动渠道，加强网民与政府之间的沟通交流，力求"为老百姓提供用得上、用得起、用得好的信息服务，让亿万人民在共享互联网发展成果上有更多获得感"①。与此同时，各部门开通多个举报渠道，收集受理网络举报信息，建设清朗网络空间。课题组对全省各地区"两网两微一端"中的互动渠道进行搜集与统计得出：全省现有的互动渠道共 27 个，其中联系电话 13 个（见表 5－10），电子邮箱 14 个（见表 5－11）。

除了上述互动渠道，还有专门的网络不良信息举报渠道。早在 2013 年，湖南省就已开通了互联网违法和不良信息举报中心，旨在规范全省互联网新闻信息服务，推进文明办网、文明上网，维护公众合法权益，从而优化网络生态环境，维护网络信息安全。浏览发现，该网站设立了"举报指南""安全上网""法律法规"等相关信息和栏目，开通了"网络跨境赌博举报入口""暴恐音视频有害信息举报入口""违反七条底线有害信息举报入口"等七个举报入口，同时在网站首页设置了举报电话与举报邮箱（见图 5－3）。此外，自 2016 年 3 月起，该网站就已开始公布湖南省网络举报部门每月的网络举报信息受理情况，实时治理网络不良信息（见表 5－12）。

表 5－10　"两网两微一端"中的联系电话统计

序号	地区	联系电话
1	衡阳市	0734－8077076
2	衡阳县	0734－6859359
3	湘潭市	0731－58216733
4	邵阳市	0739－5313512
5	岳阳县	0730－7667002

① 中共中央网络安全和信息化委员会办公室：《习近平关于互联网的重要论断》，2019 年 3 月 6 日，见 http：//www. cac. gov. cn/2019－03/06/c_ 1124198981. htm。

续表

序号	地区	联系电话
6	汨罗市	0730－5228000
7	张家界市	0744－8239205
8	慈利县	0744－3234821
9	益阳市	0737－4220080
10	东安县	0746－4217967
11	宁远县	0746－7228013
12	怀化市	0745－2731822
13	冷水江市	0738－5215637

表 5－11 “两网两微一端”中的电子邮箱统计

序号	地区	电子邮箱
1	长沙县	csxwenming@163.com
2	衡阳市	hywenming@126.com
3	湘潭市	xtwm@xiangtan.gov.cn
4	湘潭县	xtxwmw@163.com
5	韶山市	Hnsswm2015@163.com
6	邵阳市	Sycwb2020@163.com
7	岳阳市	yyswmw@163.com
8	张家界市	zjjwmb@163.com
9	益阳市	Wmb817@163.com
10	东安县	dacwdb@126.com
11	道县	yzdxxww@163.com
12	宁远县	Nyxwmw7228013@163.com
13	怀化市	admin@0745news.cn
14	娄底市	hnldwmw@163.com

图 5-3　湖南省互联网违法和不良信息举报中心首页

表 5－12　2016 年 3 月—2020 年 9 月网络举报信息受理情况

序号	时间	受理网络举报信息数（件）	有效举报信息数（件）
1	2016 年 3—4 月	20510	12991
2	2016 年 5 月	10218	5356
3	2016 年 6 月	10274	6169
4	2016 年 7 月	10511	6324
5	2016 年 8 月	11062	5559
6	2016 年 9 月	10032	7659
7	2016 年 10 月	10213	4810
8	2016 年 11 月	11239	4483
9	2016 年 12 月	10224	3902
10	2017 年 1 月	10304	4242
11	2017 年 2 月	8904	4174
12	2017 年 3 月	10747	6229
13	2017 年 4 月	12531	8698
14	2017 年 5 月	13969	10784
15	2017 年 6 月	33974	32836
16	2017 年 7 月	42907	37192

续表

序号	时间	受理网络举报信息数（件）	有效举报信息数（件）
17	2017 年 8 月	74346	65989
18	2017 年 9 月	122015	89877
19	2017 年 10 月	139939	132832
20	2018 年 1 月	25106	12475
21	2018 年 2 月	32523	28775
22	2018 年 3 月	22981	19325
23	2018 年 4 月	29856	26853
24	2018 年 5 月	24952	21465
25	2018 年 6 月	36640	34250
26	2018 年 7 月	32625	29252
27	2018 年 8 月	26672	24480
28	2018 年 9 月	34448	30939
29	2018 年 10 月	30647	27660
30	2018 年 11 月	29433	24700
31	2018 年 12 月	47359	44107
32	2019 年 1 月	46162	44129
33	2019 年 2 月	46445	45395
34	2019 年 3 月	51841	50215
35	2019 年 4 月	56287	55679
36	2019 年 5 月	55285	53676
37	2019 年 6 月	63654	61254
38	2019 年 7 月	86954	86794
39	2019 年 8 月	81409	75521
40	2019 年 9 月	71133	70792
41	2019 年 10 月	142535	117189
42	2019 年 11 月	131513	121771
43	2019 年 12 月	119652	114158
44	2020 年 1 月	95225	87675
45	2020 年 2 月	109891	94341

续表

序号	时间	受理网络举报信息数（件）	有效举报信息数（件）
46	2020 年 3 月	90127	82479
47	2020 年 4 月	78972	67584
48	2020 年 5 月	91067	82487
49	2020 年 6 月	103492	94297
50	2020 年 7 月	87370	86474
51	2020 年 8 月	65137	57888
52	2020 年 9 月	71432	68038

综上所述，湖南省在网络空间治理方面卓有成效。一方面，有力地惩治了各种网络违法犯罪行为、有效地遏制了各类网络不良信息在网络空间的传播；另一方面，网络空间监督与管理能力不断提高，为网络空间安全尤其是网络信息安全铸造了一道较为牢固的防火墙。

第五节　举办了系列丰富多彩的特色网络活动

建设网络精神文明，需以活动为载体。近年来，湖南省根据网络精神文明建设相关规章制度的规定与要求，结合自身优势，充分利用网络信息技术与网络平台开展了网络文化节、移动互联网岳麓峰会、世界计算机大会、网络公益等一系列富有特色的网络精神文明创建活动。

一、网络文化节

培育积极健康、向上向善的网络文化始终是全省网络精神文明建设的基本任务之一。因此，在实践过程中，湖南省力图通过“互联网 + 文化”的形式，将以“心忧天下、敢为人先”为核心的湖湘文化发扬光大，用中华优秀传统文化滋养网络空间。

2012 年，湖南省首届网络文化节在长沙开幕。此次活动坚持网上网下相结合的基本原则，以“网络文化的盛事、湖南网民的节日”为宗旨，以“生活因网络更精彩”为主题，开展网络知识抢答赛、“两型湖南，生活之美”网络摄影大赛、十佳诚信网商评选活动等13项主题活动，使“网络文化在湖南扎根、开花、结果，蔚然成风”①。目前，网络文化节已成为湖南省网络精神文明建设的重要品牌。截至2020年，湖南省网络文化节已连续举办了9届，每一届都有明确的主题及特色活动，其目的就在于彰显湖南省特色优势，培育优秀网络文化，实现“强信心、聚民心、暖人心、筑同心”。课题组对以上9届网络文化节的主题进行搜集整理，并随机抽取3届网络文化节的主题活动作为考察对象（见表5－13、表5－14、表5－15），可以发现：湖南省网络文化节活动形式多样、内容丰富，且以弘扬湖南文化为主线，以优秀网络文化产品推动文化产业、文化事业以及互联网产业等的发展，进而提高全省网络精神文明建设的整体水平。

表5－13　2013年第二届湖南省网络文化节主题活动表

	序号	活动名称
主题：『中国梦·湖南篇章』	1	我的中国梦——湖南最梦想系列活动
	2	湖南是我家，建设靠大家——政务微博论坛
	3	“青年毛泽东成长之路”网络巡礼
	4	“发现美丽湖南”网络大展播
	5	“潇湘杯”网络文学创作大赛
	6	“潇湘韵律”湖南省主题微电影大赛
	7	“中国梦·三湘情”主题漫画创作大赛
	8	“欢乐潇湘”大型群众文艺汇演网络展演
	9	大学生社会实践活动成果展
	10	“微孝蛋糕”关爱空巢老人网络行动
	11	金融梦——网上金融博览会
	12	财富梦——社区财富大讲堂
	13	创业梦——高校创业达人秀
	14	湖湘特色产品网购节
	15	幸福e家网络亲子秀
	16	“老外看湖南”网络微拍秀
	17	廉洁文化网上展播活动

① 华声在线：《湖南网络文化节竖起网络惠民大旗》，2012年11月6日，见http://opinion.voc.com.cn/article/201211/201211062125059115.html。

表 5－14　2015 年第四届湖南省网络文化节主题活动表

	序号	活动名称
主题：『湘创E时代』	1	中国网络媒体湖南行
	2	互联网＋农业和扶贫攻坚
	3	互联网＋医疗
	4	湖南微政务上线仪式暨互联网＋优秀政务项目巡展
	5	互联网＋国学
	6	互联网＋电商惠农
	7	互联网商业变革创投高峰论坛
	8	“两型生产绿”——生态微视角
	9	“两型”小卫士
	10	洋眼看两型
	11	小康路上
	12	阅读品湖南
	13	潇湘杯网络微文学创作大赛
	14	近代湖湘人物志
	15	中华善德风潇湘篇
	16	公益在我身边征文暨湖南网络公益双十评选
	17	安全自护最美卫士
	18	我的爱在“三区”支教工作图文展
	19	经济大咖玩转小微
	20	中国爱情节君山爱情岛
	21	湖湘地理大美网络巡展
	22	我眼中的湖南 H5 页面展
	23	寻找“最美湖乡”
	24	“风韵湖湘”手机摄像网络摄影大赛
	25	湖南网络春晚
	26	芒果 LiveShow 之青春直播季
	27	“4K 来了·舞比快乐”广场舞大赛

表 5－15　2020 年第九届湖南省网络文化节主题活动表

主题	序号	活动名称
主题：『网聚大潇湘 快乐奔小康』	1	湖湘好网民
	2	2020 年度新风大典
	3	2020“决战决胜全面小康·精准脱贫在三湘”
	4	绿色电竞文化产业研讨峰会暨网易电竞城市公开赛长沙站
	5	点亮中国夜经济版图湖南站暨寻湖湘记
	6	MDNF 大师杯亚洲电竞对抗赛
	7	2020 湖南省网络阅读节
	8	芒果互娱精英电竞
	9	青春芒果节 打卡长沙城
	10	马栏山音乐节
	11	青春芒果城
	12	青春芒果夜

二、移动互联网岳麓峰会

“冬有乌镇，春有岳麓”。近年来，移动互联网产业的发展逐渐引起学界、政府等的高度关注。湖南省深度把握移动互联网的发展机遇，率先在全国范围内开启互联网行业的思想盛宴。2014 年，由长沙市政府、省委宣传部、省经信委、省商务厅、省旅游局、湖南广播电视台、湖南日报社联合主办的移动互联网岳麓峰会首次在长沙举行。截至目前，湖南省已连续举办七届岳麓峰会，从小规模论坛发展到如今万人国际化盛会，集聚了众多专家学者、企业代表、融资机构代表、业界大咖等，共同商讨移动互联网产业的发展道路，并为湖南省的“互联网＋”建设出谋划策，培育全新的经济增长点。

就 2020 年第七届移动互联网岳麓峰会而言，此次峰会以“数字新经济，云开看未来”为主题，开启“长沙时间”，引起了全网关注。“人民网、新华社、光明网、中新网、中国日报网、湖南日报、湖南卫视、红网、华声在线、长沙晚报、新浪湖南、今日头条等 120 余家中央、省市重点网络媒体和国内主要商业网站进行了报道转载。”① 由此可见，岳麓峰会已成为展示湖南省互联网产业发展的一张靓丽的名片。

自2014年首届岳麓峰会举办以来，湖南省移动互联网产业加速发展，成果显著。其一，互联网企业数量不断增多。湖南省充分发挥地域优势，与互联网科技巨头携手织“网”，中国长城、中兴通讯、58到家、京东集团、百度无人驾驶、华为软件开发、腾讯云基地、360企业内圈、亚信科技等40余家知名软件和互联网企业均在湖南设立全国或区域性总部，全省的移动互联网企业达到4万家以上②，这与2014年的142家形成鲜明对比。其二，移动互联网产业年收入不断增加。在2014年岳麓峰会举办以前，全省互联网产业年收入不过数十亿元。③ 然而，经过7年的发展，全省移动互联网产业收入实现爆炸式增长。据统计，2020年1—9月全省移动互联网企业营业收入共1176亿元，差距一目了然。当前，湖南省移动互联网产业积极寻求国际市场，坚持“以国内大循环为主体、国内国际双循环相互促进的新发展格局”，不断优化移动互联网产业生态。④

三、世界计算机大会

2019年，经国务院正式批准，我国计算机产业领域规格最高、规模最大的专业性会议——世界计算机大会，永久落户长沙。同年9月，由湖南省人民政府、工业和信息化部主办，中国电子信息产业发展研究院、湖南省工业和信息化厅、长沙市人民政府联合承办的2019世界计算机大会在长沙正式开幕。本届大会以“计算万物 湘约未来”为主题，秉承“合作共赢、创新发展”理念，围绕计算机生态、计算机未来、边缘计算、网络安全、计算芯

---

① 腾讯网：《2020岳麓峰会，这样燃爆舆论场》，2020年9月10日，见https://so.html5.qq.com/page/real/search_ news? docid=70000021_ 9115f5a330a60652。

② 湖南省人民政府门户网站：《湖南移动互联网产业6年成长为千亿级产业》，2020年9月5日，见http://www.hunan.gov.cn/hnszf/hnyw/sy/hnyw1/202009/t20200905_ 13703545.html。

③ 湖南省人民政府门户网站：《湖南移动互联网产业6年成长为千亿级产业》，2020年9月5日，见http://www.hunan.gov.cn/hnszf/hnyw/sy/hnyw1/202009/t20200905_ 13703545.html。

④ 湖南省工业和信息化厅：《2020年前三季度湖南省移动互联网产业发展情况》，2020年10月22日，见http://gxt.hunan.gov.cn/gxt/xxgk_ 71033/tzgg/202010/t20201022_ 13889904.html。

片、人机连接、协同计算、AI 算法、新型计算等方面展开深入探讨①，结合“湖南优势产业特色，协同长沙市政府举办产业对接交流会，通过一场专注计算领域的世界级盛会来推动计算产业在湖南形成集聚效应”。②

作为一年一度的行业盛会，第二届世界计算机大会将于 2020 年 11 月 3 日至 4 日在长沙举行，将以“计算万物·湘约未来——计算产业新动能”为主题，围绕创新创造生态构建、计算芯片与平台、网络安全、工业互联网与制造生态、5G + 超高清与应用生态等展开讨论，突出“前沿”“高端”“开放”“体验”“特色”等五大特征，着力打造世界计算机领域的高端盛会。③

四、网络公益

根据中央文明办的相关要求，湖南省积极深入开展网络公益活动，用网络“微公益”行动引导更多的单位和个人参与到网络公益事业中来。

“近年来，湖南省文明办、湖南文明网联合湖南广播电视台，通过广播电视宣传报道、互联网宣传展示传播等线上线下合力联动方式，对接湖南贫困地区学校，开展‘网络读书笔记公益行动’，让社会各界关爱贫困山区学生，为他们提供一个良好的读书条件，引导学生读好书、好读书，用一篇篇情感真挚、充满收获的读书笔记，培育爱心与善心，激发珍爱、感恩的美好情怀，展现热爱生活、积极向上的精神风貌。”④ 2017 年湖南省首届网络读书笔记公益行动“网络圆梦读书 爱心陪伴成长”正式启动，通过“发布梦想书目、网民参与认捐、学生提交读书笔记”⑤ 等互动形式，让更多贫困山区学生实现读好书的梦想，以知识扶贫带动经济扶贫，同时也使爱心人士与帮助对象之间有更为密切的精神交流。

---

① 央广网：《2019 世界计算机大会 9 日开幕 九大主题论坛涵盖行业前沿》，2019 年 9 月 9 日，见 http：//www. cnr. cn/hunan/xxtt/20190909/t20190909_ 524768969. shtml。

② 央广网：《2019 世界计算机大会 9 日开幕 九大主题论坛涵盖行业前沿》，2019 年 9 月 9 日，见 http：//www. cnr. cn/hunan/xxtt/20190909/t20190909_ 524768969. shtml。

③ 腾讯网：《“2020 世界计算机大会”新闻发布会在京召开》，2020 年 9 月 28 日，见 https：//mp. weixin. qq. com/s? src = 11&timestamp = 1603386358&ver = 2660&signature = sAxM7zB8zUsi8f * 9YC33KVv2KIbuGMOjtelD9BXm861TJ - 81xZ5QhYTN8e9TeWnm0wLHT0A1hP - hjbkXpLofGGhNwXH5hnrqJcS020O2NyC1NQsEBtngbZaa0KtkhmUZ&new = 1。

④ 红网：《网络圆梦读书 爱心陪伴成长》，见 http：//zt. rednet. cn/c/zt/47811/。

⑤ 刘进能：《线上线下合力互动 推进网络文明建设》，《新湘评论》2019 年第 15 期。

2018 年省委网信办联合省文明办、省教育厅等九个管理部门，与网络运营商、公益组织、学校、家长、孩子等一起行动，共同开启“湖南省未成年人绿色上网公益活动”，向全社会发出“绿色、文明、健康上网”的倡议，着力营造安全有序的网络空间环境。此次活动主要“通过提供平台化的技术服务，用网络技术‘保姆’，实现对未成年人上网的精准管控，保障他们绿色上网”①。2020 年 4 月至 6 月，为进一步响应教育信息化 2.0 的数字化时代需求，积极践行湖南省“互联网 + 教育”的行动计划，在省委网信办、省教育科学研究院的联合指导下，湖南省举行了“伴你成长”系列网络公益课堂项目，持续关注和关心学生成长过程中遇到的亲子关系、升学压力等痛点问题。首堂公益直播课程观众数量逾 300 万，在广大学生家长群体中引起了热烈反响。支持本次活动的爱心企业还组织了线下课堂，提供社会实践机会，帮助青少年全面发展，将课堂从网络空间延续到生活实践中。②

---

① 湖南文明网：《湖南省未成年人绿色上网公益活动在长沙启动》，2018 年 7 月 3 日，见 http://hun.wenming.cn/wmbb/201807/t20180703_4743509.html。

② 中华人民共和国国家互联网信息办公室：《湖南实施“伴你成长”网络公益课堂项目》，2020 年 4 月 24 日，见 http://www.cac.gov.cn/2020-04/24/c_1589274585835831.htm。

第六章　网络精神文明建设的主要问题

湖南省在网络精神文明建设方面取得了一系列显著成就，但在思想认识、网络文明教育、网站平台建设、人才队伍建设以及督查评价机制等方面仍然存在亟待解决的问题。因此，加强和改进全省网络精神文明建设依然任重道远。

第一节　思想认识上存在误区

“思想是行动的先导和动力。”① 解决了思想问题，就能确保方向正确、动力充沛。因此，提高网络精神文明建设主体的思想认识，就是解决网络精神文明建设的方向和动力问题。加强和改进网络精神文明建设，必须形成党委领导、政府管理、企业履责、社会监督、公民参与的网络综合治理格局。但调研发现，在网络精神文明建设实践中，个别党政领导思想认识上仍然存在偏差，有些网络企业社会责任意识亟待提升，部分网民思想认识水平有待提高。

一、个别党政领导思想认识存在偏差

习近平同志强调指出：“抓好精神文明建设要办实事、讲实效，紧紧围绕促进人民福祉来进行，坚决反对形式主义、官僚主义，努力满足人民群众不断增长的精神文化需求。各级党政领导干部要担负好自己的责任，切实抓

① 侯红：《以思想自觉引领行动自觉》，《学习时报》2016 年 4 月 7 日。

好精神文明建设各项工作。”① 习近平同志深刻阐释了党是新时代精神文明建设的领导核心，人民群众的利益是精神文明建设的出发点和落脚地，为加强和改进网络精神文明建设指明了前进的方向、提供了政治保障。但从课题组的调研结果看，个别党政领导思想认识仍然存在“一手软、一手硬”“重网下、轻网上”等偏差。

（一）“一手软、一手硬”

我党历来就十分重视精神文明建设和物质文明建设的协调发展，制定了“两手抓、两手都要硬”的战略方针。邓小平同志指出：“要在建设高度物质文明的同时，提高全民族的科学文化水平，发展高尚的丰富多彩的文化生活，建设高度的社会主义精神文明。”②江泽民同志指出：“必须把社会主义精神文明建设提到更加突出的地位，要把物质文明建设和精神文明建设作为统一的奋斗目标，始终不渝地坚持两手抓、两手都要硬。”③ 习近平同志强调：“实现中国梦，是物质文明和精神文明均衡发展、相互促进的结果。没有文明的继承和发展，没有文化的弘扬和繁荣，就没有中国梦的实现。中华民族的先人们早就向往人们的物质生活充实无忧、道德境界充分升华的大同世界。中华文明历来把人的精神生活纳入人生和社会理想之中。所以，实现中国梦，是物质文明和精神文明比翼双飞的发展过程。”④ 但我们在访谈中发现，有的党政领导在思想认识上仍存在“一手软、一手硬”的现象，个别党政领导甚至对待精神文明建设采取“说起来重要、做起来次要、忙起来不要”的态度。究其原因，一是没有树立正确的政绩观，片面追求 GDP。由于市场经济体制弊端的影响，形式主义、官僚主义、享乐主义和奢靡之风等不断侵蚀着党员干部的思想观念，造成个别党政领导片面追求经济发展，忽视了人民群众的精神文化需求。同时精神文明建设具有周期长、成效慢、弹性大、巩固难的特点，使个别党政领导干部对开展社会主义精神文明建设热情不高，甚至出现突破“底线”、闯“红线”的行为。二是缺乏合理的领导干

① 习近平：《人民有信仰民族有希望国家有力量》，《人民日报》2015 年 3 月 1 日第 1 版。

② 《邓小平文选》第二卷，人民出版社 1994 年版，第 208 页。

③ 《江泽民论有中国特色社会主义（专题摘编）》，中央文献出版社 2002 年版，第 380 页。

④ 习近平：《在联合国教科文组织总部的演讲》，《人民日报》2014 年 3 月 28 日第 3 版。

部评价标准。评价标准是影响评价科学性的关键因素，但目前在各级党政领导班子和领导干部的考核评价体系中，没有将精神文明建设与经济建设作为同等重要的指标，少有或没有将精神文明建设列为考核指标之一。

（二）“重网下、轻网上”

有的党政领导干部在处理网上精神文明建设和网下精神文明建设的关系时，“重网下、轻网上”的现象比较严重。一方面，相关部门对网络精神文明建设活动开展不重视（见表 6 - 1）。调查数据显示，80.36%、75.00%、69.64%、55.36%的党政机关没有开展过“网络信息技术”“网络理想信念”“网络伦理道德”“网络爱国主义”等相关教育活动。另外，尚有5.36%的党政机关“以上活动都未开展”。另一方面，相关部门的工作职责不够明确。调查数据显示，25.39%的受访者认为“相关部门多头管理、职能交叉、权责不一，尚未形成合力”是“网络精神文明建设存在的主要问题”之一。调研发现，针对网吧的管理、查处，往往出现文明委办、网信办、文旅部门、公安部门、工商部门等主体分别管理、重复查处的现象。师生反映，受传统应试教育的影响，对大中小学网络精神文明建设，尤其是网络文明教育，出现管理缺位、无人监督考评的情况。

表 6 - 1　党政机关开展网络精神文明建设相关活动的情况（%）

网络安全知识讲座、竞赛等相关活动	网络伦理道德教育、竞赛等相关活动	网络法律法规教育、竞赛等相关活动	网络理想信念教育、竞赛等相关活动	网络爱国主义教育、竞赛等相关活动	网络信息技术讲座、竞赛等相关活动	以上活动都未开展过
64.20	30.36	64.29	25.00	44.64	19.64	5.36

造成当前党政领导干部出现“重网下、轻网上”现象的主要原因有二：一是个别党政领导对网络精神文明建设内容把握不够准确。目前，理论界对网络精神文明建设内涵的界定尚未形成共识，导致个别党政领导对网络精神文明建设内容缺乏整体性和系统性认识。从表 6 - 2 可以看出，党政机关工作人员能普遍认识到网络思想道德建设是网络精神文明建设的重要内容之一，但有超过60%的人将网络教育科学文化建设排除在网络精神文明建设内容之外。二是对网络信息时代的重要性缺乏正确认识。网络化信息化的发

展，推动了精神文明建设向虚拟空间不断延伸。在“人人都有麦克风，人人都是自媒体”的时代，网络是党政领导了解民情、听取民意，深入基层、深入群众的重要渠道，但个别党政领导在网络精神文明建设中面临“本领恐慌、本领不够、能力不足”的问题，缺乏互联网思维，不学网、不懂网、不用网，不会走网上群众路线。

表6－2 党政机关工作人员对网络精神文明建设内容的认识情况（%）

网络道德教育	网络法纪教育	网络休闲购物	网络技术研发	网络舆论引导	网络监督管理	网络在线课程	网络理想信念教育	网络爱国主义教育
98.21	87.50	19.64	26.79	66.07	71.43	35.71	66.07	76.79

二、部分网络企业社会责任意识亟待提升

网络企业，又称互联网企业，“是指从事互联网运营服务、应用服务、信息服务、网络产品和网络信息资源的开发、生产以及其他与互联网有关的服务活动企业的总称，通常包括网络内容生产商和网络运营商。”① “网络空间是亿万民众共同的精神家园”②，建设好网上共有精神家园，互联网企业是重要主体。我国互联网企业在社会主义现代化建设中，切实履行社会责任，作出了重要贡献，但仍有一些企业只顾经济利益，轻视、忽视甚至无视社会责任，阻碍了网络精神文明建设的顺利进行。

（一）价值取向：重经济效益、轻社会责任

《2019年中国互联网企业100强发展报告》显示，2019年互联网百强企业收入高达2.75万亿元，占中国数字经济的比重达8.8%，成为带动中国互联网产业发展的重要支撑。③ 互联网的发展，激发了网络企业的经济活力，推动了社会主义现代化建设不断深入发展。但同时，我们不能忽视网络企业的社会责任。访谈结果反馈，网络设备制造商、网络平台运营商、网络内容

① 赵惜群：《中国网络内容建设调研报告》，人民出版社2017年版，第283页。

② 习近平：《在网络安全和信息化工作座谈会上的讲话》，《人民日报》2016年4月26日第2版。

③ 中国互联网协会、工业和信息化部网络安全产业发展中心：《2019年中国互联网企业100强发展报告》，2019年9月18日，见http：//www.199it.com/archives/938934.html。

生产商等网络企业“重经济效益、轻社会责任”的情况比较严重。调查数据显示，31.64%的受访者认为，“网络企业追求经济利益，社会责任感不强”是“网络精神文明建设存在的主要问题”之一。

市场经济的逐利性、盲目性和自发性是造成网络企业“重经济效益、轻社会责任”的根本原因。网络企业作为盈利性经济组织，追求经济效益最大化无可厚非，但我国实行的是社会主义市场经济，网络企业要正确处理经济效益和社会责任之间的辩证关系。然而，现实情况并非如此，侵犯网络用户个人信息、发布和传播有害信息、利用网络实施违法犯罪的现象时有发生，其原因在于一些网络企业为获取商业利益未能履行相应的社会责任。

（二）信息源头：“把关人”责任感不强

网络内容生产商和网络运营商是网络信息内容生产和传播的主体，其主要任务是把控网络信息内容的真实性和价值性。信息生产源头把关不严，不良信息就会蔓延整个网络空间。调查数据显示，被问及“在网络生活中，您及身边的人遇到过哪些情况”时，遇到“网络虚假广告”“网络色情”“网络赌博”的受访者比例依次为51.92%、35.95%、31.55%。这从侧面反映了网络内容生产商和网络运营商责任意识不强。近年来的若干案例也印证了这一现状，如晋江文学城、番茄小说、米读小说等运营企业因传播网络淫秽色情出版物等问题被进行严肃整改；“优酷”“爱奇艺”等视频平台存在违法违规问题，其中涉及网站中电视剧含有淫秽字幕，游戏解说视频含诱导未成年人违法犯罪和渲染暴力、恐怖活动等内容，音乐MV教唆犯罪内容，网络音乐含涉毒等内容①；“虎牙直播”“西瓜视频”“全民小视频”等10家网络直播平台存在传播低俗内容等问题。②

从各种不良网络现象可以看出，“把关人”责任感不强的原因主要有二：

---

① 新华网：《“优酷”“爱奇艺”因违法违规被处罚》，2020年8月6日，见http：//www. xinhuanet. com/legal/2020－08/07/c_ 1126339683. htm。

② 中华人民共和国国家互联网信息办公室：《国家网信办指导属地网信办依法约谈处置虎牙、斗鱼等10家网络直播平台》，2020年6月23日，见http：//www. cac. gov. cn/2020－06/23/c_1594459834502044. htm。

其一，相关部门网络监管不严（见图4－15）。调查数据显示，53.14%的受访者认为，“网络监管不够到位”是网络精神文明建设存在的主要问题之一。相关部门担负着网络精神文明建设的监管职责，应依法依规查处不良网络信息、对网络企业的行为进行全程监督，但由于其监管意识不强、监管责任落实不到位，给一些网络企业以可乘之机。其二，法律法规不健全。近年来，我国加大了互联网领域立法的力度，但针对网络企业准入条件、规范治理和惩处问题等相关的法律法规有待进一步完善。

三、部分网民思想认识水平有待提高

习近平同志在全国网络安全和信息化工作座谈会上指出：“构建网上网下同心圆，要凝聚亿万网民的力量。”① 加强网络精神文明建设，关键在提高网民的思想认识水平。但调查结果发现，部分网民对网络精神文明建设还存在价值认知模糊和角色定位不清等问题。

（一）价值认知模糊

价值认知即对现实价值关系的认识。部分网民对网络精神文明建设的价值认知模糊主要表现在对网络精神文明建设的重要性认识不足。调查结果显示，87.75%的受访者认为，加强和改进网络精神文明建设“非常重要”“重要”“比较重要”，但仍有12.25%的受访者认为“不太重要，可有可无”“不重要，抓好经济建设就行”（见图4－11）。

表6－3、表6－4是课题组就网民对“加强网络精神文明建设重要性认识”的调查结果。

从文化程度来看，初中及以下、高中/中专/技校、大专、本科、研究生认为网络精神文明建设“不太重要，可有可无”或“不重要，抓好经济建设就行”的比例依次为2.25%、0.82%、0.26%、0.73%、2.77%。其中，研究生所占比例最高，为2.77%；大专生所占比例最少，为0.26%。可见，研究生对网络精神文明建设的重要性认识尚需提升。

① 习近平：《在全国网络安全和信息化工作座谈会上的讲话》，《人民日报》2016年4月26日第2版。

从政治面貌来看，不论是共青团员、共产党员、民主党派还是群众，逾六成的网民认为网络精神文明建设“非常重要”，其中，共产党员对网络精神文明建设重要性认识最准确、到位，占比为81.82%；其次是共青团员，占比为74.44%。共青团员、共产党员、民主党派和群众中认为网络精神文明建设“不太重要，可有可无”或“不重要，抓好经济建设就行”的比例依次为0.59%、1.58%、2.13%、1.63%，由此可见，从不同政治面貌来看，民主党派对网络精神文明建设重要性认识相对模糊。

表6-3 不同文化程度的网民对网络精神文明建设重要性的认识（%）

X\Y	非常重要	重要	比较重要	不太重要，可有可无	不重要，抓好经济建设就行
初中及以下	67.71	19.73	10.31	0.90	1.35
高中/中专/技校	76.24	17.62	5.32	0.47	0.35
大专	72.44	20.91	6.39	0.13	0.13
本科	76.60	19.39	3.28	0.57	0.16
研究生	75.69	16.31	5.23	1.54	1.23

表6-4 不同政治面貌的网民对网络精神文明建设重要性的认识（%）

X\Y	非常重要	重要	比较重要	不太重要，可有可无	不重要，抓好经济建设就行
共青团员	74.44	19.96	5.01	0.45	0.14
共产党员	81.82	13.24	3.36	0.79	0.79
民主党派	65.96	21.28	10.63	2.13	0.00
群众	71.52	20.13	6.72	0.65	0.98

（二）角色定位不清

第46次《中国互联网络发展状况统计报告》显示，截至2020年6月，我国网民规模达9.40亿。① 可见，网民是网络精神文明建设的主体力量。然而仍有部分网民对自身的角色定位认识不清，沦为网络不良内容的生产者和

① 中国互联网络信息中心：《第46次中国互联网络发展状况统计报告》，2020年9月29日，见http：//www.cnnic.net.cn/hlwfzyj/hlwxzbg/hlwtjbg/202009/P020200929546215182514.pdf。

传播者。

表6－5、表6－6、表6－7为课题组对“网民遇到不健康网络内容时的处理方式”的调查结果。

表6－5　不同政治面貌的网民遇到不健康网络内容的反应情况（%）

X\Y	坚决抵制，向网络监管部门举报	关掉网页，不予浏览	觉得应该遏制，但不知道怎么办	出于好奇，点击浏览	感兴趣，点击浏览
共青团员	28.60	61.48	8.56	0.95	0.41
共产党员	17.19	68.58	11.07	2.37	0.79
民主党派	4.26	76.60	17.01	2.13	0.00
群众	21.60	65.63	11.63	0.65	0.49

表6－6　不同文化程度的网民遇到不健康网络内容的反应情况（%）

X\Y	坚决抵制，向网络监管部门举报	关掉网页，不予浏览	觉得应该遏制，但不知道怎么办	出于好奇，点击浏览	感兴趣，点击浏览
初中及以下	28.25	58.74	11.66	0.90	0.45
高中/中专/技校	27.78	60.99	10.05	0.47	0.71
大专	38.08	55.26	5.46	0.93	0.27
本科	18.72	69.13	11.09	0.90	0.16
研究生	11.69	71.38	11.08	4.31	1.54

表6－7　不同性别的网民遇到不健康网络内容的反应情况（%）

X\Y	坚决抵制，向网络监管部门举报	关掉网页，不予浏览	觉得应该遏制，但不知道怎么办	出于好奇，点击浏览	感兴趣，点击浏览
男	32.02	57.01	8.66	1.56	0.75
女	19.11	69.45	10.47	0.74	0.23

从政治面貌来看，共青团员、共产党员、民主党派和群众在遇到不健康的网络内容时，选择“坚决抵制，向网络监管部门举报”“关掉网页，不予浏览”的比例依次为90.08%、85.77%、80.86%、87.23%，其中逾六成的网民选择“关掉网页，不予浏览”。但仍有少数网民选择“出于好奇，点击

浏览”“感兴趣，点击浏览”，其中占比最高的是共产党员，为 3.16%；最少的是群众，为 1.14%。相比之下，共产党员对自身在网络精神文明建设中的角色定位偏差最明显。

从文化程度来看，初中及以下、高中/中专/技校、大专、本科、研究生在遇到不健康的网络内容时，选择“出于好奇，点击浏览”“感兴趣，点击浏览”的比例依次为 1.35%、1.18%、1.20%、1.06%、5.85%。其中，研究生所占比例最高，为 5.85%。

从性别来看，逾八成的网民在遇到不健康网络内容时，均选择“坚决抵制，向网络监管部门举报”“关掉网页，不予浏览”。但仍有少部分网民选择“出于好奇，点击浏览”“感兴趣，点击浏览”。其中，男性和女性所占比例分别为 2.31%、0.97%。可见，在网络精神文明建设中，女性比男性在角色定位认识方面更清晰。

第二节　网络文明教育亟待加强

学生是最大的网络群体，学校是网络文明教育的主阵地。网络文明教育是凝聚网民思想共识、提高网民网络文明素养、调动网民积极参与网络精神文明建设的自觉性和主动性的重要途径。但调查结果显示，43.62% 的受访者认为“网络文明教育亟待加强”是网络精神文明建设的主要问题之一。可见，大中小学网络文明教育状况不容乐观。

一、教育队伍素质有待提升

网络文明教育队伍是教育活动的发动者、组织者和实施者，其素质主要包括网络思想道德素质、网络教育科学文化素质和网络心理健康素质。教育队伍素质的高低直接影响网络文明教育效果的好坏。当前，网络文明教育队伍存在理论知识不足、网络素养不高等问题。课题组随机访谈了 3 所大学、6 所中学、3 所小学的 125 位辅导员、班主任和思想政治理论课教师，被问及“网民应该坚守的‘七条底线’是什么”“您知道哪些关于网络的法律法规”时，回答“不知道”者分别达 55.60%、78.90%。由此可知，教师队伍的网络素养亟待提高。

教育队伍在网络文明教育过程中发挥着主导作用，是影响教育活动实效性的关键。2017 年《青少年网络素养调查报告》显示，教师使用多媒体的频率越高，青少年网络素养就越高（见图 6－1）。然而，现实中部分教师运用现代信息技术充实教育内容、创新教育方法的能力不强，忽视了网络对学生学习、生活、娱乐、交往的影响，无法充分发挥教师在网络文明教育实践中的主导作用。

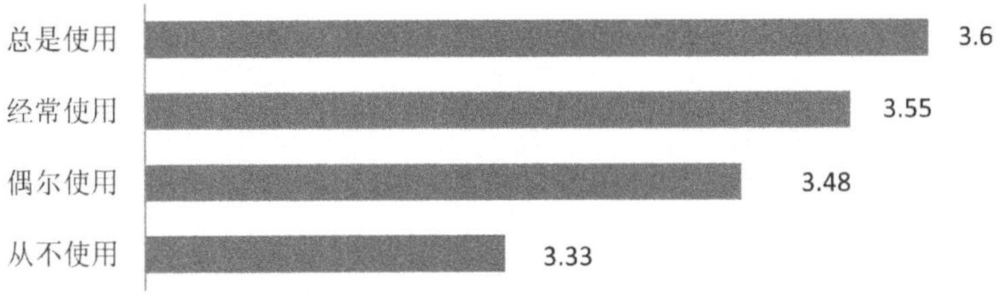

图 6–1 综合网络素养–老师使用多媒体的频率(五分制)

来源:2017 年《青少年网络素养调查报告》

二、教育内容稀少零散

网络文明教育内容是开展教育活动的基础。课题组经过访谈、查找资料发现，网络文明教育内容缺乏全面性、连贯性和针对性。

首先是网络文明教育内容缺乏全面性。所谓网络文明教育内容的全面性，即内容的系统性，是指根据人的全面发展的要求，多角度、多侧面、全方位对网络文明教育各个部分的内容进行有机整合。网络文明教育内容的全面性可以从宏观和微观两个方面进行把握。从宏观角度来看，网络文明教育的内容主要包括网络思想道德教育、网络科学文化教育、网络心理健康教育；从微观角度来看，网络文明教育内容涉及网络安全、网络法律法规、网络伦理道德、网络信息技术、网络爱国主义、网络意识形态、网络心理辅导、网络沉迷防范等。课题组对大中小学的思想政治理论课教材进行全面系统梳理研读后发现，当前的网络文明教育内容存在涉及面较窄且重复交叉等问题。纵观大中小学思想政治理论课教材，小学阶段仅四年级《道德与法治》上册教材涉及了“避免泄露隐私、远离不良影响、慎重网上交友”等内容；初中阶段仅七、八年级《道德与法治》教材中涉及“网络信息良莠不齐、网络谣言的危害及防范、慎重结交网友、网络泄密、传播正能量”等条目；高中教材没有涉及与网络文明相关的章节；大学教材仅《思想道德修养与法律基础》中讲述了“网络生活中的道德要求”，计算机公共课程涉及计算机操作和软件使用等内容。由上亦知，小学、初中、大学教材所涉网络文明教育内容存在层次不清、交叉重复的问题。

其次是网络文明教育内容缺乏连贯性。所谓网络文明教育内容的连贯性，是指按照教育对象的思想认识发展规律，为达到网络文明教育目标，将不同内容循序渐进地贯彻到教育体系之中。网络文明教育是一项复杂的、持续性的系统工程。但现实情况是，网络文明教育内容缺乏连贯性，在很大程度上存在脱节、断层现象。调查数据显示，涉及网络文明教育的分别是小学四年级，初中一年级、二年级和大学一年级四个阶段，这从侧面反映了网络文明教育起步晚且缺乏连贯性。实际上，学生首次触网年龄呈现出低龄化的特点。《青少年蓝皮书：中国未成年人互联网运用报告（2020）》指出：互联网已经深度融入未成年人的学习、生活、交往、娱乐等方面，首次触网年龄不断降低。调查显示，10 岁及以下开始接触互联网的人数比例达到 78%，首次触网的主要年龄段集中在 5～10 岁。① 因此，网络文明教育应从娃娃抓起，牢固树立网络文明教育意识，持续不断地开展网络文明教育活动。

最后是网络文明教育内容缺乏针对性。所谓网络文明教育内容的针对性，是指根据教育对象的成长规律、心理特点、认知水平并结合网络文明教育的目标，对教育对象进行具体的教育引导。毛泽东同志指出：“射箭要看靶子，弹琴要看听众，……做宣传工作的人，对于自己的宣传对象没有调查，没有研究，没有分析，乱讲一顿，是万万不行的。”② 因为不同年龄段、不同文化程度的教育对象所处的环境、面临的问题不同，这就要求网络文明教育必须坚持从实际出发，把握教育对象的身心发展规律和趋势，了解不同对象认知水平之间的内在联系，增强网络文明教育的针对性。但在现实中，网络文明教育内容与教育对象的网络生活联系欠紧密。例如，教材缺乏应对“熊孩子打赏网络主播”“抖音”“快手”“火山小视频”等短视频沉迷、网

---

① 季为民、沈杰主编：《青少年蓝皮书：中国未成年人互联网运用报告（2020）》，社会科学文献出版社 2020 年版。

② 《毛泽东选集》第三卷，人民出版社 1991 年 6 月版，第 835－837 页。

络游戏沉迷以及网络社交沉迷等现象的内容。已有数据显示，现阶段网络文明教育内容局限于网络安全、网络交往、网络信息技术等方面，忽视了教育对象的实际情况。

三、教育活动载体不够丰富

网络文明教育活动是指教育主体为了达到一定的网络文明教育目的，有意识、有目的、有计划、有组织地开展的各种活动，使受教育者在活动中增强对网络文明的认识，提高网络文明素养。通过活动、实践来承载网络文明教育内容，既是实现网络文明教育目的的要求，也是提高网络文明教育实效性的重要途径。调查数据显示，当前学校进行网络文明教育主要是沿用传统的教育途径和方法，存在课外活动频率低、形式单一等问题。

一方面，课外活动频率低。课外活动既是课堂教学的延伸，也是对课堂教学的有效补充。适当的课外活动有利于促进学生对网络文明教育内容的认识，有利于激发学生参与网络文明教育活动的积极性和主动性，提升网络精神文明教育的效果。但实际上，学校开展网络文明教育相关活动的频率较低（见表6－8）。

表6－8　学校开展网络精神文明教育相关活动情况（%）

网络安全知识讲座、竞赛等相关活动	网络伦理道德教育、竞赛等相关活动	网络法律法规教育、竞赛等相关活动	网络理想信念教育、竞赛等相关活动	网络爱国主义教育、竞赛等相关活动	网络信息技术讲座、竞赛等相关活动	以上活动都未开展过
75.27	34.96	46.55	30.08	47.30	30.04	14.80

上表数据显示，没有开展“网络信息技术”“网络理想信念”“网络伦理道德”“网络法律法规”“网络爱国主义”等相关教育、竞赛活动的学校所占比例依次为69.96%、69.92%、65.04%、53.45%、52.70%。另外，尚有14.80%的学校“以上活动都未开展”。

另一方面，课外活动形式单一。丰富多样的课外活动有利于扩大学生视野，增长学生见识，拓展其知识的深度和广度；有利于将课本知识应用到实践中，促进理论与实践相结合。但令人遗憾的是，目前网络文明教育普遍存在活动形式比较单一、缺乏新颖性的问题。调查数据显示，现有网络文明教育活动形式主要包括主题班会、专题讲座、知识竞赛、课堂学习以及学校广播等（见表6－9），存在重知识传授、轻社会实践的现象。网络文明教育活动不能囿于学校之内，应植根于丰富多彩的社会生活之中，各方主体应相互配合，多措并举，不断创新网络文明教育活动的形式。但现实情况是，学校专注于传统教育形式，未能充分发挥网络教育平台的优势，使教育走心入脑，取得实效。

表6－9　教师反映学校在加强网络精神文明建设方面采取的措施情况（%）

主题班会	讲座活动	学校宣传栏、广播	制定相关的规章制度	教材教育	无
27.30	16.70	16.70	27.30	16.70	8.30

四、教育效果不尽人意

教育对象的网络文明素养是衡量网络文明教育效果的重要指标。但调查数据显示，被问及“您认为湖南省大中小学生网络文明素养状况怎么样”时，上述12所大中小学的125位辅导员、班主任和思想政治理论课教师表示“高”“较高”“一般”“较低”“低”的比例分别为5.60%、11.10%、55.60%、11.00%、16.70%。由此可见，大中小学生的网络文明素养不高，网络文明教育效果不尽人意。

（一）网络情感依赖性强

互联网的快速发展，在很大程度上改变着人们的生活方式，尤其是对具有强烈好奇心和求知欲的青少年影响更大。随着互联网普及率持续攀升，青少年网络沉迷成为人们最关注的社会问题之一。所谓网络沉迷，“是一种因过度使用、误用或滥用网络所引发的深度着迷状态，通常伴随有难以抗拒、不断重复的再度使用的欲望，并导致个人社交与身心健康受到影响，出现为了上网而牺牲睡眠时间、耽误工作或忽视人际关系等问题。”① 由此可知，上网时间长是网络沉迷的主要特征之一。中国互联网络信息中心发布的第46次《中国互联网络发展状况统计报告》显示，截至2020年6月，我国网民

① 陈亚旭：《青少年网络素养读本 网络游戏与网络沉迷》，宁波出版社2018年版，第94页。

人均每周上网时长为28.0个小时。① 目前，我国青少年网络沉迷主要表现为网络游戏沉迷、网络社交沉迷、网络短视频沉迷。已有调查显示，中国游戏用户规模达到6.6亿人，其中青少年是游戏用户主力群体之一。面对青少年网络沉迷问题，我国一直在探索治理之道，并出台了《网络安全法》《关于保护未成年人身心健康实施网络游戏防沉迷系统的通知》《关于防止未成年人沉迷网络游戏的通知》等相关政策法规。但效果欠佳，青少年沉迷网络问题依然严重。

（二）网络法律知识贫乏

网络相关法律知识是青少年网络法律素质的基础，是依法行使网络权利和履行法律义务的前提条件。当前，我国教育阶段网络法律知识不仅内容少，而且宣传力度不够。通过查找相关的资料发现，教育体系中，只有大学阶段涉及网络法律知识的内容。课题组随机访谈了上述12所大中小学的375位学生，被问及“全国青少年网络文明公约的内容是什么”“网络违法和不良信息的举报途径有哪些”时，回答“不知道”者分别达62.70%、79.30%。另外，课题组从访谈中发现，大中小学生对网络法律法规的认识，仅局限于听说过《网络安全法》。网络已经成为青少年生活中不可或缺的重要场域，相关的网络法律知识的学习还有待进一步强化。

（三）网络道德行为失范

所谓网络道德行为失范，是指网民为了满足自身需要而做出有违现行网络道德规范的行为。随着信息数字化和网络化进程的加快，网络虚拟社会为人类的发展提供了机遇，但同时又给人们尤其是青少年的道德素质的形成发展带来了严峻的挑战，使青少年网络道德行为失范现象日趋严重。青少年网络道德行为失范主要表现为网络不文明言论、网络侵权和网络犯罪等。如在网上散布和传播谣言，通过网络下载和传播色情、暴力资源，侵犯他人隐私等；《北京互联网法院“粉丝文化”与青少年网络言论失范的问题研究报

① 中国互联网络信息中心：《第46次中国互联网络发展状况统计报告》，2020年9月29日，见 http://www.cnnic.net.cn/hlwfzyj/hlwxzbg/hlwtjbg/202009/P020200929546215182514.pdf。

告》显示，在北京互联网法院审理的明星侵权名誉案件中，七成被告者为30岁以下的青少年，多数为在校大学生。① 造成青少年网络道德行为失范的原因主要有二：一是网络的虚拟性、便捷性等特征使青少年网民可以随意地发布、转发不符合网络道德规范的言论；二是青少年的世界观、人生观、价值观还未成熟，对网络信息的辨别能力差，导致青少年成为散布谣言和传播谣言的主体之一，且编造、传播网络谣言的现象越来越严重。

第三节　网站平台建设相对滞后

近年来，省、市文明办充分利用网络信息技术，搭建了网络文明传播平台。省文明办率先建立了“两网两微一端”平台，13个市州建立了“一网两微一端”传播平台，湖南省文明网获“文明中国·2019”之“十大优秀地方文明网”殊荣。但是，省市县乡村（社区）五级联动网络精神文明传播平台建设仍存在短板。

一、基层网络平台建设严重滞后

习近平同志强调：“当前，社会上思想活跃、观念碰撞，互联网等新技术新媒体日新月异，我们要审时度势、因势利导，创新内容和载体，改进方式和方法，使精神文明建设始终充满生机活力。”② 网络作为信息传播的载体，是实现精神文明建设目标、任务的重要载体和平台。2015年湖南省文明办在全国网络精神文明建设工作座谈会上提出“加强网络精神文明建设工作，必须做到全省一盘棋，充分运用互联网交流的便捷性，加强组织、联络、协调、服务和指导”。③ 因此，深入开展基层群众性网络精神文明建设，必须坚持以网络为载体，建设省市县乡村（社区）五级联动传播平台。课题

---

① 北京互联网法院：《北京互联网法院“粉丝文化”与青少年网络言论失范的问题研究报告》，2019年12月20日，见 https：//baijiahao. baidu. com/s？ id = 1653423567374971980&wfr = spider&for = pc。

② 习近平：《人民有信仰民族有希望国家有力量》，《人民日报》2015年3月1日第1版。

③ 中国文明网：《湖南省文明办抓网络精神文明建设 促进文明湖南新发展》，2015年8月3日，见 http：//www. wenming. cn/specials/wmcj/wlzt/smcl/201508/t20150803_ 2769473. shtml。

组针对湖南省的省市县乡村（社区）的“一网两微一端”展开调查。经调查发现，湖南省基层网络平台建设严重滞后，未能全面打通网络精神文明建设的“最后一公里”。其中，乡、村（社区）两级还未建立起“一网两微一端”传播平台。截至2020年6月8日，全省123个县市区中尚未建立文明网、微博账号、微信公众号、客户端的分别为104（84.55%）、83（67.48%）、40（32.52%）、68（55.28%）（见表6－10、表6－11）。由此可见，湖南省网络精神文明平台建设仍需进一步加强，特别是QQ、微信、微博等社交媒体的建设。调查数据显示，49.06%的受访者的世界观、人生观、价值观容易受到QQ、微信、微博等社交媒体内容的影响（见图4－6）。

表6－10　湖南省县（市、区）未建立文明网的情况

行政区划	未建立文明网的县（市、区）	数量
长沙市	芙蓉区、天心区、岳麓区、开福区、雨花区、望城区	6
衡阳市	衡南县、衡东县、衡山县、祁东县、常宁市、耒阳市、南岳区、雁峰区、石鼓区、珠晖区、蒸湘区	11
株洲市	炎陵县、醴陵市、天元区、渌口区、芦淞区、荷塘区、石峰区	7
湘潭市	雨湖区、岳塘区	2
邵阳市	新邵县、隆回县、洞口县、绥宁县、城步县、新宁县、邵阳县、武冈市、邵东市、大祥区、双清区、北塔区	12
岳阳市	平江县、华容县、湘阴县、临湘市、岳阳楼区、云溪区、君山区	7
常德市	汉寿县、桃源县、临澧县、石门县、澧县、安乡县、津市市武陵区、鼎城区	9
张家界市	桑植县、永定区、武陵源区	3
益阳市	安化县、桃江县、沅江县、南县、赫山区、资阳区	6
郴州市	宜章县、永兴县、嘉禾县、临武县、汝城县、桂东县、安仁市、资兴市、北湖区、苏仙区	10
永州市	祁阳县、双牌县、江永县、江华县、新田县、零陵区、冷水滩区	7
怀化市	沅陵县、辰溪县、溆浦县、麻阳县、芷江县、新晃县、中方县、会同县、靖州县、通道县、洪江市、鹤城区、洪江区	13
娄底市	双峰县、新化县、娄星区	3
湘西自治州	泸溪县、凤凰县、花垣县、古丈县、永顺县、保靖县、龙山县、吉首市	8

表 6－11　湖南省县（市、区）文明办未建立“两微一端”情况

微博（83）		
市（州）	县（市、区）	数量
长沙市	芙蓉区、开福区	2
衡阳市	衡阳县、衡东县、衡山县、南岳区、雁峰区、石鼓区、珠晖区	7
株洲市	炎陵县、茶陵县、天元区、渌口区	4
湘潭市	湘潭县、湘乡市、韶山市、雨湖区、岳塘区	5
邵阳市	新邵县、隆回县、洞口县、绥宁县、邵阳县、武冈市、邵东市、大祥区、双清区、北塔区	10
岳阳市	平江县、湘阴县、临湘市、云溪区、君山区	5
常德市	桃源县、临澧县、津市市、武陵区、鼎城区	5
张家界市	慈利县、桑植县、武陵源区	3
益阳市	桃江县、沅江县、赫山区、资阳区	4
郴州市	桂阳县、永兴县、嘉禾县、临武县、桂东县、安仁县、资兴市、北湖区、苏仙区	9
永州市	祁阳县、双牌县、江永县、江华县、零陵区	5
怀化市	沅陵县、溆浦县、麻阳县、芷江县、新晃县、中方县、会同县、靖州县、通道县、洪江市、鹤城区	11
娄底市	双峰县、新化县、涟源市、冷水江市、娄星区	5
湘西自治州	泸溪县、凤凰县、花垣县、古丈县、永顺县、保靖县、龙山县、吉首市	8
微信（40）		
市（州）	县（市、区）	数量
长沙市	天心区、雨花区	2
衡阳市	衡阳县、雁峰区、蒸湘区	3
株洲市	天元区、渌口区	2
湘潭市	雨湖区	1
邵阳市	绥宁县、城步县、邵阳县	3
岳阳市	湘阴县、岳阳县	2
张家界市	桑植县	1
益阳市	安化县、桃江县、沅江县、南县	4
郴州市	永兴县、嘉禾县、临武县、安仁县、资兴市、北湖区、苏仙区	7

续表

微信（40）		
市（州）	县（市、区）	数量
永州市	祁阳县、双牌县、蓝山县、宁远县、零陵区	5
怀化市	芷江县、新晃县、靖州县、鹤城区	4
娄底市	冷水江市	1
湘西自治州	泸溪县、花垣县、古丈县、保靖县、龙山县	5
客户端（68）		
市（州）	县（市、区）	数量
长沙市	长沙县、浏阳市、天心区、岳麓区、雨花区	5
衡阳市	祁东县、雁峰区、珠晖区	3
株洲市	攸县、醴陵市、天元区、渌口区、芦淞区、石峰区	6
湘潭市	湘潭县、雨湖区	2
邵阳市	隆回县、绥宁县、城步县、新宁县、武冈市、大祥区、双清区	7
岳阳市	平江县、岳阳县、华容县、临湘市、岳阳楼区、云溪区、君山区	7
常德市	桃源县、临澧县、石门县、澧县、安乡县、津市市、武陵区、鼎城区	8
张家界市	武陵源区	1
益阳市	安化县	1
郴州市	宜章县、嘉禾县、汝城县、桂东县、安仁县、北湖区、苏仙区	7
永州市	祁阳县、双牌县、东安县、江华县、零陵区	5
怀化市	沅陵县、芷江县、新晃县、中方县、会同县、靖州县、通道县、洪江区	8
娄底市	双峰县、新化县、涟源市、娄星区	4
湘西自治州	泸溪县、古丈县、保靖县、龙山县	4

二、网页“僵尸栏目”占比较高

网页作为资源共享和信息传递的载体，栏目信息的及时性、价值性、生活性是公众关注的重点。截至 2020 年 6 月 8 日，课题组对各级文明网的所有栏目展开调查，发现大多数栏目能做到及时更新，但仍存在部分“僵尸栏目”。网页“僵尸栏目”主要表现为两个方面：一是网页栏目内容更新不及时；二是网页栏目内容出现空白、错链、断链的情况。调查数据显示，全省现有文明网 34 个，共约 525 个栏目，其中 2 年、5 年、5 年以上无更新的栏目数分别为 81（15.40%）、53（10.10%）、37（7.00%），时间最长的超过 8 年无任何更新，以上栏目共计 171（32.60%）（见表 6－12、表 6－13、表 6－14、表 6－15）。另有 20（3.80%）个栏目无法打开或无任何内容。

表 6－12　各级文明网站 2 年内无更新栏目

各级文明网	相关栏目	数量
湖南省文明网	宣传信息、我们的节日、择善而从、活动	4
长沙市文明网	工作动态	1
长沙县文明网	道德模范、未成年人	2
浏阳市文明网	专题报道	1
衡阳县文明网	文明播报、文明实践	2
株洲市文明网	全民阅读	1
攸县文明网	原创评论	1
茶陵县文明网	典型事迹、文明礼仪、科普知识、文件汇编	4
湘潭市文明网	讲文明树新风、文明创建、幸福湘潭文明风景	3
湘乡市文明网	文件资料、诚信建设、工作资料	3
湘潭县文明网	工作资料	1
邵阳市文明网	主题活动、广告下载	2
岳阳市文明网	专题活动、我们的节日、文明简报、诚信岳阳	4
岳阳县文明网	道德模范、重要精神、文明旅游、工作提示	4
常德市文明网	领导活动、我们的节日、图说文明	3
张家界市文明网	典型经验、创建活动、文明城市、县区传真、评论、视频、公益广告、文明简报、道德大讲堂、主题活动、乡村学校少年宫	11
慈利县文明网	通知公告、文明礼仪	2
益阳市文明网	虚拟好人馆、益阳榜样	2
郴州市文明网	魅力郴州、文件资料、文明监督、网络文明传播活动	4
永州市文明网	道德大讲堂、文明大家谈	2
东安县文明网	文明创建、志愿服务	2
道县文明网	讲文明树新风、未成年教育	2

续表

各级文明网	相关栏目	数量
宁远县文明网	上级精神、文明创建、志愿服务、未成年人、身边好人、我们的节日、通知公告、道德讲堂、专题栏目、曝光台、讲文明树新风、乡村振兴	12
蓝山县文明网	图说文明	1
怀化市文明网	国学讲坛	1
娄底市文明网	时事热评、工作提示、主题活动、网络公益活动	4
湘西文明网	主题活动、先进典型	2

表 6-13　各级文明网站 5 年内无更新栏目

各级文明网	相关栏目	数量
湖南文明网	人文历史、助学工程、资料中心	3
长沙县文明网	市级道德模范	1
宁乡市文明网	好人榜、文明创建	2
衡阳县文明网	重要言论、工作提示	2
株洲文明网	网络访谈	1
攸县文明网	他山之石	1
湘潭文明网	乡村学校少年宫、文明餐桌行动、精神文明建设工作简报、创建文明城市工作简报、形势教育、中央精神、理论解读、践行实例、重要论述、我们的价值观、图片故事、图说文明	12
韶山市文明网	主题活动、道德讲堂、理论在线、城市荣誉、美丽韶山、巴陵文化、领导活动、文明风采	8
岳阳县文明网	图说文明、工作简报	2
汨罗市文明网	重要精神	1
东安县文明网	领导讲话、创建巡礼、文明单位、志愿服务、未成年人、文件汇编、科普知识、东安好人、乡风文明	9
道县文明网	道德讲堂、资料汇编	2
蓝山县文明网	领导讲话、政策理论、他山之石、文明播报、文明礼仪	5
冷水江市文明网	督查通报、未成年人、志愿服务、通知公示	4

表6－14 各级文明网站5年以上无更新栏目

各级文明网	相关栏目	数量
衡阳县文明网	志愿服务、未成年人、道德模范、中国节日、他山之石	5
株洲文明网	公益广告	1
岳阳文明网	名博解读、评论文章、最新资讯、文件资料	4
岳阳县文明网	讲文明树新风	1
汨罗市文明网	文明视频、科普知识、文明讲堂	3
常德文明网	文化、择善而从	2
张家界文明网	创建经验、文明餐桌、谈论节日、心理健康辅导站	4
慈利县文明网	工作动态、文明创建、未成年人工作、我们的节日、他山之石、志愿服务	6
东安县文明网	公益广告、他山之石、文明礼仪	3
道县文明网	文明风采	1
冷水江市文明网	创文动态、20件实事、道德讲堂、文明影像、曝光台、公益图展、道德模范事迹基层巡讲	7

表6－15 文明网站栏目无法打开或无信息内容栏目情况

各级文明网	相关栏目	数量
株洲文明网	负面清单平台、网络文明传播、文明论坛	3
湘潭县文明网	学习资料	1
张家界文明网	领导讲话、文明窗口、专题、思政工作、部门动态、实践活动基地、博客	7
益阳文明网	推荐评议好人、领导讲话、惠民工程	3
道县文明网	道德模范	1
宁远县文明网	主题活动、美丽乡村、道德模范	3
冷水江市文明网	创文论坛	1
湘西文明网	县区动态	1

从文明网站的栏目更新时间可以看出，无更新栏目的数量随着时间的推移而不断增加。无更新栏目增加的主要原因在于：一是文明办对网络精神文明建设有所懈怠，工作积极性主动性不高；二是相关部门工作人员网络信息技术水平有限，对网站后台运营缺乏经验，导致部分栏目出现空白、错链、

断链的情况；三是对网站栏目的设置缺乏合理规划，栏目众多使相关部门工作人员应接不暇。

三、内容与网民实际联系欠紧密

网络已成为人们获取信息的主渠道，因此，网站内容建设要坚持以满足网民需求为中心。“一网两微一端”作为网络精神文明建设的主要平台，促进了网络文明内容的传播。然而，网站内容建设呈现出发展不平衡的特点，即重理论性，实用性、趣味性有待加强。调查数据显示，被问及“您认为湖南省各级党政部门官网和微博、微信平台有哪些需要改进之处”时，受访者普遍认为网站内容存在领导活动报道多，百姓诉求关注少；内容比较抽象、高深、枯燥、空洞；与人们的生产、生活、工作、学习联系不紧密，实用性不强等问题。出现网站内容供给和网民需求不一致的原因在于：一是与网民互动不够，网站内容注重形式，有些互动栏目形同虚设；二是网站后台工作人员对网民点击率关注不够，没有充分了解把握网民的实际需求。可见，加强网络精神文明建设，为网民提供全面、准确、及时、便捷的信息服务，已成为网站建设需要解决的迫切问题。

四、网页内容建设同质化程度高

网页内容建设同质化，是指网页设计相互模仿，网页特色不鲜明、个性化不突出。随着网络精神文明建设的不断深入，文明网页的数量呈上升趋势。但由于受到发展时间短、网页建设技术不成熟、受众需求调查不充分等主客观因素的制约，文明网页建设呈现出“千网一面”的格局，普遍存在网页版面设计趋同、栏目相似或相同等同质化问题。

（一）网页版面设计趋同

网页版面是直观的、个性化的表达。因此，优化网页版面设计和布局是提高网站吸引力和信息浏览量的重要途径，也是为网民提供使捷的信息服务的重要手段。课题组通过对 34 个文明网站的浏览研读后发现，网页版面设计遵循了心理学上的“视觉流程”规律。所谓视觉流程，是指网页界面设计对于用户的视觉引导，其规律是从左到右、从上到下，由左上沿着弧线向右下方流动的过程线，其注目值会逐渐递减。① 文明网页遵循这一规律进行版面设计，在一定程度上提升了网页内容的传播效果。然而，大部分文明网页不仅在基本设计理念上高度相似，而且在位置、布局和色彩等方面上也具有趋同性（见图 6－2、图 6－3）。例如，岳阳文明网、湘西文明网和怀化文明网等几乎所有网页均在主页显著位置采用“滚动字条”的方式显示文明联播；在首页布局上，均采用了左侧图片切换模式，右侧新闻的布局格式；在色彩运用上，大部分网站统一采用红色背景和红色字样突出重点内容。另外，通过观察发现，文明网页版面设计还存在两个问题：其一，页面布局凌乱，重点内容不够突出；其二，服务类栏目的设置位置不明显，例如曝光台、网上信箱等网站公众互动栏目“躲”在边角位置。

图 6–2 湘西文明网首页

图 6–3 怀化文明网首页

① 王建辉：《标志设计》，人民美术出版社 2016 年版，第 65 页。

（二）网站栏目缺乏特色

特色栏目是一网站区别于其他网站的重要标识。而网站内容建设的同质化使网站栏目缺乏个性，主要表现为网站栏目相似度高。根据行政区划划分，在34个文明网中随机选取14个文明网站：湖南文明网、长沙市、湘潭市、岳阳市、怀化市、湘西自治州、攸县、汨罗市、宁远县、桂阳县、岳阳县、宁乡市、蓝山县、长沙县文明网，并根据2020年6月文明网首页主要栏目进行整理、分析，发现网站栏目相似度较高（见表6－16）。

表6－16　14个文明网站首页主要栏目设置

网站名称	首页主要栏目
湖南省文明网	要闻、文明播报、文明创建、道德模范、讲文明树新风、湖湘文化、文明工程、工作简报、专题、评论、视频、领导活动、宣传信息、未成年人、志愿服务、我们的节日、文明传播、择善而从、资料中心、活动、论坛、图片
长沙市文明网	工作动态、头条、要闻、图片、专题、文明创建、未成年人、我们的节日、发布厅、深度评论、区县动态、新媒体、学雷锋、道德风尚、诚信建设、网络文明传播
湘潭市文明网	重要精神、要闻要情、培育和践行社会主义核心价值观、讲文明树新风、文明创建、我们的节日、志愿服务、未成年人、乡村学校少年宫、道德讲堂、文明餐桌行动、文明旅游、网络文明传播、思想道德、勤俭节约、红色文化、幸福湘潭文明风景、图说文明、湘潭市精神文明建设工作简报、湘潭市创建文明城市工作简报
岳阳市文明网	文明播报、主题活动、讲文明树新风、文明创建、道德模范、志愿服务、未成年人、我们的节日、通知公告、岳阳要闻、巴陵文化、领导活动、文件资料、文明简报、诚信岳阳、文明风采、图片新闻、文明微博
怀化市文明网	文明创建、文明播报、未成年人、魅力怀化、道德模范、志愿和服务、我们的节日、领导活动、文明简报、国学讲坛、礼仪知识、文明监督、文明网微博、讲文明树新风
湘西自治州文明网	要闻播报、湘西要闻、文明播报、重要精神、领导活动、主题活动、清明网上祭英烈、道德模范评选表彰、湖南好人、文明花开、新时代好少年、文明创建、基础工作、志愿服务、未成年人、环境建设、先进典型、道德模范、身边好人、道德风尚、道德讲堂、讲文明树新风、我们的节日、传统文化、结对共建、公告资料、通知公告、文件资料、图说我们的价值观、县市动态

续表

网站名称	首页主要栏目
攸县文明网	文明播报、重要活动、礼仪教化、未成年人、我们的榜样、我们的节日、志愿服务、原创评论、文明旅游、他山之石、思想道德、文明掠影、道德讲堂、讲文明树新风、全面阅读
汨罗市文明网	文明播报、重要精神、工作提示、主题活动、讲文明树新风、曝光台、道德模范、志愿服务、未成年人、文明视频、人文汨罗、科普知识、我们的节日、文明风采、文明讲堂、关于我们
宁远县文明网	上级精神、文明创建、志愿服务、未成年人、身边好人、主题活动、我们的节日、通知公告、文明播报、道德讲堂、魅力乡村、道德模范、专题栏目、曝光台
桂阳县文明网	要闻播报、桂阳要闻、文明播报、重要精神、领导活动、主题活动、走进桂阳、清明网上祭英烈、湖南好人、新时代好少年、文明城市、基础工作、环境建设、志愿服务/三关爱活动、未成年人/关心下一代、道德模范、身边好人、道德讲堂、先进典型、道德风尚、讲文明树新风、我们的节日、传统文化、结对共建、文明实践、公告资料、通知公告、文件资料、图说我们的价值观
岳阳县文明网	文明聚焦、文明播报、主题活动、志愿者服务、道德模范、讲文明树新风、身边好人、文明视频、微水时评、文明监督、公告公示、重要精神、未成年人、我们的节日、文明旅游、美丽乡村社区、全民阅读、图说文明、工作简报、资料中心
宁乡市文明网	头条、文明聚焦、重要精神、好人榜、文明创建、学雷锋志愿服务、讲文明树新风、要闻、文明播报、主题活动、未成年人、文明旅游、学模范讲道德做好人、我们的节日
蓝山县文明网	领导讲话、工作动态、创建巡礼、道德文化、乡风文明、蓝山好人、志愿服务、文明单位、未成年人、文件汇编、图说文明、视频展示
长沙县文明网	文明星沙、主题活动、志愿服务、未成年人、我们的节日、星沙时评、创建动态、道德模范、好人 365、美丽乡村、讲文明树新风、文明单位

其中，100%的网站设置了“未成年人”栏目；93%的网站设置了“志愿服务”和“我们的节日”两个栏目；79%的网站设置了“讲文明树新风”栏目；71%的网站设置了“道德模范”“文明播报”两个栏目；57%的网站设置了“文明创建”“图片（图说文明、图说我们的价值观、图片新闻等）”

"主题活动（活动）"等三个栏目，50%的网站设置了"身边好人""上级精神（重要精神）""要闻"等三个栏目；另外，个别网站还存在栏目纵横交错、内容重叠的现象。例如，湘潭市文明网的"图说文明"和"幸福湘潭文明风景"；宁乡市文明网的"学雷锋志愿服务"和"学模范讲道德做好人"；湘西自治州文明网的"湖南好人"和"身边好人""道德模范""先进典型"和"道德模范评选表彰"，等等。而栏目设置的趋同，也反映了相关部门缺乏创新意识，网络精神文明建设的积极性、主动性、能动性不高。

第四节　人才队伍建设任重道远

习近平同志强调指出："人才是第一资源。"① 打造一支政治素质硬、理论水平高、专业能力强的高素质队伍是加强和改进网络精神文明建设的关键。但专职人才队伍配备不齐、兼职人才队伍严重不足是湖南省网络精神文明建设需要解决的迫切问题。

一、专职人才队伍配备不齐

专职人才队伍是指专门从事网络精神文明建设的工作人员所组成的队伍，以各级文明办工作人员为主体。从当前网络精神文明人才队伍建设的情况来看，湖南省网络精神文明专职人才队伍还存在一些突出问题。

一是专职人才队伍人数总量不足。专职人才的数量与当前网络精神文明建设的发展需要存在一定差距，呈现出一人多职的特点。从访谈得知，目前大部分市州文明办公务员编制为"1+5"，即由宣传部副部长兼任文明办主任，另加5名工作人员；大部分县级文明办公务员编制为"1+2"，即由宣传部副部长兼任文明办主任，另加2名工作人员，有的县甚至没有单独设置文明办，没有配置专职工作人员；绝大部分市、县文明办没有成立专门的网络精神文明建设科室（见表6-17）。

① 新华网：《习近平：发展是第一要务，人才是第一资源，创新是第一动力》，2018年3月7日，见 http://www.xinhuanet.com/politics/2018lh/2018-03/07/c_1122502719.htm。

表 6-17 部分文明办人员配置情况

	有无独立文明办	编制	有无专兼职工作人员	有无独立的网络精神文明建设科室
娄底市	有	主任 1 人（宣传部部长兼任） 无副主任	专职人员 5 人	有
长沙县	有	主任 1 人（宣传部副部长兼任） 副主任 1 人	专职人员 3 人	无
长沙市高新区	有	主任 1 人（党群局副局长兼任） 无副主任	专职人员 2 人	无
长沙市雨花区	有	主任 1 人（宣传部部长兼任） 副主任 1 人	专职带编 5 人	有
浏阳市	有	主任 1 人（宣传部副部长兼任） 副主任 1 人	无专职人员	有
岳阳县	有	主任 1 人（宣传部副部长兼任） 无副主任	无专职人员	无
长沙市天心区	有	文明办下设创建科（综合组、督察组、网传组）和未成办（办公室、学雷锋志愿服务）。机构设置有编制、有临聘、借调、跟班学习等形式，有 10 多人		

二是专职人才队伍结构矛盾突出。从访谈中发现，专职工作人员以本科和大专学历为主，研究生学历稀缺；大多以新闻学、新闻传播学、汉语言文学等专业为主，缺乏思想理论型、专业技术型人才。总体上存在高学历、专业技术人才不足的问题。此外，在精简机构的前提下，文明办更需要复合型专职人才。文明办的主要职能是开展社会主义精神文明建设，主要包括群众性精神文明建设和宣传习近平新时代中国特色社会主义思想等。其中，要求文明办的工作人员要具备“收、录、写、播”的能力，即收集相关信息的能力、录制宣传视频的能力、精神文明创建业务知识以及信息技术运用能力等。

三是专职人才队伍人员不稳定。访谈发现，有的县级文明办除了专职的主任和副主任外，无其他专职人员，工作需要时，临时从其他部门抽调工作人员；行政系统内部领导干部的轮换，使得能长期从事同一岗位工作且具备丰富工作经验的领导干部不多。这导致基层网络精神文明建设工作成效不显著。

二、兼职人才队伍严重不足

兼职人才队伍是指除专职队伍成员外，其他参与网络精神文明建设的工作队伍，主要包括网络评论员和网络精神文明志愿者队伍等。前者是指在网络信息平台上发表正确观点和主张，特别是针对社会热点、焦点、难点、疑点问题进行正面评论、阐释的人员；后者是指积极在网上宣传正能量内容、开展网络精神文明志愿活动的队伍。互联网的虚拟性引发失实网络舆论和网络谣言等不良现象，网络环境不容乐观，迫切需要建立一支政治素质硬、理论水平高、专业能力强的网络精神文明建设兼职人才队伍。中央文明办为适应新形势、新发展，推动网上网下精神文明建设的协同发展，将网络精神文明志愿者工作纳入全国文明单位和全国城市公共文明程度指数测评体系，作为创建文明单位的一项重要指标。但调研发现，市、县特别是县级文明办囿于专项经费，建立网络精神文明兼职人才队伍步履维艰。

一是缺乏专业化的培训。网络精神文明建设不是“软工程”，兼职队伍的专业素养、能力本领要过硬。现阶段，网络精神文明兼职队伍的专业化培训缺乏系统性、长期性、实践性的规划。具体表现在培训内容较为单一、培训时间较短、间隔周期长、重理论培养轻实践指导等问题，从而导致培训效果不理想。

二是缺乏科学的管理模式。兼职队伍具有人员流动性大、分散性广的特点。从访谈得知，共青团和文明办存在分别组织建设网络精神文明志愿者队伍的情况，文明办尚未对其形成统一的规范化管理。因此，如何加强对网络精神文明志愿者队伍的科学管理、规范管理仍然是网络精神文明建设的重点问题之一。

三是缺乏严格的考评制度。从访谈得知，目前的志愿服务体系还有待完善，地区之间缺乏互联互通，志愿服务时长无法统计。现实中，对兼职队伍的考核往往采取结果性评估，缺乏对网络精神文明志愿者的工作职责、志愿服务时长等内容的考核。在考核比重、考核标准、考核内容、考核方式、考核结果等方面缺乏制度化、体系化。

四是缺乏有效的激励机制。激励机制是吸引广大网民积极投身网络精神文明建设的有效途径。网民是网络精神文明建设的主体，要充分发挥网民在网络中的监督、揭露不良现象、传播正能量的作用。但现实情况是，人们在遇到不健康的网络内容时，不少网民选择忽视。

导致网络精神文明建设专兼职人才队伍缺口较大的原因有以下三个方面：一是个别地方党政领导思想认识上存在偏差，个别领导对网络精神文明建设的重要性认识不到位，采取“说起来重要，做起来次要，忙起来不要”的态度；二是机构编制受到限制，为贯彻落实“精简、统一、效能”的要求，文明办与宣传部进行机构整合优化、提质增效，但机构实行控编减编，导致“招不到、留不住”专职人才，对兼职人才的吸引力不够；三是建设经费捉襟见肘。调研发现，文明办、网信办等部门经费投入增长幅度较小，尤其是各级各类学校网络文明教育尚无专项经费。

第五节　督查评价机制有待完善

督查评价机制是强化网络精神文明建设的重要举措。近年来，省文明办不断强化网络精神文明建设过程监督、结果评价，出台了一系列测评细则，为网络精神文明建设的高质量发展提供了政策保证。但细则仍存在网络精神文明建设指标权重偏小、评价主体单一、评价内容过窄以及评价方式欠佳等问题。

一、网络精神文明建设指标权重偏小

指标权重，“亦称指标权系数，反映某一项指标在评价指标体系中重要程度的量数。”① 据此，网络精神文明建设评价指标权重是指其在精神文明建设测评细则体系中的重要程度和指标量化，反映了网络精神文明建设在整个精神文明建设中的重要性。最近，湖南省制定颁布了2020年版《湖南省文明（标兵）单位测评细则》《湖南省文明村镇测评细则》《湖南省文明城市测评细则（地级市）》《湖南省文明城市测评细则（县级城市、城区）》。经课题组研读后发现，4个《细则》中与网络精神文明建设相关的内容，形

① 陶西平主编：《教育评价词典》，北京师范大学出版社，1998年版。

成了较为基础的指标架构和指标内容，全面考虑了其指标权重、分值计算和测评方式等，并紧紧围绕社会的突出问题展开宣传教育，体现了网络精神文明建设的时代性。但从整体上看，网络精神文明建设指标在测评细则中所占的权重较小。以上 4 个《细则》共有一、二、三级指标 38、145、422 个。但是，一、二、三级指标中单独设置或涉及了网络精神文明建设的指标分别为 0、2、35 个（见表 6－18），所占比率分别是 0%、1.38%、8.29%。

表 6－18　《细则》中关于网络精神文明建设指标情况

测评细则	一级指标	二级指标	三级指标
《湖南省文明（标兵）单位测评细则》	无	无	1. 开展文明餐桌行动，科学饮食、拒食野味，利用公益广告、“两微一端”等广泛宣传使用公筷公勺、文明健康生活方式 2. 创建工作氛围浓厚，充分利用网站、自媒体等平台载体，创新改进单位文明创建宣传方式方法；加强文明创建信息化平台建设，有网站的单位开辟文明创建专题专栏，积极主动向湖南文明网等报送创建特色经验信息分享
《湖南省文明村镇测评细则》	无	无	1. 运用浅显易懂的语言和群众喜闻乐见的形式，运用乡村文化礼堂、农民夜校等阵地，采取地方曲艺、自编歌曲、微信宣讲等多种形式，宣传阐释习近平新时代中国特色社会主义思想
《湖南省文明城市测评细则（地级市）》	无	Ⅱ 网络文明教育	2）新闻媒体运用理论文章、专题专栏、通讯专访等形式，全方位多层次宣传阐释习近平新时代中国特色社会主义思想，用好“两微一端”和移动多媒体等新技术新手段，做好习近平新时代中国特色社会主义思想的网上宣传报道；组织领导干部、专家学者到基层一线宣讲，推动习近平新时代中国特色社会主义思想进企业、进农村、进机关、进校园、进社区、进网站，做到学懂弄通做实 6）认真督促指导推进新时代文明实践中心、县级融媒体中心建设，用新时代中国特色社会主义文化、社会主义思想道德牢牢占领城乡思想文化阵地 8）主要新闻媒体、都市类媒体、网络媒体持续有效宣传普及 12 个主题词。运用文艺形式和民族民间文化样式传播核心价值观 18）建立志愿服务保险保障制度，保障志愿者合法权益。依托湖南志愿服务网，完善注册登记制度，注册志愿者人数占市辖区常住人口总数比例≥13% 23）围绕重点选题结合地域文化特色制作刊播公益广告，报纸、广播、电视、互联网、手机等媒体持续开展“文明健康有你有我”“使用公筷”“拒食野生动物”等公益广告宣传

续表

测评细则	一级指标	二级指标	三级指标
《湖南省文明城市测评细则（地级市）》	无	Ⅱ网络文明教育	24）开展网上精神文明创建活动，运用“两微一端”等新媒体开展网络文明传播 25）加强网络空间治理和网络内容建设，倡导文明办网、文明上网；开展网络公益广告宣传，吸引网民广泛参与 26）落实属地管理原则，严格落实互联网管理各项规定，打击互联网及各类新媒体违规、违法犯罪活动 31）推进政务公开信息化，加强互联网政务信息数据服务平台和便民服务平台建设；有党政领导接待群众来访制度，有为市民服务的热线电话等联系方式 47）贯彻中央文明委《关于集中治理诚信缺失突出问题 提升全社会诚信水平的工作方案》，针对群众反映强烈的电信诈骗、互联网虚假信息、金融领域失信行为、扶贫脱贫失信问题、法院判决不执行等突出问题开展专项治理 69）创新运用各类平台载体、媒体媒介，有针对性地开展精神文明教育，在公共场所广泛开展疫情防控志愿服务活动，普及健康理念和传染病防治知识，引导人们讲文明、讲科学、讲卫生 74）利用报纸、电台、电视台、手机、互联网等多种媒体，运用讲座、知识竞赛等多种方式，宣传普及文明礼仪知识 81）开齐开足美育课程，劳动教育有课时安排、劳动实践，落实中小学生体质健康教育，引导学生绿色上网、文明上网 87）整治社会文化环境常态化，重点加强网吧监督管理和校园周边环境治理 88）关心关爱特殊群体未成年人，当地主要新闻媒体、网络媒体和社会媒介做好关心关爱未成年人的宣传 110）预防和打击传销、非法集资、电信诈骗等涉众型经济犯罪 111）网上违法有害信息和违法网站能够得到及时处置 133）主要新闻媒体设有精神文明创建专题专栏，建好用好地方文明网或其他精神文明建设新媒体平台，集中展示创建活动动态。
《湖南省城市测评细则（县级城市、城区）》	无	Ⅱ网络文明教育	2）新闻媒体运用理论文章、专题专栏、通讯专访等形式，全方位多层次宣传阐释习近平新时代中国特色社会主义思想，用好“两微一端”和移动多媒体等新技术，做好习近平新时代中国特色社会主义思想网上宣传报道；组织领导干部、专家学者到基层一线宣讲，推动习近平新时代中国特色社会主义思想进企业、进农村、进机关、进校园、进社区、进网站 7）推进县级融媒体中心建设，做好引导群众、服务群众的工作

续表

测评细则	一级指标	二级指标	三级指标
《湖南省城市测评细则（县级城市、城区）》	无	Ⅱ网络文明教育	19）推进政务公开信息化，加强互联网政务信息数据服务平台和便民服务平台建设；有党政领导接待群众来访制度，有为市民服务的热线电话等联系方式 26）建立志愿服务保险保障制度，保障志愿者合法权益。依托湖南志愿服务网，完善注册登记制度，注册志愿者人数占城区常住人口总数比例≥13% 32）贯彻中央文明委《关于集中治理诚信缺失突出问题 提升全社会诚信水平的工作方案》，针对群众反映强烈的电信诈骗、互联网虚假信息、金融领域失信行为、扶贫脱贫失信问题、法院判决不执行等突出问题开展集中治理 38）广泛推动移风易俗、破除陈规陋习，报纸、广播、电视、互联网及手机新媒体持续刊播公益广告 39）严格落实互联网管理各项规定，打击互联网及各类新媒体违规、违法犯罪活动，持续推动文明办网、文明上网，有网络文明传播志愿服务队伍 40）开展网上精神文明创建活动，运用“两微一端”等新媒体开展网络文明传播。结合实际依托湖南文明网开办精神文明建设网站，展示文明创建成果 69）开齐开足美育课程，劳动教育有课时安排、劳动实践，落实中小学生体质健康教育，引导学生绿色上网、文明上网 75）整治社会文化环境常态化，重点加强网吧监督管理和校园周边环境治理 76）关心关爱特殊群体未成年人，当地主要新闻媒体、网络媒体和社会媒介做好关心关爱未成年人的宣传 82）坚持有黄必扫、有毒必反、有赌必禁，卖淫嫖娼、吸毒贩毒制毒、聚众赌博等违法犯罪得到有效控制，网上违法有害信息和违法网站能够得到及时处置 85）创新运用各类平台载体、媒体媒介，有针对性地开展精神文明教育，在公共场所广泛开展疫情防控志愿服务活动，普及健康理念和传染病防治知识，引导人们讲文明、讲科学、讲卫生 94）利用报纸、广播电视、“两微一端”等多种媒体和形式，持续宣传普及文明礼仪知识，大兴文明礼仪之风

二、网络精神文明建设评价主体单一

评价主体决定了网络精神文明建设评价的公信力。目前，网络精神文明建设评价是以体制内评价模式为主，主要采取上级评价和自我评价。上级评价，顾名思义，是指上级文明办作为评价主体，对所辖区域下级行政区划网络精神文明建设的绩效进行评价。自我评价是指被评价地区文明办充当评价主体对本地区网络精神文明建设的绩效进行评价。然而，这两种评价方式使网络精神文明建设的评价效果缺乏合理性、真实性。一是评价主体范围窄，仅通过上级评价和自我评价不能全面客观真实地反映网络精神文明建设的状况；二是容易形成以利益为导向的现象。托马斯·戴伊指出："若执行决策的人来主持政策评估，那么评估结果只会显示项目所产生的积极效果。"① 因此，网络精神文明建设要避免单一主体的评价模式。为改善网络精神文明建设评价的效果、保证评价质量，评价主体应该多元化。

三、网络精神文明建设评价内容过窄

全面把握网络精神文明建设的主要内容是增强网络精神文明建设实效性的内在要求。但《细则》中关于网络精神文明建设评价的内容不够全面且相互交叉。一方面，网络精神文明建设评价内容设计不全面。网络精神文明建设是一项复杂的系统工程，内涵丰富、外延宽阔、无时不有、无处不在。至少包括网络平台建设、网络素养教育、网络队伍建设、网络产品生产、网络技术运用、网络舆论引导、网络舆情处置、网络法治建设等方面内容。但评价指标内容仅涉及网络文明教育、网络技术运用和网络环境建设等方面。另一方面，网络精神文明建设评价内容相互交叉。评价指标设计要因地制宜、实事求是、突出重点，做到科学评价，同时又要注意各个指标要逻辑分明、层次清晰，避免重复。经课题组对4个《细则》进行研读后发现，网络精神文明建设评价指标内容具有高度相似性。从不同细则的比较来看，其中涉及"网络精神文明建设"相关内容的评价指标大同小异。例如，《湖南省文明城市测评细则（地级市）》中"认真督促指导推进新时代文明实践中心、县级融媒体中心建设，用新时代中国特色社会主义文化、社会主义思想道德牢牢占领城乡思想文化阵地"与《湖南省文明城市测评细则（县级城市、城区）》中的"推进县级融媒体中心建设，做好引导群众、服务群众的工作"

① ［美］托马斯·R. 戴伊：《自上而下的政策制定》，鞠方安等译，中国人民大学出版社2002年版，第210页。

大同小异。从细则内部评价指标来看，例如，《湖南省文明城市测评细则（地级市版）》中，关于处理“电信诈骗”的评价指标在“推进诚信建设制度化”和“社会治安”中均有体现。

四、网络精神文明建设评价方式欠佳

科学有效的评价方式是网络精神文明建设评价工作客观性、公正性的重要保证。评价方式的选择要根据评价对象的特征和属性的不同而有所不同。以上4个《细则》所涉及的30多个与网络精神文明建设相关的三级指标之后所附的“测评方式”主要是“材料审核”“实地考察”两种。而网络精神文明建设作为评价对象，具有虚拟性、泛在性、交互性、超时空性等特征，其评价方式与网下精神文明建设有别，且仅靠“材料审核”和“实地考察”的方法，恐难“核”出问题、“察”出实效。一方面，评价重定性分析，轻定量分析。通过材料审核和实地考察等方式对网络精神文明建设的结果进行分析评价，其过程容易掺杂评价主体的价值判断和价值取向，导致结果具有个人主观色彩，容易滋生形式主义等不良之风；另一方面，评价侧重于网下评价方式，轻信息技术运用。由于网络精神文明建设涉及面广、内涵丰富，仅靠材料审核、实地考察等方式来把握网络精神文明建设的全貌是远远不够的，且网络精神文明建设的特性要求评价方式注重信息化、数据化、精准化。

对 策 篇

提升人们认识世界和改造世界的能力和水平是科学研究的出发点和落脚点。本篇主要从基本原则的确立、方式方法的创新和长效机制的构建等层面比较系统地提出了加强和改进网络精神文明建设的路径，旨在提高人们对网络精神文明建设的认知自觉和实践自觉，为相关党政部门制定加强和改进网络精神文明建设的政策、法规、措施提供参考，为促进我国经济社会发展提供强大的精神动力和智力支持。

第七章　确立网络精神文明建设的基本原则

原则是人们言行所依据的基本法则、标准、规范。网络精神文明建设原则是指在网络精神文明建设实践中，正确协调各种关系、处理各种矛盾应遵循的基本准则。网络精神文明建设原则形成于网络精神文明建设实践，体现了网络精神文明建设的规律性与价值性，贯穿于网络精神文明建设全过程，渗透于网络精神文明建设的各个环节，彰显着网络精神文明建设本质。网络精神文明建设的基本原则主要包括方向原则、虚实原则、系统原则、层次原则以及渗透原则等。

第一节　方向原则

方向就像是一个指向标，指引着网络精神文明建设的总航向。加强网络精神文明建设，只有始终坚持中国特色社会主义方向，才能提升网络精神文明建设实效、实现建设目标。相反，方向不明或与中国特色社会主义道路背道而驰，就会延迟或阻碍中华民族伟大复兴中国梦的实现。因此，方向原则是网络精神文明建设必须坚持的首要的、根本的原则。

一、方向原则的内涵

方向原则是指网络精神文明建设要始终与社会发展要求相一致，坚持正确政治方向不动摇，即坚持以马克思主义为指导，以社会主义核心价值观为指针。方向原则既是网络精神文明建设基本规律的体现，也是网络精神文明建设本质的集中反映。

就其基本规律看，网络精神文明建设须以马克思列宁主义、毛泽东思想、邓小平理论、“三个代表”重要思想、科学发展观、习近平新时代中国特色社会主义思想为指导，以实现中华民族伟大复兴中国梦为根本目标，以实现“网络强国”为基本目标，并在实践中贯彻落实党的重大理论、方针、政策。我党一直将精神文明建设作为重要战略任务。改革开放以来，特别是十八大以来，“以习近平同志为核心的党中央高度重视精神文明建设，并提出了一系列新思想新观点新要求，作出了一系列重要部署，为加强新形势下精神文明建设提供了重要指导和基本遵循。”① 随着网络信息技术的迅猛发展，网络空间已成为精神文明建设的新场域，但其性质并未改变，仍须坚持中国特色社会主义道路。因此，进行网络精神文明建设，应以习近平同志关于精神文明建设和网络空间治理、网络舆论引导、网络安全建设、网络技术创新等重要讲话为根本遵循，深入贯彻落实其新思想、新观点、新要求，服从、服务于中国特色社会主义事业和中华民族伟大复兴中国梦的实现。

就其内在本质看，网络精神文明建设须坚持以人民为中心，以培育和践行社会主义核心价值观为指针，以满足人民日益增长的美好精神生活需要、以促进人的自由全面发展为根本目的。如上所述，网络精神文明建设是在网络虚拟社会中有目的、有计划、有组织地对人们的思想道德素养、教育科学文化素养和身心健康素养产生积极影响的实践活动，其目的在于提高人们的网络素养、促进人的自由全面发展。毋庸置疑，要达到以上目的，就需以社会主义核心价值观为指引。为此，习近平同志强调指出：“要把社会主义核心价值观的要求融入各种精神文明创建活动之中，吸引群众广泛参与，推动人们在为家庭谋幸福、为他人送温暖、为社会作贡献的过程中提高精神境界、培育文明风尚。”② 由此可见，进行网络精神文明建设，同样要以社会主义核心价值观为指针，并以此来维护网络社会的有效运转。

二、坚持方向原则的重要意义

第一，有利于保证网络精神文明建设不偏离社会主义方向。我国的网络

① 中央精神文明建设指导委员会：《关于深化群众性精神文明创建活动的指导意见》，《人民日报》2017 年 4 月 6 日第 9 版。

② 《习近平谈治国理政》第一卷，外文出版社 2014 年版，第 165 页。

精神文明建设与其他国家的精神文明建设有着质的区别，内含着中国特色社会主义的本质要求。1996 年《中共中央关于加强社会主义精神文明建设若干重要问题的决议》指出："社会主义精神文明建设是社会主义社会的重要特征。"① 2017 年中央文明委《关于深化群众性精神文明创建活动的指导意见》进一步指出："社会主义精神文明建设是中国特色社会主义的重要特征。"② 网络精神文明建设作为社会主义精神文明建设不可或缺的重要组成部分，同样是中国特色社会主义的重要表征，是社会主义精神文明建设实践由现实社会向网络空间的延伸。只有坚持方向原则，坚持以马克思主义为指导，才能保证网络精神文明建设的社会主义性质，体现中国特色社会主义特征。

第二，有利于统一网络精神文明建设五大主体的思想认识。从根本上说，网络精神文明建设的成效取决于建设主体的思想认识。这是因为"思想是行为的先导，支配和改变行为"。③ 任何一个建设主体的思想认识出现偏差，都会直接或间接影响网络精神文明建设成效，甚至致其偏离社会主义方向。无论是党委、政府、企业、社会还是网民，都必须旗帜鲜明地坚持方向原则，才能从根源上解决其所存在的思想观念问题。正确的政治方向是统一建设主体思想认识的重要保证，有助于促使网络精神文明建设朝着实现中华民族伟大复兴中国梦的方向迈进。因此，在网络精神文明建设过程中，只有始终坚持正确方向不动摇，坚持马克思主义在意识形态领域的主导地位不动摇，才能不断提高建设主体对网络精神文明建设价值的认知自觉和实践自觉。

第三，有利于实现网络精神文明建设的根本目标。如前所述，网络精神文明建设是实现中华民族伟大复兴中国梦的必备条件，实现中华民族伟大复兴中国梦是网络精神文明建设的根本目标。然而，要实现中国梦，网络精神

---

① 中国共产党第十四届中央委员会第六次全体会议：《中共中央关于加强社会主义精神文明建设若干重要问题的决议》，《人民日报》1996 年 10 月 14 日第 1 版。

② 中央精神文明建设指导委员会：《关于深化群众性精神文明创建活动的指导意见》，《人民日报》2017 年 4 月 6 日第 9 版。

③ 陈万柏、张耀灿：《思想政治教育学原理》（第三版），高等教育出版社 2015 年版，第 9 页。

文明建设就“必须坚持走中国特色社会主义道路”。① 从本质上讲，中国梦的实现，主要是看国家是否强盛、民族是否振兴、人民是否幸福，而要实现这一理想，就必须坚持党的集中统一领导、坚持马克思主义指导思想、坚持中国特色社会主义方向。

三、如何坚持方向原则

首先，坚持方向原则要讲究自觉性。所谓自觉性，是指进行网络精神文明建设时，要自觉遵循方向原则。“历史和现实都告诉我们，只有社会主义才能救中国，只有中国特色社会主义才能发展中国，这是历史的结论、人民的选择。”② 网络精神文明建设的主体应始终牢记有效开展网络精神文明创建活动的根本保证就是坚持中国特色社会主义方向。那么，如何提高自觉性呢？说到底，最根本的就是要引领建设主体坚定中国特色社会主义道路自信、制度自信、理论自信、文化自信，从而在坚定马克思主义信仰的过程中塑造正确的世界观、人生观、价值观，提高坚持方向原则的自觉性。

其次，坚持方向原则要讲究灵活性。所谓灵活性，是指进行网络精神文明建设时，要与时俱进，做到因事而化、因时而进、因势而新。习近平同志指出：“马克思主义必定随着时代、实践和科学的发展而不断发展，不可能一成不变，社会主义都是在开拓中前进的。”③ 由此可见，方向原则的内涵也将随时代的发展而不断丰富发展，带有鲜明的时代烙印。但由于网络精神文明建设具有虚拟性，在建设过程中不可避免地会遇到诸多新问题、新情况，这就需要建设主体紧跟时代步伐，坚持方向原则，积极学习并贯彻落实现阶段网络精神文明建设的相关方针政策，使网络精神文明建设的方向与中国特色社会主义的本质要求和发展进程保持高度一致。需要特别注意的是，灵活性必须是坚持原则性前提下的灵活性，灵活性必须符合原则性要求。

最后，坚持方向原则要讲究整体性。所谓整体性，是指要将方向原则贯穿于网络精神文明建设的全过程。一方面，网络精神文明建设并非一蹴而

---

① 《习近平谈治国理政》第一卷，外文出版社 2014 年版，第 56 页。
② 《习近平谈治国理政》第一卷，外文出版社 2014 年版，第 22 页。
③ 《习近平谈治国理政》第一卷，外文出版社 2014 年版，第 23 页。

就，而是一个循序渐进的过程，每个建设阶段都应始终坚持正确方向；另一方面，网络精神文明建设是一个复杂的系统工程，内容丰富、形态多样，无论是进行网络思想道德型精神文明建设、网络教育科学文化型精神文明建设，还是网络健康型精神文明建设，方向原则都是必须遵循的根本原则。因此，建设主体要将方向原则贯穿于网络精神文明建设的各环节、各阶段、各方面。

第二节　虚实原则

网络空间具有虚拟性，但虚拟并非虚无，而是现实空间的延伸，具有现实性。因此，网络精神文明建设与网下精神文明建设有着不可分割的联系，即二者虽形式有异，但本质相同。在进行网络精神文明建设时，应坚持虚实结合原则，做到既兼顾网上，又兼顾网下，实现网上网下联动。

一、虚实原则的内涵

虚实原则是指要坚持网络精神文明建设与网下精神文明建设相结合，做到二者同步同向同行。具体而言，网络精神文明建设与网下精神文明建设相结合主要包括三个层次：其一，网络精神文明建设与网下精神文明建设相互配合，即建设主体之间相互协助，协同共建。建设网络精神文明，需要网下精神文明建设队伍积极配合，共同完成目标任务。其二，网络精神文明建设与网下精神文明建设相互渗透，即建设范围之间相互交叉，资源共享。为解决网络精神文明建设中所存在的问题，一方面，需从整体出发，把握其问题根源；另一方面，需借鉴网下精神文明建设的相关方法经验。其三，网络精神文明建设与网下精神文明建设相互促进，即建设内容之间相互补充，携手共建。作为精神文明建设的不同形式，网络精神文明建设与网下精神文明建设实际上是相互促进、相辅相成的，网络精神文明建设得好，将在一定程度上促进现实空间的精神文明建设；同理，现实空间的精神文明建设卓有成效，也将在一定程度上提升网络精神文明建设的实效。网上精神文明建设与网下精神文明建设相互配合、相互渗透、相互促进，最终实现二者同步同向同行。

所谓同步，是指网络精神文明建设与网下精神文明建设活动“同频共振”，将网络精神文明创建活动与网下精神文明创建活动无缝对接，做到一活动两形式。例如，在线下举办爱国主义教育活动时，可以在网络平台进行同步直播。所谓同向，是指网络精神文明建设与网下精神文明建设目标方向一致。毫无疑问，作为社会主义精神文明建设的主要内容，网络精神文明建设与网下精神文明建设的根本目标都是实现中华民族伟大复兴的中国梦。为实现这一目标，网络精神文明建设与网下精神文明建设都须坚持以人民为中心，“不断为人民造福。”① 所谓同行，是指网络精神文明建设主体与网下精神文明建设主体团结合作，一同攻坚克难，营造良好的社会文明生态，画好网上网下“同心圆”。

二、坚持虚实原则的重要意义

网上与网下虽然是两个不同的空间场域，但是精神文明建设的本质决定了网络精神文明建设与网下精神文明建设并非各自独立、互不干涉，而是相互联系、相互影响、相互渗透、相互促进。因此，坚持虚实原则意义重大。

第一，有利于构建网上网下“同心圆”。整体来看，虚实原则不仅仅是对网络精神文明建设的具体规律——网络精神文明建设与网下精神文明建设统筹兼顾相互协调——的反映，而且还是对“构建网上网下同心圆”这一新思想、新观点、新要求的贯彻落实。习近平同志在2016年全国网络安全和信息化工作座谈会上强调指出：“凝聚共识工作不容易做，大家要共同努力。为了实现我们的目标，网上网下要形成“同心圆”。什么是同心圆？就是在党的领导下，动员全国各族人民，调动各方面积极性，共同为实现中华民族伟大复兴的中国梦而奋斗。”② 因此，在进行网络精神文明建设时坚持虚实原则，最根本的就是网上与网下形成一个“同心圆”，从而形成强大合力，凝聚社会共识，促进共同发展。

第二，有利于促进人的自由全面发展。马克思曾指出：“代替那存在着

---

① 《习近平谈治国理政》第一卷，外文出版社2014年版，第40页。

② 习近平：《在网络安全和信息化工作座谈会上的讲话》，《人民日报》2016年4月26日第2版。

阶级和阶级对立的资产阶级旧社会的，将是这样一个联合体，在那里，每个人的自由发展是一切人的自由发展的条件。”① 人的自由全面发展是贯穿马克思主义的一条主线，同时也是中国特色社会发展的根本目的。就网络空间与现实空间的关系来看，人的虚拟性活动是其现实性活动在网络空间的延伸，一旦虚拟与现实脱节，人就会出现网络行为失范，形成双重人格，进而扭曲人的自由全面发展。因此，在建设网络精神文明时坚持虚实原则有助于将人的虚拟性活动与现实性活动统一起来，规范其网络行为，提高其整体思想道德素质、教育科学文化素质以及身心健康素质，进而促进其自由全面地发展。

第三，有利于抵御西方意识形态渗透。互联网已经成为西方国家对我国进行意识形态渗透的主要工具，网络空间也已成为意识形态斗争的主战场和维护国家意识形态安全的主阵地。近年来，以美国为首的西方国家在强化传统的网下方式的同时，利用其在网络空间的技术霸权、话语霸权，通过网络宗教、网络游戏、网络文化等形式不断地向我国网络空间渗透享乐主义、拜金主义、新自由主义、普世价值等西方价值观，以达到动摇马克思主义在意识形态领域的主导地位、消解社会主义核心价值观的图谋。对此，习近平同志明确指出：“要深入开展网络舆论斗争，严密防范和抑制网上攻击渗透行为，分析网上斗争的特点和规律，运用正确战略战术，组织力量对错误思想观点进行驳斥，牢牢掌握网络舆论战场上的主动权。”② 由此可见，坚持虚实原则，网上网下共同抵御西方意识形态渗透，是网络精神文明建设取得良好成效的必然选择。

三、如何坚持虚实原则

在建设网络精神文明时坚持虚实原则并非易事，需建设主体纵观全局，整体把握，构建网上网下协同联动机制、搭建网上网下监管服务平台、创新网上网下协同育人模式。

首先，构建网上网下协同联动机制。所谓网上网下协同联动机制，是指

① 《马克思恩格斯文集》第二卷，人民出版社 2009 年版，第 53 页。

② 《习近平总书记系列重要讲话读本》，人民出版社 2016 年版，第 205 页。

网上网下各建设主体以党委为核心，协同合作解决网络精神文明建设过程中所存在的问题，调动各建设主体、各部门的积极性，提高网络精神文明建设的效率。具言之，网上网下协同联动机制主要包括三个方面：一是网络精神文明建设各主体、各部门之间加强协作；二是网下精神文明建设各主体、各部门之间加强协作；三是网上网下精神文明建设各主体、各部门之间加强协作。20世纪70年代，德国著名的物理学家赫尔曼·哈肯创立了“协同学”，并且在《协同学：大自然构成的奥秘》一书中通过对大自然构成的研究，系统地论述了协同理论，认为自然界是由多个既相互作用、又相互促进的小系统构成的大系统。① 依据这一理论，网上网下精神文明建设可以看作是社会主义精神文明建设的两个子系统，且各系统之间是相互影响、相互作用的。从这个意义上说，构建网上网下协同联动机制有利于充分发挥各主体、各部门的作用，实现“1+1>2”的效果。

其次，建设网上网下监管服务平台。所谓网上网下监管服务平台，是指兼顾网上与网下，且集监管与服务功能于一体的平台。这一平台的建设主要为解决网络精神文明建设中所存在的问题，力求推进网上网下一体化监管。一方面，网络精神文明建设主体将建设过程中的困难、问题等反馈到此平台上，网下精神文明建设主体就要利用其自身优势，根据已有的方法和经验，协助网络精神文明建设主体解决困难；另一方面，网民将其在学习、生活、工作、娱乐、交往等方面所遇到的问题反馈到此平台上，网下各主体、各相关部门则须以人民为中心，坚持为人民服务，帮助网民解决困难。归根结底，网络精神文明建设中所出现的问题，都可在网下找到其根源，并在网下得到有效解决。此外，还可借助这一平台对网络精神文明建设进行监督，针对阻碍或破坏网络精神文明建设的言行，及时采取有效措施进行积极引导和严格整治。

最后，创新网上网下协同育人模式。所谓网上网下协同育人模式，是指网上育人与网下育人相结合，即在开展网上教育实践活动时，同时兼顾网下教育实践活动。如前所述，网络精神文明建设按其内容属性可分为网络思想

① ［德］赫尔曼·哈肯：《协同学：大自然构成的奥秘》，凌复华译，上海译文出版社2005年版，第123－124页。

道德建设、网络教育科学文化建设和网络健康素养建设三个方面。从这个角度来说，网络精神文明素养教育是网络精神文明建设的重要内容之一。因此，网上网下协调协同育人模式主要包括两个方面：其一，网上育人形式与网下育人形式相结合。例如，在网下进行教育实践活动时，充分利用微博、微信、文明网、抖音等网络平台，加强网上网下互动，促使其深度融合。其二，网上育人内容与网下育人内容相结合。简单地说，就是将互联网相关理论知识、网络文明素养相关知识融入网下育人内容之中，并通过网下育人的方式强化教育的实效性。

第三节　系统原则

网络精神文明建设是一个结构复杂的系统，因此，在网络精神文明建设过程中，必须坚持以系统原则为指导，做到统筹兼顾、协调推进。

一、系统原则的内涵

系统原则，又称整体性原则，即从整体出发，充分把握网络精神文明建设的结构、功能及整体环境，促使其各要素间相互配合、相互作用，以达到整体大于各部分各要素功能之和的效果。

坚持系统原则，首先要坚持网络精神文明建设与网络物质文明建设同步。“实现中国梦，是物质文明和精神文明均衡发展、相互促进的结果”“是物质文明和精神文明比翼双飞的发展过程。”① 同样，作为一种网络化的表现形式，网络精神文明建设与网络物质文明建设也是相互依存、相互促进的关系，因为从本质上来说，“中国特色社会主义是物质文明与精神文明全面发展的社会主义。”② 所以，在建设网络精神文明时，要与网络物质文明建设保持同步，只有这样才能更好更快地实现中国梦。

其次，要将网络精神文明建设与网下精神文明建设相结合。就是将社会

---

① 习近平：《在联合国教科文组织总部的演讲》，《人民日报》2014 年 3 月 28 日。

② 中共中央文献研究室：《十八大以来重要文献选编》（上），中央文献出版社 2014 年版，第 280 页。

主义精神文明建设看作一个总系统，而网上网下精神文明建设分别是其中的两个子系统。关于二者之间的关系，上文已有论述，故此处不再过多阐述。

最后，将网络精神文明建设内部各构成要素相整合。从系统论角度看，网络精神文明建设是一个由主体、中介、客体三种要素按照一定的排列组合方式构成的系统。① 在网络精神文明建设这一系统中，主体要素、中介要素、客体要素又分别是三个子系统，共同推动网络精神文明建设实践。为此，一要将主体要素相整合。简言之，就是党委、政府、企业、社会、网民五大建设主体相互配合、相互协作。马克思曾说："一个骑兵连的进攻力量或一个步兵团的抵抗力量，与单个骑兵分散展开的进攻力量的总和或单个步兵分散展开的抵抗力量的总和有本质的差别。同样，单个劳动者的力量的机械总和，与许多人手同时完成同一不可分割的操作所发挥的社会力量有本质的差别。"② 由此可见，"协作"可以使建设主体的作用最大化，从而产生一种新的更强大的力量。二要将中介要素相整合。如前所述，网络精神文明建设的中介系统包括网络硬件设施、平台应用以及网络精神文明建设方法三个要素。那么，在网络精神文明建设的过程中，既要将各要素作为一个子系统来看，亦即网络硬件设施子系统、平台应用的子系统、建设方法的子系统，又要将其整合为一个中介系统，以促进各要素之间的相互作用，发挥整体功能。三要将客体要素相整合。毋庸置疑，人们的网络精神文明素养是网络精神文明建设的客体，所以在建设的过程中就要将人们的网络思想道德水平、网络教育科学文化水平以及网络健康水平作为一个整体来考虑，充分把握网民在虚拟空间中的思想行为动态，以便更科学合理地运用多种方式方法整体提升其综合素养。

二、坚持系统原则的重要意义

据上文可知，网络精神文明建设与网络物质文明建设、网下精神文明建设有着密不可分的关系。因此，在进行网络精神文明建设时坚持系统原则意义重大。

---

① 赵国营、张荣华：《论马克思主义中的系统思想》，《广西社会科学》2017 年第 1 期。

② 《马克思恩格斯文集》第五卷，人民出版社 2009 年版，第 378 页。

第一，有利于发挥网络精神文明建设的整体功能。系统论是对结构与功能问题进行集中、系统研究而建立的科学理论。① 因而，以系统论为理论依据的系统原则，就离不开“结构与功能”这对关系范畴。一般而言，结构决定功能，“如果没有这个结构，把各个要素、各个构件充分完整地整合在一起，那么这些零散的要素和构件之功能就无法得到有效的发挥。”② 就网络精神文明建设而言，它既与网络物质文明建设构成一个系统、又与网下精神文明建设构成精神文明建设系统，同时主体子系统、中介子系统、客体子系统又共同构成了网络精神文明建设自身系统。因此，坚持系统原则，其实就是从结构的系统性入手，在把握整体结构的基础上推动网络精神文明建设与网络物质文明建设同步发展、推进网络精神文明建设与网下精神文明建设实践活动和谐进行、推动网络精神文明建设系统内部各构成要素有序运行。从这个意义上来说，坚持系统原则能够更好地发挥各部分、各要素的功能，并以此来增强网络精神文明建设的整体功能。

第二，有利于提升网络精神文明建设的整体效果。除了“结构与功能”，“整体与部分”也是系统论所考察的范畴之一。如果将网络精神文明建设看作一个整体，那么主体要素、中介要素、客体要素就是它的三个重要组成部分。根据整体与部分的关系，可以说，整体效应往往大于各部分效应之和。这是因为，系统内的各要素通过不断地整合，有助于理顺关系、优化环境。因此，坚持系统原则，有助于提高网络精神文明建设内部的管理水平。而科学化、规范化、有序化的管理则是提升网络精神文明建设整体效果的条件之一。此外，从其外部系统来看，网络物质文明建设是网络精神文明建设的物质支撑，网下精神文明建设是网络精神文明建设的现实依据。综合来看，坚持系统原则可以从整体上提升网络精神文明建设的效果。

三、如何坚持系统原则

在进行网络精神文明建设时坚持系统原则，需要做到以下两点：

第一，培养系统思维方式。所谓系统思维方式，是指“从系统观点出

① 付朝荣：《结构与功能的哲学考察》，《汉中师范学院学报（社会科学）》2000年第5期。

② 付朝荣：《结构与功能的哲学考察》，《汉中师范学院学报（社会科学）》2000年第5期。

发，着重从整体与部分、部分与部分、结构与功能、优化与结构、信息与组织、控制与反馈、系统与环境之间的相互联系、相互作用中综合地研究和精确地考察对象，以求达到最佳认识客体与正确进行实践活动的思维方式”①。系统思维方式是建设主体在网络精神文明建设过程中主动地、自觉地坚持系统原则的前提条件，因为“思维方式是控制全部思维活动的总开关，又是控制实践活动的思想原点”。② 从这个意义上说，系统思维方式在决定网络精神文明创建活动的方式方法的基础上不断地影响着网络精神文明建设的效果。因此，建设主体须转变思维方式，养成系统思维方式。其一，培养整体性思维，应正确把握整体与部分、系统与要素、结构与功能之间的关系；其二，培养结构性思维，应充分把握网络精神文明建设各构成要素之间的关系及其变化；其三，培养立体性思维，应全方位、多层次地考察网络精神文明建设各环节、各阶段的特性；其四，培养协调性思维，应切实加强网络精神文明建设各部门之间的协同合作。

第二，运用系统分析方法。事实上，系统思维方式只是一种认识方式，要想在实践中正确把握系统原则，还需运用一定的系统分析方法加以强化。所谓系统分析方法，是指“从系统观点出发，着重从系统和环境、系统和要素、要素和要素之间的相互关系、相互作用中综合地、动态地考察对象，并定量地调整和处理它们之间的关系，以达到最佳化处理问题的一种方法”。③ 由是观之，系统分析方法与系统思维方式其实是不可分割的，前者是后者在实践活动中的体现，并且总是相伴而行。因此，在系统分析方法与系统思维方式的共同作用下，建设主体才能够始终坚持系统原则。就系统分析方法而言，它力求达到一种最优化的状态，那么在网络精神文明建设实践中，就要根据系统内部的不同层次结构设置不同层级的标准、不同层次的目标，动态地解决所存在的问题。

---

① 刘锋：《简论系统思维方式》，《上海社会科学院学术季刊》2001 年第 4 期。

② 刘锋：《简论系统思维方式》，《上海社会科学院学术季刊》2001 年第 4 期。

③ 杨边边：《马克思主义哲学的矛盾分析与系统分析方法》，《云南师范大学学报（哲学社会科学版）》2002 年第 6 期。

第四节　层次原则

“现代系统论明确地提出了系统层次结构的思想，认为一切系统都是由不同层次结构组成的，这种层次结构是无限的。”① 同样，网络精神文明建设系统内部也有多个层次结构，在进行网络精神文明建设时就需要从实际出发，区别对待，坚持层次原则。

一、层次原则的内涵

所谓层次原则是指网络精神文明建设要从实际出发，承认差异，分层次进行，坚持先进性要求与广泛性要求相兼顾、一元性与多元性相统一。简言之，就是要根据网络精神文明建设各要素的实际情况，具体问题具体分析。列宁在《共产主义》一文中指出：“马克思主义的活的灵魂：对具体情况作具体分析。”② 毛泽东在此基础上进一步指出：“马克思主义的最本质的东西，马克思主义的活的灵魂，就在于具体地分析具体的情况。”③ 网络精神文明建设系统构成要素的复杂性决定了其建设不应采取“一刀切”的方式，而应具体问题具体分析，做到因人而异、因地而异、因事而异。

一是目标的层次性。根据网络精神文明建设内部主体要素的层次性，可以将建设目标进行层次划分。如上所述，网络精神文明建设的主体包括党委、政府、企业、社会以及网民五大建设主体，其中党委与政府属于宏观层面、企业与社会属于中观层面，网民属于微观层面。因而，从这个角度可以将网络精神文明建设分为宏观目标、中观目标以及微观目标。由此可见，宏观目标就是从国家的角度出发，以国家政策为基本遵循，针对党委和政府所制定的建设目标；中观目标就是从社会的角度出发，针对社会各主体制定的建设目标，如企业网络精神文明建设目标、学校网络精神文明建设目标；微观目标就是从个人的角度出发，在充分把握网民实际情况的基础上制定的具

---

① 赵国营、张荣华：《论马克思主义中的系统思想》，《广西社会科学》2017 年第 1 期。

② 《列宁全集》第 39 卷，人民出版社 1986 年版，第 128 页。

③ 《毛泽东选集》第一卷，人民出版社 1991 年版，第 312 页。

体目标。

二是方法的层次性。根据网络精神文明建设内部中介要素的层次性，可以将建设方法进行层次划分。事实上，网络精神文明建设方法是一个从主要到次要、从整体到部分、从一般到个别分层次排列的方法体系，每一个层次的方法都有其相对应的功能，都有其特殊的作用。因此，从哲学的角度可将网络精神文明建设方法分为根本方法、主要方法、具体方法三个层次。总体而言，根本方法是网络精神文明建设的各方面、各环节、各阶段都要坚持的宏观方法，即统筹兼顾；主要方法是解决网络精神文明建设中突出问题而运用的方法，且往往与主要矛盾相适应；具体方法则是针对建设过程中的不同问题而采用的不同方法，一般具有更强的可操作性。

三是内容的层次性。根据网络精神文明建设内部客体要素的层次性，可对建设内容进行层次划分。截至 2020 年 6 月，我国网民规模达 9.40 亿①，每一个网民的网络思想道德素养、网络教育科学文化素养、网络健康素养都有着很大的差别，这就需要建设主体在进行网络精神文明素养教育时根据网民的素养水平差异选取具有针对性的教育内容。例如，针对不同年龄段的网民设置不同的教育内容，使得教育内容与网民自身的接受程度相适应；针对不同地区的网民设置不同的教育内容，使得教育内容与网民自身的实际情况相符合；针对不同行业的网民设置不同的教育内容，使得教育内容与网民自身的职业水平相补充。

二、坚持层次原则的重要意义

坚持层次原则有利于增强网络精神文明建设的针对性、科学性。

第一，有利于增强网络精神文明建设的针对性。无论是建设目标的层次性、建设方法的层次性，还是建设内容的层次性，其根本都是抓住了网络精神文明建设各要素之间的差异。毛泽东同志认为：“差异就是矛盾。”② 可见，解决差异其实就是解决矛盾。“每一个矛盾的各个方面在发展的不同阶

① 中国互联网络信息中心：《第 46 次中国互联网络发展状况统计报告》，2020 年 9 月 29 日，见 http://www.cnnic.net.cn/hlwfzyj/hlwxzbg/hlwtjbg/202009/P020200929546215182514.pdf。

② 《毛泽东选集》第一卷，人民出版社 1991 年版，第 307 页。

段上各有其特点，只有具体分析矛盾的特殊性，才能认清事物的本质和发展规律，并采取正确的方法和措施去解决矛盾。”① 因此，从实际出发，把握各方面、各要素差异的本质与特征，合理地设定目标、灵活地运用方法、有针对性地选择内容，在很大程度上能够增强网络精神文明建设的针对性。

第二，有利于强化网络精神文明建设的科学性。“无论鸟的翅膀是多么完美，如果不凭借空气，它是永远不会飞翔高空的。事实就是科学家的空气。”俄国著名的心理学家巴甫洛夫将事实比喻为科学家所需的空气，也就是说，“事实”是科学之所以成为科学所必不可少的条件，同样“事实”也是一切事物发展的依据。网络精神文明建设并不是盲目进行的，而是以事实为依据，以建设过程中所出现的问题为切入点而进行的实践活动，具有科学性。与此同时，由于层次原则是对社会发展规律以及人的发展规律的集中反映，并且是在网络精神文明建设实践基础上形成的，因而在建设的过程中坚持层次原则，就在无形中强化了网络精神文明建设的科学性。

三、如何坚持层次原则

如上所述，层次原则就是要从实际出发，在充分把握网络精神文明建设各方面、各要素实际情况的基础上对其进行的层次划分。那么，如何才能准确而又充分地把握这一原则呢？事实上，最根本的就是要遵循客观规律，这是因为“规律就是关系……本质的关系或本质之间的关系”。②

首先，要遵循社会发展规律。众所周知，人类社会发展的基本规律包括生产关系适应生产力状况的规律、上层建筑适应经济基础状况的规律。从本质上讲，网络精神文明建设目标是根据社会的生产力发展水平以及社会经济发展状况而提出来的，并反映了一定社会发展的要求。因此，正确划分网络精神文明建设的目标，就必须遵循社会发展规律，把握社会发展方向，与当前社会发展要求保持高度一致。

其次，要把握人的发展规律。网民的网络思想道德水平、网络教育科学

---

① 本书编写组：《马克思主义基本原理概论》（2018 版），高等教育出版社 2018 年版，第 39 页。

② 《列宁全集》第 55 卷，人民出版社 1990 年版，第 128 页。

文化水平以及网络健康水平是网络精神文明建设的主要对象，它们都会在一定程度上影响网络精神文明建设的内容层次划分、影响网络精神文明建设的实效性。因此，坚持层次原则，必须把握人的发展规律。其一，把握人的网络思想道德形成发展规律。“人的思想道德是在主体社会实践的基础上，在客观外部环境的影响与主观内部因素的相互作用、相互协调和主体内在思想矛盾运动转化的过程中产生、发展和变化的。”① 人的网络思想道德形成发展规律也是如此。其二，把握人的网络心理健康发展规律。所谓网络心理健康，是指“在网络环境下，人的基本心理活动过程的内容完整、协调一致，即认识、情感、意志、行为、人格完整和协调”②。可见，人的网络心理健康发展规律就是人的认识、情感、意志、行为在与网络社会的互动中，在网络空间与现实空间多种因素相互作用的基础上，在人的基本心理发展过程中形成与发展的。

最后，加强调查研究工作。习近平同志强调指出：“调查研究是谋事之基、成事之道，没有调查就没有发言权，没有调查就没有决策权。调查研究是我们做好工作的基本功。”③ 这既是进行网络精神文明建设的重要方法，也是坚持层次原则的基本要求。坚持一切从实际出发，实事求是，归根结底就是要做好调查研究工作，了解各地区、各层级、各类别网民的具体差异，把握好网络精神文明建设的真实情况。从根本上说，只有坚持一切从实际出发，加强调查研究工作，才能充分地把握人的发展规律。

第五节　渗透原则

如前所述，网络精神文明建设与网络物质文明建设、网下精神文明建设分别构成了不同的系统，且其各系统内部各要素之间是相互渗透、相互影响、相互作用的。因此，进行网络精神文明建设就需要正确把握这些关系，

---

① 陈万柏、张耀灿：《思想政治教育学原理》（第三版），高等教育出版社 2015 年版，第 130 页。

② 胡凯：《大学生网络心理健康的标准》，《思想政治教育》2012 年第 3 期。

③ 习近平：《在党的十九届一中全会上的讲话》，2017 年 12 月 25 日，见 http：//backend. chinanews. com/m/gn/2017/12 –31/8413296. shtml。

坚持渗透原则，充分发挥网络精神文明建设的功能与作用。

一、渗透原则的内涵

所谓渗透原则，是指网络精神文明建设要融入人们的日常生活中，并结合政治工作、经济工作、文化工作、管理工作等各项具体工作的实际进行。第一，网络精神文明建设与网络物质文明建设相渗透。即使是在网络空间，精神文明建设与物质文明建设的关系也是互为条件、相互促进的。换言之，网络物质文明建设是网络精神文明建设的物质基础，网络精神文明建设则是网络物质文明建设的精神动力。所以，网络精神文明建设要与网络物质文明建设相结合，将其渗透到网络物质文明建设的方方面面，通过发达的网络物质文明来促进网络精神文明。正如邓小平同志所说："物质是基础，人民的物质生活好起来，文化水平提高了，精神面貌会有大变化。"① 第二，网络精神文明建设与网下精神文明建设相渗透。前文已述，网络精神文明建设是精神文明建设的网络化表现形式，是精神文明建设从网下向网上的延伸，网络精神文明建设与网下精神文明建设二者虽然形式不同，但其在本质上都是为了着力提升人民的思想道德素质、教育科学文化素质和身心健康素质。因而，网络精神文明建设与网下精神文明建设在很多方面都是相通的，在进行网下精神文明建设时利用网络化的形式就在一定程度上提高了精神文明建设水平，反之亦然。因此，为促进人的自由全面发展，网络精神文明建设要与网下精神文明建设相渗透，共同构建"中华民族共有精神家园"。第三，网络精神文明建设与人们的生活、学习、工作、生产等相渗透。毋庸置疑，网络精神文明建设需要依托网络精神文明创建活动，特别是群众性网络精神文明创建活动，力图通过实践活动来提高人们的网络精神文明素养。作为网络空间的主要"居民"，人们的网络精神文明素养往往与其在日常生活、学习、工作、生产等各方面的思想行为表现密切相关。离开了人们的日常生活，网络精神文明建设的功能与价值就会被弱化，难以达到理想效果。

① 《邓小平文选》第三卷，人民出版社 1993 年版，第 89 页。

二、坚持渗透原则的重要意义

坚持渗透原则，对开展网络精神文明创建活动具有重要的意义：

其一，有利于促进社会协调发展。《关于深化群众性精神文明创建活动的指导意见》中指出：“改革开放以来特别是党的十八大以来的生动实践充分证明，只有物质文明建设和精神生活都改善，国家物质力量和精神力量都增强，全国各族人民物质生活和精神生活都改善，中国特色社会主义事业才能顺利推向前进。社会主义物质文明和社会主义精神文明两手抓、两手硬，始终是党和国家的战略目标、战略方针。”① 在进行网络精神文明建设时坚持渗透原则，既有利于丰富人们的精神世界、优化网络空间环境，也有利于提高人们的物质生活水平。社会主义精神文明与社会主义物质文明相互促进、协调发展，共同推动中国特色社会主义事业的发展。

其二，有利于提供强大的精神动力。习近平同志强调：“实现中国梦必须弘扬中国精神，这就是以爱国主义为核心的民族精神，以改革创新为核心的时代精神。”② 无论是网络精神文明建设，还是网下精神文明建设，都是“以培育和践行社会主义核心价值观为根本，加强思想道德建设，弘扬中华优秀传统文化和传统美德，弘扬革命文化和社会主义先进文化……”③ 从这个意义上来说，坚持渗透原则，尤其是网络精神文明建设与网下精神文明建设相渗透能够最大程度地构筑中国精神、凝聚中国力量，为实现中国梦提供强大精神动力。

其三，有利于调动各方面积极性。建设网络精神文明并不是文明办一家的“独角戏”，而是社会各方面共同的责任。习近平同志强调指出：“要提高网络综合治理能力，形成党委领导、政府管理、企业履责、社会监督、网民自律等多主体参与、经济、法律、技术等多种手段相结合的综合治网格

① 中央精神文明建设指导委员会：《关于深化群众性精神文明创建活动的指导意见》，《人民日报》2017 年 4 月 6 日第 9 版。

② 《习近平谈治国理政》第一卷，外文出版社 2014 年版，第 40 页。

③ 中央精神文明建设指导委员会：《关于深化群众性精神文明创建活动的指导意见》，《人民日报》2017 年 4 月 6 日第 9 版。

局。”① 网络精神文明建设也不例外，是多主体共同参与的实践活动。因而，网络精神文明建设渗透到各项具体工作与人们的日常生活中，既有助于充分调动各方面、各部门的积极性与主动性，也有助于避免网络精神文明建设与各项具体工作相互脱节的“两张皮”现象。

三、如何坚持渗透原则

在进行网络精神文明建设时坚持渗透原则，需要做到以下三点：

第一，要强化网络精神文明建设渗透意识。渗透意识其实是坚持渗透原则的基本条件之一，一旦缺乏渗透意识或是渗透意识不强，网络精神文明建设就无法真正渗透到网络物质文明建设、网下精神文明建设以及人们的日常生活中，就无法与各项具体工作充分结合。事实上，强化渗透意识，就是要正确把握“渗透”的深层意蕴。首先，渗透是一个过程，将网络精神文明建设渗透到经济、政治、文化、社会、生态建设等各项具体工作中，实际上就是建设网络精神文明的过程，而且是一个潜移默化的过程；其次，渗透是一种状态，将网络精神文明建设渗透到经济、政治、文化、社会、生态建设等各项具体工作中，其实质就是为了使各方面达到相互融合、相互影响、相互促进的状态，以产生“润物细无声”的效果。

第二，要充分把握网络精神文明建设规律。这里主要指的是网络精神文明建设的具体规律。由于渗透原则涉及网络精神文明建设与其他各方面的关系，所以坚持渗透原则就要充分把握好网络精神文明建设的规律，从实际出发，准确把握各方实际。其一，充分把握网络精神文明建设与网络物质文明建设的关系，即建设网络精神文明要统筹兼顾，在发展网络精神文明的同时促进网络物质文明；其二，充分把握网络精神文明建设与网下精神文明建设的关系，做到活动同步、目标同向、团结合作；其三，充分把握网络精神文明建设与促进人的自由全面发展的关系，树立以人为本的理念，将网络精神文明建设渗透到人们的生活、学习、工作、生产中，不断满足人们对美好精神生活的需要。

---

① 中国网信网：《大力提高网络综合治理能力》，2018 年 4 月 22 日，见 http：//www. cac. gov. cn/2018 -04/22/c_ 1122722885. htm。

第三，加强各部门之间的相互协调。坚持渗透原则，最关键的就是要加强各部门之间的相互协调。如上所述，网络精神文明建设是多元主体共同参与的一种实践模式，在实践活动中就需要加强各部门的协调，动员各方面力量，使其在网络精神文明建设过程中形成合力，力求形成齐抓共管的格局。其一，加强部门之间的协调，提升工作效率。各部门之间的协调能力是影响网络精神文明建设成效的因素之一，协调力、沟通力不强就会在很大程度上出现矛盾与冲突，甚至导致人力、物力、财力过度浪费，效率极其低下。在目标一致的情况下加强部门间的协调，不仅可以节省时间、节约资源，而且能够促进网络精神文明建设有序进行。其二，加强各部门内部的协调，提高管理水平。在网络精神文明建设各部门明确其各自职责之后，其内部的协调则必不可少，主要指各工作人员之间的协调与沟通。就各部门内部而言，工作人员应相互配合，齐心协力、团结一致去完成本部门的任务，为网络精神文明建设提供强有力的支撑。

第八章　创新网络精神文明建设的方式方法

方式方法是人们为了认识世界和改造世界、达到一定目的和目标所采取的手段、程序、法则、途径等的总和，是人们在长期的实践活动和认识活动中形成的，并随着实践活动和认识活动的发展而不断发展，反映人们对客观规律的科学把握和自觉运用。同理，网络精神文明建设的方式方法是为实现网络精神文明建设的目标和任务所采取的手段、程序、法则、途径等的总称，形成于网络精神文明建设实践和认识活动之中，并随着网络精神文明建设实践和认识活动的发展而不断丰富、发展和创新。当前网络精神文明建设还存在思想认识误区、教育现状堪忧、平台建设滞后、队伍配备不齐等问题。为进一步提高网络精神文明建设的质量和水平，应在巩固原有方式方法的基础上，与时俱进，勇于探索，不断创新和拓展网络精神文明建设的方式方法。

第一节　育人为本，加强网络精神文明素养教育

所谓网络精神文明素养教育，概言之，就是教育主体有目的、有计划、有组织地运用各种方式方法，提高教育客体网络思想道德、网络教育科学文化和网络心理健康素养程度和水平的实践活动。《第 46 次中国互联网络发展状况统计报告》显示，截至 2020 年 6 月，在我国网民群体中，学生人数最

多，占比23.7%。[1] 可见，作为网络原住民，学生是网络的主要使用者。因而，网络精神文明素养教育的重点应放在学生群体上。加强对学生的网络精神文明素养教育主要有两方面的目的：一是让学生正确认识和使用互联网，成为网络精神文明的传播者和践行者；二是通过“以点带面”，带动全社会的网络精神文明建设。为此，应遵循网络精神文明素养教育规律，学生网络思想道德、教育科学文化和身心健康素养形成发展规律，着重抓好教育素材、教育课程、教育载体以及教育考核等环节，以逐步推进和实现网络精神文明教育内容进教材、进课堂、进头脑，内化于心、外化于行。

一、精编网络精神文明素养教育手册

网络精神文明素养教育的质量有赖于多种因素，但是一本好的教材能为网络精神文明素养教育提供理论和方法上的指引。因此，为提高网民的网络精神文明素养，建议由省级文明办联合教育厅，组织网络精神文明建设专家学者编写网络精神文明素养教育手册，使网络精神文明素养教育贯穿于国民教育全过程。在编写网络精神文明素养教育手册时，应秉承知识性、思想性、理论性、趣味性、启发性原则，做到以下“六要”：

一要立足学生。“人们奋斗所争取的一切，都同他们的利益有关。”[2] 人的需要是其思想和行为的关键动因。因此，编写网络精神文明素养教育手册，应“以学生为中心”，以学生的需求为导向，实事求是，着力固根基、扬优势、补短板、强弱项，提高“供给侧”与“需求侧”间的耦合度，使手册内容更具针对性和实效性。

二要结合案例。舒尔曼认为：案例知识是对事件进行具体的恰当组织并详细描述的知识，相较于以理说理、以例说理更具说服力。[3] 因此，编写网络精神文明素养教育手册应以问题为导向，巧用典型的、有价值的教学案例，综合运用教育学、心理学、传播学的理论作出有理有据的分析，让理论

---

① 中国互联网络信息中心：《第46次中国互联网络发展状况统计报告》，2020年9月29日，见http：//www.cnnic.net.cn/hlwfzyj/hlwxzbg/hlwtjbg/202009/P020200929546215182514.pdf。

② 《马克思恩格斯全集》第一卷，人民出版社1956年版，第82页。

③ ［美］舒尔曼著：《实践智慧：论教学、学习与学会教学》，王艳玲译，华东师范大学出版社2014年版，第142页。

“落地”“接地气”，从而引发学生深思与共鸣。

三要图文并茂。画龙还需点睛，图片自身传达的是不完善或不明确的信息，需用文字加以阐明，而单纯的文字说理，又显得枯燥乏味。因而，相较于仅采用文字或是图片，文字和图片二者相互衬托的形式更具吸引力、更能提高学生的体验感。为此，在编写网络精神文明素养教育手册时，应适当加入相关内容的图片，优化组合编排，简明扼要地说明问题。

四要通俗易懂。考虑到学生的文化知识水平参差不齐，在编写网络精神文明素养教育手册时，应秉承就低不就高的原则，尽量将“学术话语”转化为“生活话语”，用大众化、生活化、形象化的语言来阐释网络精神文明素养教育的内容，使不同水平的学生都能理解和接受。

五要突出重点。网络精神文明素养教育内容颇丰，但一本教育手册不可能囊括方方面面，这就需就重避轻，将手册重点放在网络道德素养、网络安全与法治思想、网络信息鉴别能力、网络软硬件操作能力、网络沉迷防控能力、网络心理健康素养的培养与提高等方面。

六要阶段衔接。《国家中长期教育改革和发展规划纲要（2010—2020年）》指出：要“关注学生不同特点和个性差异，发展每一个学生的优势潜能”，“为每个学生提供适合的教育”①。因此，在编写网络精神文明素养教育手册时，应坚持联系实际，区分层次和对象，根据学生的年级、年龄段，逐渐拓宽加深教育内容，把大、中、小学版网络精神文明教育手册内容相互衔接起来，既考虑不同年级、年龄段学生的心理特点，又考虑其成长的连续性，尽量做到阶段性与连续性相统一。

二、打造网络精神文明素养教育金课

学校是精神文明建设的主阵地，课堂是精神文明建设的主渠道。加强网络精神文明素养教育应“用好课堂教学这个主渠道”②，全面梳理网络精神

① 《国家中长期教育改革和发展规划纲要（2010—2020年）》，2010年7月29日，见 http://www.moe.gov.cn/jyb_xwfb/s6052/moe_838/201008/t20100802_93704.html。

② 习近平：《在全国高校思想政治工作会议上强调：把思想政治工作贯穿教育教学全过程 开创我国高等教育事业发展新局面》，《人民日报》2016年12月8日第1版。

文明素养教学内容，“拓展课程深度，切实提高课程教学质量”①，努力打造有深度、有广度、有温度、有挑战度的网络精神文明素养教育金课，有效激发网络精神文明素养教育的活力和张力。“明者因时而变，知者随事而制”②，打造网络精神文明素养教育金课，“要因事而化，因时而进，因势而新”③，可通过更新教学理念、设计、内容、方法来达成。

其一，教学理念新。打造网络精神文明素养教育金课，理念更新是前提。教师是打造网络精神文明素养教育金课的责任主体和实施主体，为强化其金课打造意识，应帮助教师摆脱传统“灌输式”教学理念的束缚，促使其树立双主体教学理念，从“以教定学”向“以学定教”转变，自觉提升教学素养，夯实理论功底，重塑课堂结构、调整教学内容、优化教学设计，将思想、认识和行动高度统一到打造网络精神文明素养教育金课的任务和要求上来。

其二，教学设计新。要想打造网络精神文明素养教育金课，需优化网络精神文明素养教育教学设计。一方面，应立足于网络精神文明建设，突出网络精神文明素养教育特点，围绕网络精神文明素养教育目标，以网络精神文明素养教育质量标准为指导，并根据学生的学习喜好和需求以及特定环境的需求和变化进行教学设计；另一方面，在进行教学设计时，应把课内与课外、理论与实践、学习与生活有机统一起来，做到既结合生活实际，又体现教学内容，既有理论高度、思想深度，又有实践广度、情感温度。

其三，教学内容新。网络精神文明素养教育内容的选取恰当与否，既影响教育对象的学习兴趣，也影响教师的教学成效。在移动互联时代，网络精神文明素养教育内容应在体现时代性、把握规律性、富于创造性的基础上进行改革和创新。一方面，应在把握网络精神文明素养教育内容的发展趋势和规律的基础上，大力整合符合学生需求的教育内容，突出网络道德规范、网络安全与法治、网络心理健康等重点教育内容，坚持教育内容的正确导向；

① 教育部：《关于狠抓新时代全国高等学校本科教育工作会议精神落实的通知》，2018 年 8 月 27 日，见 http：//www. moe. gov. cn/srcsite/A08/s7056/201809/t20180903_ 347079. html。

② 《习近平谈治国理政》第一卷，外文出版社 2014 年版，第 111 页。

③ 习近平：《习近平在全国高校思想政治工作会议上的讲话》，《人民日报》2016 年 12 月 9 日第 1 版。

另一方面，应结合地方特色，不断完善和充实网络精神文明素养教育内容，以增强教育内容的全面性、连贯性、针对性。

其四，教学方法新。教学有法，教无定法，贵在得法。教学方法是教育者为完成教育目标和任务而采用的一切手段或办法，方法的好坏将直接影响网络精神文明素养教育效果。因而，打造网络精神文明素养教育金课，应改变传统的“说教式”“填鸭式”教学方法，针对学生思想和认知特点，积极探索行之有效的教学方法。一方面，可尝试灵活使用讨论式、案例式、议题式、谈话式等人性化教学法，以激发学生的学习热情和兴趣，促使其迸发更多的思想火花；另一方面，可借助大数据、人工智能等先进技术，将传统育人智慧与现代网络信息技术相结合，对教育对象的个性特征及行为习惯进行分析，灵活变换教学方法，做到“量体裁衣”。

三、丰富网络精神文明素养教育载体

所谓载体，是指能传递能量或其他物质的物体，具有中介性。网络精神文明素养教育载体亦如此，就其本质属性而言，网络精神文明素养教育载体具有极强的中介性，即当一种理念或思想要传递给网民时，必须通过一定载体来实现。麦克卢汉曾指出：“作为信息和知识的载体，媒介绝不是消极、静态、被动的躯壳。它对所承载的内容有强烈的反应作用，它是积极的、能动的、决定着信息内容的清晰度、结构方式以及媒介内容的效果。”① 因此，不同的载体形式能为网络精神文明素养教育内容的传播带来不同的效果。为使学生将思想性、理论性、专业性较强的网络精神文明素养教育内容内化于心、外化于行，须不断丰富网络精神文明素养教育载体。

针对当前网络精神文明素养教育载体不够丰富，课外活动频率较低、形式单一等现象，应将教学载体从有形的课堂拓展到无形的云端、从封闭的室内拓展到开放的室外、从有限的书本知识拓展到无线的网络世界。

第一，要善用传媒载体。传媒载体是指利用现代传播媒介，传播网络精神文明素养教育内容，使人们在接受复杂化、碎片化信息的同时，接受网络

① ［加］麦克·卢汉：《理解媒介——论人的延伸》，何道宽译，商务印书馆2000年版，第17页。

精神文明素养教育，从而全面提高自身的网络精神文明素养和媒介素养。对此，习近平同志强调“要运用新媒体新技术使工作活起来”①，以推动网络精神文明素养教育传统优势同信息技术高度融合。

第二，要丰富活动载体。活动载体是指以开展社会实践活动的方式，承载网络精神文明素养教育的内容，让学生亲临其境、亲自感受、亲身体验，在实践中受教，从而达到网络精神文明素养教育目的的载体的统称。开展网络精神文明素养教育应积极开拓网络精神文明素养教育活动载体，组织融知识性、趣味性、渗透性、启发性于一体的社会实践活动，提高课外活动频率、变换课外活动形式，在寓教于境、寓教于情、寓教于乐、寓教于行中达成网络精神文明素养教育目标，真正构建好校内校外、线上线下、课内课外育人“同心圆”。

第三，要优化网络载体。网络载体是指通过运用互联网，搭建网络精神文明素养教育平台，渗透网络精神文明素养教育内容，开展网络精神文明素养教育，以达到提升受教育者网络精神文明素养的载体形式。网络载体的运用，在很大程度上有益于网络精神文明素养教育的深化和拓展，故应充分运用网络载体，建立具有较强思想性、教育性、互动性的网络精神文明素养教育主题网站，唱响主旋律，激发正能量，打好主动仗。

第四，要巧用管理载体。管理载体是指通过管理承载教育内容，并运用管理活动、手段等开展网络精神文明素养教育，约束、规范人们的行为，以提高人们的网络精神文明素养。概言之，就是在寓教于管中把网络精神文明素养教育渗透、贯穿于管理的全过程，使各项规章制度成为人们的自觉行为，以此来巩固网络精神文明素养教育的成果。

四、加强网络精神文明素养教育考核

网络精神文明素养教育考核是检验网络精神文明素养教育效果的重要方式。开展网络精神文明素养教育考核，应多头齐动，多措并举，以科学机制有效引导，提升网络精神文明素养教育成效，使考核成为观察、测量网络精

① 习近平：《习近平在全国高校思想政治工作会议上的讲话》，《人民日报》2016 年 12 月 9 日第 1 版。

神文明素养教育实效的有效手段。因此，建议将网络精神文明素养状况纳入学生综合素质考核体系之中，将学校网络精神文明素养教育工作纳入文明城市、文明单位、文明乡镇、文明校园测评细则之中。做到层层教育、重重考核，严把质量关。同时，为避免后期学生的网络精神文明素养弱化，还需进行再教育、再考核。

科学合理的考核体系不仅有利于网络精神文明素养教育的贯彻实施，也有助于网络精神文明素养教育实效的提升。因而，强化网络精神文明素养教育考核，应建立完善的课程综合考核评价体系，做到以下“三化”：

其一，考核内容扩展化。开展网络精神文明素养教育考核，主要有两方面的目的：一是促进教师改进教学，以考促教；二是检查学生的学习和实践成效，以考促学、促行，但考只是手段，并非最终目的。因而，网络精神文明素养教育考核内容，应从注重单一的理论考核向注重多元的综合考核转变，不断扩展考核的内容和时空，既要囊括网络基础理论、专业技能，也要纳入学生的网络心理素质、道德素质、思想素质、政治素质、智能素质等基本素质。

其二，考核方式过程化。考试只是一种评价手段，具有客观性、条件性等特征，若过于看重考试，在一定程度上将会加大学生的压力，还有可能导致学校因过于重视应试教育，而忽视素质提升。故应“改革考试评价方式，建立健全科学全面准确的考试考核评价体系，注重过程考核”①，改变传统的局限于书本理论知识的片面性、阶段性考核，加强对学生认知、情感、意志、行为的全面性、全程性考核，使考核贯穿学生网络学习、生活、交往的始终。

其三，考核形式多元化。网络精神文明素养教育内容的多样性，决定了考核形式的多元化。传统的网络精神文明素养教育考核方式较为单一，不利于考查学生的综合能力，比起沿用单一的考核形式，多元化的考核形式更能激发学生的学习热情。故在形式上，应由单一的考核形式向多元化的考核形式转变，力争使考核更具客观性、公平性和科学性。

---

① 教育部：《关于印发〈高等学校思想政治理论课建设标准〉的通知》，2015 年 9 月 16 日，见 http：//www. moe. gov. cn/srcsite/A13/moe_ 772/201509/t20150923_ 210168. html。

第二节　技术为要，搭建五级联动网络传播平台

信息技术的飞速发展不仅拓展了网络精神文明建设的平台，也丰富了网络精神文明建设的内容。网络精神文明平台建设体系只有与网络的开放性特征相适应，并根据现实生活中的各种变化对内部结构进行相应的调整，提高参与人员的综合素质，在创新中寻求本质的变化，才能真正满足时代需求，使网络精神文明建设成为推动网络物质文明建设的强大支持。针对当前网络平台建设滞后的问题，应充分利用网络信息技术，构建省市县镇村（社区）五级联动、全域覆盖的网络精神文明传播平台，坚持通过产学研相结合、构建网络传播矩阵、畅通平台互动渠道、优化栏目结构设置等措施予以优化和改进。

一、坚持产学研相结合

产学研结合，简言之，就是企业、高校、科研院所分工合作、相互配合、各尽所长。实际上，产学研结合这一概念自诞生之初就天然地将政府、企业、高校及科研院所紧密地联系在一起。美国是最早实现产学研结合的国家，其产学研结合模式主要有三种：一是政府与大学的合作模式；二是企业资助大学搞科研的模式；三是以著名的研究型大学为依托的科技园模式。日本的产学研结合模式与美国有类似之处，但“在日本占主导地位的产学研合作模式为企业主导型”。① 美国和日本等发达国家采用产学研结合的模式既有效地推进了其网络技术的发展，亦推进了其网络内容的建设。当前，为加强和改进网络精神文明建设，全面提升网络精神文明建设能力，实现网络精神文明建设目标，就须联结政府、企业、学校等主体的力量，积极借鉴国外成功经验，并结合网络精神文明建设实际，探索全方位、多元化、深层次的产学研合作模式。

---

① 盖锐、余杨：《国外产学研合作模式分析》，《江苏社会科学》2009 年第 S1 期。

首先，要以科学发展为统领。截至2020年6月，我国网民规模高达9.04亿①，9亿多人上网，肯定需要管理，而且这个管理是很复杂、很繁重的。“企业要承担企业的责任，党和政府要承担党和政府的责任，哪一边都不能放弃自己的责任。网上信息管理，网站应负主体责任，政府行政管理部门要加强监管。”② 在此背景下，开展网络精神文明建设必须增强主体责任意识，应以科学发展为统领，正确处理好政府、企业、高校以及科研院所间的关系，承担起相应的社会责任。

其次，要以政府扶持为导向。政府既是网络精神文明建设的导航者，也是企业的合作者，为保证产学研结合的顺利推进，必须“始终绷紧导向这根弦，讲导向不含糊、抓导向不放松”③，不断强化政府的导向作用。一方面，政府应简政放权。所谓简政放权，就是政府要考虑企业的呼声与需求，适当地把权力下放给企业，让企业的协同性、网民的自治性得以体现。另一方面，政府应提供资金支持。网络精神文明建设是一个长期的、系统性的工程，足够的经费支持和保障是开展网络精神文明建设的前提和基础。为此，政府应加大资金扶持力度，为企业的运行提供经费保障。

最后，要以企业、科研院所、高校为主体。无论是政府、企业、高校还是科研院所，任何单一主体的力量都是单薄的。加强网络精神文明建设需进一步推进政府、企业、高校以及科研院所等主体的深度合作。政府是网络精神文明建设的组织者和维护者；企业是网络精神文明建设的执行者和受益者；高校或科研院所是网络精神文明建设所需理论知识、科学技术等的提供者。因此，在产学研合作中，各主体应担负起相应的责任：政府应提供政策支持和资金保障；企业应发挥主体作用，与高校、科研机构深入融合，建立长效合作机制，积极主导产学研合作创新模式；高校及科研院所应加大科研力度，积极与企业合作，签订人才联合培养协议，实现“双赢”。

---

① 中国互联网络信息中心：《第46次中国互联网络发展状况统计报告》，2020年9月29日，见http://www.cnnic.net.cn/hlwfzyj/hlwxzbg/hlwtjbg/202009/P020200929546215182514.pdf。

② 习近平：《在网络安全和信息化工作座谈会上的讲话》，《人民日报》2016年4月26日第2版。

③ 谢光勇：《习近平意识形态管理思想探析》，《中共云南省委党校学报》2016年第3期。

二、构建网络传播矩阵

网络具有开放性、快捷性、即时性、广泛性、跨时空性等特点，也正因网络的这些特点，使得任何国家、任何民族、任何时期的信息都能在网络空间得以展示、交流和传播。开展网络精神文明建设，应充分发挥网络优势，自建传播渠道、对接聚合平台、嵌入关系网络，打造“1 + N”网络精神文明传播矩阵。

首先，要自建传播渠道。开展网络精神文明建设须自建传播渠道，打造“一网两微一端”，即打造文明网、微信、微博、客户端。可依托省市县融媒体中心，构建以文明网 + 微信、微博、短视频、电视台、广播电台等为载体的“1 + N”网络精神文明传播矩阵，形成省市县镇村（社区）五级联动的全程媒体、全息媒体、全员媒体、全效媒体格局，着力打造有时代热度、有人文温度、有思想深度的现代化网络精神文明传播矩阵，不断扩大网络精神文明建设的覆盖面和影响力。

其次，要对接聚合平台。“媒介平台是一种以媒介技术为支撑，以互联网为载体的新兴媒介组织。”① 媒介平台种类繁多，其共通点在于都聚集着大量社会资本和资源、拥有先进技术手段以及海量用户，能随时随地为用户提供优质服务。为此，可充分利用各大媒介平台，如今日头条、学习强国等，作为网络精神文明建设的宣传阵地，使网络精神文明建设内容能在不同媒介平台上呈现。但各网络平台利益相关方要加强自律，依法办网、文明办网，合力推动形成规范有序、安全诚信的移动网络空间。

最后，要嵌入关系网络。不论是自建渠道、对接聚合平台还是嵌入关系网络，就网络精神文明建设而言，其目的都是编织社会关系网，以获取更多的用户关系资源，拓展传播范围和实效。为此，要充分发挥网络名人及自媒体的示范引领作用，积极传播网络精神文明建设内容，引领积极健康向上的网络环境。同时，“网络大 V”“网红”等网络自媒体应以高标准、高质量、高站位，肩负起维护网络空间传播秩序的社会责任，承担起“把关人”的外化角色，积极拓展网络精神文明建设渠道。

---

① 谭天、王俊：《新媒体运营：从“关系”到“连接”》，《编辑之友》2017 年第 12 期。

三、畅通平台互动渠道

网络精神文明建设的复杂性和艰巨性决定了网络精神文明建设不能使用单一平台，必须畅通平台互动渠道，“在一定规则和条件下，通过建立信息共享互动的平台，实现信息的双向有效传递，从而达到地方政府和公众可以随时随地无障碍的信息共享与互动。”①

首先，要建好政府网站。“政府网站是信息化条件下政府密切联系人民群众的重要桥梁，也是网络时代政府履行职责的重要平台。”② 开展网络精神文明建设，应充分建设和利用好政府网站，及时、准确、有效地发布网络精神文明建设相关信息，减少不必要的信息环节，使信息流动更通畅，以最大限度保证信息的“原汁原味”。

其次，要开放互动栏目。政府网站应开设互动栏目，建立政府与网民平等对话协商平台。同时，各级文明网要在首页显著位置公布电话号码、QQ邮箱，设置语音信箱、即时对话框等，方便网民反映社情民意、参与监政问政。要安排专人值守，即时回复网民关切，阐释社会疑点、热点、难点、焦点问题。这既有利于网民表达内心真实诉求，也有利于政府及时了解网民所思、所想、所需、所求，为资政决策提供参考。

最后，要管好政府网站。马克思恩格斯曾指出：“作为思想的生产者进行统治，他们调节着自己时代的思想的生产和分配。”③ 这里的调节思想的生产和分配，其实质就是指管理。开展网络精神文明建设，政府“必须增强主动性、掌握主动权、打好主动仗”④，管理好政府网站。一要建立信息交流和监管技术平台。既可利用该平台发布真实信息，又可利用该平台及时阻止错误信息及谣言的传播。二要完善相关法律法规。既为政府开展网络精神文明建设提供法规依据，也为媒介、网站以及网民等提供规范自身行为的相

---

① 范小东：《论社会治理视野下地方政府与公众双向互动式沟通机制的构建》，《成都行政学院学报》2015 年第 1 期。

② 国办印发：《关于加强政府网站信息内容建设的意见》，2014 年 12 月 1 日，见 http://www.gov.cn/xinwen/2014-12/01/content_2785019.htm。

③ 《马克思恩格斯文集》第一卷，人民出版社 2009 年版，第 551 页。

④ 《习近平谈治国理政》第一卷，外文出版社 2014 年版，第 155 页。

关指南。

四、优化栏目结构设置

优化栏目结构、提高栏目质量是增强网络精神文明传播平台吸引力的重要途径。网络精神文明传播平台作为宣传思想工作的重要阵地，必须坚持正确的宣传方向，充分发挥好网络精神文明传播平台功能，弘扬主旋律，传播正能量，把握好舆论引导的时、度、效，巩固壮大主流舆论。这既是贯彻中央、省委加强意识形态领域工作的要求，也是网络精神文明传播平台基于自身发展、符合传播规律的能动抉择，绝不能因市场利益驱动而随意改变整体结构和内容布局，放弃主旋律、主功能和主责任。

首先，应明晰栏目定位。从网络精神文明传播平台的传播格局和相关政策要求来看，各级文明网、微信、微博、客户端应明确各自分工定位，同时应根据新的形势和任务的要求，合理配置各种资源要素，从整体上完成自身的转型发展。省、市文明网、微信、微博、客户端要重点办好以时政新闻为主的网络精神文明建设栏目，并形成舆论强势，成为弘扬网络精神文明建设内容的主平台。市级以下的文明网、微信、微博、客户端应积极配合省、市文明网做好重大主题宣传，并结合地方优势，打造特色宣传栏目，以满足受众多元化的信息需求，发挥好基层网络宣传思想工作的重要作用。

其次，应规范栏目设置。网络精神文明传播平台应摒弃“要流量不要质量，要热度不要态度”的做法，科学安排各类栏目比例，减少宣传盲点，包括新栏目的创设和旧栏目的淘汰、栏目编排的调整、栏目结构的更新。形成“新闻 + 政务 + 服务 + 商务”等架构，紧密联系网民生产、生活、工作、学习、交往、休闲等实际；继续大力宣传各行各业的先进模范、好人好事，同时也要设立曝光台，批评揭露各种不文明现象；加强监管，杜绝“僵尸栏目”。

最后，应精选栏目内容。网络精神文明传播平台应与自身特点相结合，充分挖掘、整合资源，紧贴受众思想实际，建成思想性、专业性、服务性相结合的主题网站，做到“民有所想，我有所应，民有所求，我有报道”，并根据栏目实际，做到月月新、天天新、时时新，以促进网络精神文明建设内容入眼、入脑、入心、入神、入行。

第三节　内容为王，打造健康向上网络文化精品

“内容为王”在网络传播中乃是铁律。网络精神文明建设的科学性与先进性只有通过恰当的内容才能实现有效传递。开展网络精神文明建设应以社会主义核心价值观为主线，围绕“举旗帜、聚民心、育新人、兴文化、展形象”① 的使命任务，突出“内容为王”的核心理念，理直气壮地唱响网上主旋律，不断创作有温度、有广度、有深度、有力度、有高度的网络文化精品。

一、以核心价值观为主线

核心价值观是一个民族、一个国家最持久、最深层的力量，具有历史的承继性和现实的导向性。开展网络精神文明建设，应将社会主义核心价值观的宣传与党的理论、路线、方针、政策结合起来，培养网民的大局意识、时代意识、责任意识和担当意识，以形成全体网民同心同德、团结奋进的合力。

第一，用核心价值观引领文化建设方向。社会主义核心价值观作为中华民族的精神命脉，是中华文化永葆青春活力的一个重要原因。同时，作为思想文化理念的集中体现，社会主义核心价值观通常与一个国家和民族的文化传统和文化积淀息息相关，是决定文化性质和方向的最深层次要素②，引领着社会文化的发展方向。因而，开展网络精神文明建设必须以核心价值观为指针，增强主流文化的话语权、凝聚力、吸引力，力求“用社会主义核心价值观和人类优秀文明成果滋养人、滋养社会，做到正能量充沛、主旋律高昂”③。

第二，用核心价值观凝聚人们思想共识。“社会主义核心价值观是当代

① 习近平：《举旗帜聚民心育新人兴文化展形象 更好完成新形势下宣传思想工作使命任务》，《思想政治工作研究》2018 年第 9 期。

② 《习近平谈治国理政》第一卷，外文出版社 2014 年版，第 163 页。

③ 习近平：《在网络安全和信息化工作座谈会上的讲话》，《人民日报》2016 年 4 月 26 日第 2 版。

中国精神的集中体现，凝结着全体人民共同的价值追求。”① 纵观核心价值观中的主题内容，无论是个人层面的爱国敬业诚信友善、社会层面的自由平等公正法治、还是国家层面的富强民主文明和谐，实际上，都是一个合格公民或是网民应具备的基本素养和行为准则。因而，开展网络精神文明建设，打造网络文化精品，应充分“发挥社会主义核心价值观对国民教育、精神文明创建、精神文化产品创作生产传播的引领作用，把社会主义核心价值观融入人与社会发展的各方面，转化为人们的情感认同和行为习惯”“使每个人都能感知它、领悟它，内化为精神追求，外化为实际行动。”② 但“核心价值观的养成绝非一日之功，要坚持由易到难、由近及远，努力把核心价值观的要求变成日常的行为准则，进而形成自觉奉行的理想信念”③。

第三，用核心价值观净化网络文化环境。开展网络精神文明建设应“运用网络传播规律，弘扬主旋律，激发正能量，大力培育和践行社会主义核心价值观，把握好网上舆论引导的时、效、度，使网络空间清朗起来”④。一方面，要解决好网民的突出思想问题，帮助其扭转错误的价值观念，重建个体价值观以符合核心价值观要求；另一方面，要坚持“立”“破”并举，破“邪风”、立“正风”，对那些破坏网络精神文明建设的行为要旗帜鲜明地反对，要着眼网民的精神文化需求，从价值观念普及和良好行为习惯养成入手，引导其自觉遵循社会主义核心价值观。同时，“各种社会管理要承担起倡导社会主义核心价值观的责任，注重在日常管理中体现价值导向，使符合核心价值观的行为得到鼓励、违背核心价值观的行为受到制约”⑤，以营造风清气正的网络文化环境。

二、打造新时代“红讲所”

“红讲所”是弘扬革命精神、传承红色基因的情景课堂。从新时代的战

---

① 习近平：《决胜全面建成小康社会 夺取新时代中国特色社会主义伟大胜利——在中国共产党第十九次全国代表大会上的报告》，《人民日报》2017 年 10 月 28 日。

② 习近平：《在上海考察时强调当好全国改革开放排头兵不断提高城市核心竞争力》，《人民日报》2014 年 5 月 25 日第 1 版。

③ 《习近平谈治国理政》第一卷，外文出版社 2014 年版，第 174 页。

④ 《习近平谈治国理政》第一卷，外文出版社 2014 年版，第 198 页。

⑤ 《习近平谈治国理政》第一卷，外文出版社 2014 年版，第 165 页。

略高度看，打造新时代“红讲所”蕴含着“又红又专”的精神禀赋，赋予了革命精神“因事而化、因时而进、因势而新”① 的时代内涵。打造新时代“红讲所”应注意以下几点要求：

第一，要立足本省实际。党的十八大以来，习近平同志多次强调：要把红色资源利用好、把红色传统发扬好、把红色基因传承好。② 为此，省文明办应以习近平同志重要指示为根本遵循，建好红色革命遗址网上展馆，让历史建筑及其背后的故事活起来；同时，应开好网上红色讲坛，创作爱国主义纪录片等一批红色作品，将专家宣讲和文艺展演内容转化为微视频，运用“一网两微一端”等新媒体广泛推送，奋力推进红色文化、红色基因在新时代落地生根、结出硕果。

第二，要打造宣讲团队。为提高“红讲所”的知名度和吸引力，应成立新时代“红讲所”宣讲团队，有针对性地进行宣讲和解疑释惑。同时，为确保宣讲的基本内容和精神不跑调、不走样，宣讲要在学懂、弄通、做实上下功夫，既全面准确、严谨生动，又突出重点、抓住关键，讲清楚红色历史文化的由来及其背后的感人故事，充分发挥红色文化成风化人、鼓舞人心、凝聚力量的重要作用。

第三，要更新话语方式。语言是思想的外在表现，而思想是语言的核心内容。讲好革命故事，传播红色文化，应讲究语言艺术，要打通官方话语和民间话语的界限，“运用群众想用、正在用、喜欢用的话语符号，说出群众想听、愿意听、听得懂的话，使双方在坦诚交流中建构价值共鸣”③，真正做到用通俗语言来讲述革命故事，引导广大人民群众学思践悟，牢记新时代的使命担当。

---

① 习近平：《在全国高校思想政治工作会议上强调：把思想政治工作贯穿教育教学全过程 开创我国高等教育事业发展新局面》，《人民日报》2016 年 12 月 19 日第 1 版。

② 习近平：《在视察南京军区机关时强调贯彻全军政治工作会议精神扎实推进依法治军从严治军》，2014 年 12 月 15 日，见 http：//www. chinadaily. com. cn/interface/toutiao/1138561/2014 - 12 - 19/cd_ 19091828. html。

③ 李丽、李艳：《协同视域下网络思想政治教育话语权构成要素研究》，《学校党建与思想教育》2018 年第 1 期。

三、推出公共数字文化服务

公共数字文化服务是信息时代公共文化服务体系的重要组成部分。当前公众对移动终端的依赖性越来越强，开展网络精神文明建设，应充分利用这一契机，建立以移动终端为载体的新型公共数字文化资源内容体系，在为网民提供暖心的公共数字文化服务的同时，传播网络精神文明建设内容。

第一，要强化受众导向。当今时代，网络信息的爆炸式增长极大地改变了人们的阅读习惯，人们越来越希望用较少的时间获取较多的信息，这使得碎片化阅读成为常态。在此背景下，推行公共数字服务是符合社会发展潮流和网民现实需求的有效选择。一方面，推行公共数字文化服务能满足网民的碎片化阅览需求，契合其获取信息的愿望和习惯；另一方面，又能尽量降低网民的信息消费成本，帮助其获得有价值的信息，提升其体验感。

第二，要倾听网民需求。推行公共数字文化服务，既要融合“供给侧”的意志，也要兼顾“需求侧”的期望。只有提供网民真正关心和关切的信息，才会引起其兴趣、赢得其青睐。这就要求在推行公共数字文化服务前，先进行市场调查，改变以往“理论先行”“自说自话”的灌输模式，转而提供更多更具针对性、服务性、相关性的信息。可利用大数据的预测、研判等功能，动态把握网民的思想行为变化，及时掌握其信息需求和关注所在。

第三，要精准推送内容。美国社会学家赫伯特·甘斯认为：“现代社会的特征是具有不同的亚群体或‘趣味公众’，其中每一层次的公众有其自己的文化喜好或需求方式。”① 因而，推行公共数字文化服务，要“适应分众化、差异化传播趋势”②，尊重并满足网民的个性化需求。可利用大数据等先进技术，精准推送网民需求的信息，为不同类别和层次的网民免费提供优秀传统文化、红色革命文化、社会主义先进文化精品电子书库、影视音像作品，实现在线点读点播等“点餐”式公共数字文化服务，以提高传递内容的针对性，吸引网民的关注度。

---

① 殷晓蓉：《战后美国传播学的理论发展：经验主义和批判学派的视域及其比较》，复旦大学出版社 2000 年版，第 176 页。

② 杜尚泽：《坚持正确方向创新方法手段 提高新闻舆论传播力引导力》，《人民日报》2016 年 2 月 20 日第 1 版。

第四，要注重效果反馈。“获得反馈信息是传播者的意图和目的，发出反馈信息是受传者能动性的体现。”[①] 推出公共数字文化服务，需注重网民的效果反馈，应积极拓宽信息反馈渠道，优化信息反馈平台，以及时修正推送过程中的问题，避免出现因长期的单向意识形态灌输而引起网民的逆反心理，使得传播效果大打折扣。同时，应树立网民的主体地位，尊重其主动性，激发其创造性，让网民也成为传播者和创作者。

四、激发广大网民创作热情

网民是唱响网络精神文明主旋律的主角。实践证明，只有激发网民的创作热情，用网民的创作塑造并丰富网络精神文明建设的文化内涵，才能不断增强网络精神文明建设的吸引力、扩大其影响力。为激发广大网民的创作热情，应做好以下工作：

第一，要培养网民的创作兴趣。兴趣是最好的老师。激发广大网民的创作热情，首要的是培养其创作兴趣、激发其网络创作的内生动力。一要注重灵活多样的引导。可通过营造浓厚的网络文化创作氛围，最大限度地激发网民的创作兴趣。二要突出文化内涵的吸引与传递。可通过优秀文化作品吸引网民的注意力，让网民在浏览优秀文化作品时，产生思想的火花，获取创作灵感。

第二，要努力创设创作情境。“情感是人们完成各项工作任务的催化剂，是思维活动的动力”[②]，“没有人的‘情感’，就从来没有也不可能有人对于真理的追求”[③]，而创设适宜的创作情境，有助于激发网民的创作情感。为此，可通过设立生活情境，将创作内容与生活情景结合起来，使网民主动地、积极地投入到创作中去。

第三，要积极组织创作活动。应积极整合多方资源，组织策划网络文化活动，广泛发动、组织网民将日常工作、学习、生产、生活中的好人好事制作成内容健康、格调高雅、形式多样、喜闻乐见的网络文化作品，并定期开

---

① 刘勇：《当代中国主流价值观话语权提升机制探索》，《思想政治教育研究》2017 年第 3 期。

② 包国祥：《关于思想政治理论课课堂教学的若干思考》，《内蒙古民族大学学报（社会科学版）》，2011 年第 6 期。

③ 《列宁全集》第 25 卷，人民出版社 1988 年版，第 117 页。

展评比活动，对优秀作品给予一定物质奖励和精神激励，力争做出影响、收获实效。

第四节　德才兼备，培育网络精神文明建设队伍

网络精神文明建设队伍肩负着网络精神文明建设的重要任务和职责，队伍的强弱将直接影响网络精神文明建设成效。这就需要加大培育德才兼备的网络精神文明建设队伍的力度，努力配齐配强专职队伍、扩大兼职队伍规模并着力组建专家学者智库。

一、配齐配强专职队伍

高素质、高技能的专业人才队伍是开展网络精神文明建设的首要主体，他们是建设、传播、监管网络精神文明和传播核心价值观的中坚力量，在网络精神文明建设中起着重要的引领作用。针对当前网络精神文明建设专业人才队伍配备不齐的现状，应着力培养网络精神文明建设工作的专门人才，建立稳定优秀的专职网络精神文明建设队伍。

第一，加大政府投入力度。政府是推进网络精神文明建设的主要力量，担负着提高全民网络精神文明素养的重任。一方面，政府应不遗余力地优化网络精神文明建设环境，在财政扶持、税收优惠、技术创新支持、人才培养和引进等方面加大财政资金支持力度，积极培育网络精神文明建设骨干；另一方面，应支持有条件的高等院校、科研院所和企业建立相关学科、专业和博士后流动站，加强学科规划和专业建设，发展多层次的网络精神文明建设人才培训体系，形成高等院校的专业教育、从业人员的系统教育、全社会的普及教育相结合的网络精神文明建设人才教育培训机制。

第二，合理安排人员配置。建议省文明办设立网络精神文明建设处、市县文明办设立网络精神文明建设科；除 1 ~ 2 名相应级别领导干部外，省、市、县网络精神文明建设部门分别配备 4、3、2 名专职人员；1 ~ 3 年内，从全国高校本科、硕士、博士中选调 200 ~ 300 名政治立场稳、思想素质好、纪律作风严、专业水平高的毕业生充实到省、市、县、镇、村（社区）网络精神文明建设部门。

第三，实施领军人才计划。政府应与教育部门齐心协力，将网络精神文明建设人才教育纳入正规教育体系，建立领军人才的动态式、激励型管理机制，进一步通过专题培训、专业培养等多种渠道，培养造就一支数量充足、水平过硬、稳定质优、结构合理的网络精神文明建设专业人才队伍，以保证网络精神文明建设的顺利推进。

二、扩大兼职队伍规模

开展网络精神文明建设，专职队伍的力量固然重要，但兼职队伍的能力也不可小觑。在强化打造专职队伍的同时，应着力建立并扩大兼职队伍规模，充分发挥兼职队伍的引领、示范、辐射和带动作用，“使专兼职队伍在知识结构、思想认识和工作经验方面实现资源共享和相互支撑”①。为此，应着力把好以下“三关”：

第一，把好入口关。应建立和完善人才流动机制，以德才兼备为标准，以政治强、业务精、纪律严、作风正为要求，以各级党政部门、企事业单位党员为核心，以自媒体意见领袖和各界名人明星为骨干，以大中小学生为主力，在全省组建一支10万人左右的网络精神文明建设志愿者队伍。

第二，把好培养关。应建立和完善有重点、分层次、多形式的培训体系，对兼职队伍进行专业化培训轮训，集中学习交流，提高其政治素养、理论水平和宣传能力，使培训工作经常化、制度化，以适应和满足网络精神文明建设的需要。同时，要充分发挥兼职队伍的效用，确保兼职队伍发展有平台、干事有舞台、晋升有空间。

第三，把好管理关。应制定《网络精神文明建设志愿者管理办法》，加强对兼职队伍成员的组织领导、管理考核，明确其职责、权利和义务，并将其纳入网络精神文明建设工作考核体系，以提高其工作的自觉性和实效性，增强兼职队伍的相对稳定性。同时，还应采取一定的激励措施，培养兼职队伍的“主人翁”意识，增强其组织归属感和个人成就感，激发其投身网络精神文明建设的积极性、主动性、创造性。

① 冯刚：《德育新视野》，当代中国出版社2011年版，第109页。

三、组建专家学者智库

十八大以来，教育部出台了《中国特色新型高校智库建设推进计划》，并就高校加强新型智库建设作出了一系列的重要部署。开展网络精神文明建设，亦应积极组建专家学者智库，为网络精神文明建设出谋划策提供强大的智力支持。

第一，要组建研究团队。应根据开展网络精神文明建设的人才需求，从相关党政部门、高等院校、科研院所、互联网协会等部门遴选相关领域的专家学者，再结合大数据技术对其知识储备、学术能力、技能特长等进行全方位评价，成立网络精神文明建设智库，以充分发挥智库平台和专家学者的政策资源、技术资源、关系资源的优势。

第二，要明确研究方向。毛泽东同志曾指出："事情都应有尽可能的严密的计划，这就是一切行动的预先准备工作。"① 且闻道有先后，术业有专攻。为此，在组建网络精神文明建设专家学者智库前，需先明确智库服务项目，研究和制定组建专家学者智库的具体意见，才能根据项目需求，制定明确的人才招揽计划，以确保智库专家学者能结合项目需求实际，提出有效举措和对策建议，并在规定时间内提交研究成果。

第三，要突破体制壁垒。组建专家学者智库，在选人用人上应打破制度和体制壁垒，扩大选人视野，以充分体现人才价值、激发人才活力，提高智库的整体建设水平。同时，还应加强团队合作和集体攻关，以形成各种资源"协同联动""同向而行"的良好格局。

第五节　注重实效，构建网络精神文明建设评价体系

构建网络精神文明建设评价体系既可准确掌握网络精神文明建设情况，有效地规避风险；又可充分肯定网络精神文明建设成绩，巩固和扩大网络精神文明建设成果；还可找出网络精神文明建设过程中存在的问题，及时采取措施予以解决。网络精神文明建设评价既受现实环境影响，同样也受其未来

① 《毛泽东选集》第二卷，人民出版社 1991 年版，第 414 页。

预期目标影响。因此，网络精神文明建设评价体系的构建既要立足现实，又要面向未来，应在现实与未来之间保持适当的张力，做到评价主体多元化、评价标准立体化、评价指标合理化、评价方式科学化，以确保网络精神文明建设目标随时代和社会发展而持续发展。

一、评价主体多元化

网络精神文明建设评价主体是指在网络精神文明建设评价活动中，主导以及参与的相关组织和个人。评价主体恰当与否，在很大程度上将影响网络精神文明建设评价的结果和效果。加之，网络精神文明建设评价具有复杂性和宽泛性的特点，任何单一评价主体都无法对网络精神文明建设进行全面准确的评判。因而，评价主体多元化是提高网络精神文明建设评价的准确性、客观性和公平性的有效选择。网络精神文明建设评价主体可以具体划分为以下五类：

第一，上级文明办评价。上级文明办评价，这是体制内的评价。为提高评价的可比性、公平性，上级文明办评价可采用统一标准，但可用不同的岗位系数来进行评价。运用上级文明办评价的方式，可帮助上级文明办熟悉下级文明办的工作职能、运作方式、工作业绩、存在问题等，有利于提高网络精神文明建设评价的准确性和有效性，推动网络精神文明建设计划的有效实施和目标的顺利实现。

第二，同行评价。同行评价，此处指各级文明办之间相互评价。各级文明办之间是重要的利益相关者，其工作内容相近又处于相同的层级，采用同级文明办交叉互评的方式，可促进各级文明办之间相互交流、相互学习、相互监督。

第三，专业机构评价。专业机构作出的评价结果具有权威性、科学性、系统性，是评价网络精神文明建设效果的重要一环。专业机构评价具有以下优势：一是专业机构了解和熟悉网络精神文明建设评价过程中的重点难点；二是专业机构熟练掌握网络精神文明建设评价的方法和工具；三是专业机构评价的立场相对客观和中立，在一定程度上有利于提高网络精神文明建设评价的公正性和有效性。

第四，群众评价。群众既是网络精神文明建设的参与者，又是评定者。

虽然群众评价具有自发性、非理性等特征，但“一般说来，一个群体尤其是比较大的群体的社会评价活动总是既以权威机构评价活动的形式、又以民众评价活动的形式来表现其意志”。① 网络精神文明建设效果的评价，其实质就是一种庞大群体的评价活动，缺少群众将难以作出全面评价。

第五，自我评价。自我评价是各级文明办针对自身网络精神文明建设情况开展的评价过程。一方面，自我评价有利于文明办更为直接地了解评价内容、标准、指标等，做到心中有数，在一定程度上还能节约评价成本、提高评价效率；另一方面，自我评价可以促使文明办在评价的过程中发现成效差距，不断予以改进和完善。同时，还有助于促进网络精神文明建设评价工作的顺利开展。

二、评价标准立体化

“评价标准是指人们在进行相关的评价活动中作用于对象的价值尺度及标准。评价标准问题是评价活动的关键问题，是人们价值认识的反映。它体现人们重视什么、忽视什么、力求实现什么。”② 建议主要依据以下四个标准对网络精神文明建设情况进行督查评价：

第一，网络空间是否风清气正、充满正能量。习近平同志指出：“网络空间是亿万民众共同的精神家园。网络空间天朗气清、生态良好，符合人民利益。网络空间乌烟瘴气、生态恶化，不符合人民利益。谁都不愿生活在一个充斥着虚假、诈骗、攻击、谩骂、恐怖、色情、暴力的空间。”③ 加强网络精神文明建设就是要“依法加强网络空间治理，加强网络内容建设，做强网上正面宣传，培育积极健康、向上向善的网络文化，用社会主义核心价值观和人类优秀文明成果滋养人心、滋养社会，做到正能量充沛、主旋律高昂。”④ 因此，网络空间是否风清气正、充满正能量是网络精神文明建设状况的基本评价标准。

---

① 陈新汉：《论社会评价活动的两种现实形式》，《天津社会科学》2003 年第 1 期。

② 刘勇：《当代中国主流价值观话语权提升机制探索》，《思想政治教育研究》2017 年第 33 卷第 3 期。

③ 习近平：《在网络安全和信息化工作座谈会上的讲话》，《人民日报》2016 年 4 月 20 日。

④ 习近平：《在网络安全和信息化工作座谈会上的讲话》，《人民日报》2016 年 4 月 20 日。

第二，网民网络思想政治、网络伦理道德、网络法律法规、网络安全知识等综合素养的高低。网络精神文明建设的目标就是不断提升网民的网络文明素养。反之，网民网络文明素养的高低是评价网络精神文明建设成效的重要指标。因此，要重点考察网民的网络伦理观念、网络价值观念，网络信息的判断能力、筛选能力、运用能力，网络法律法规的学习和运用情况，并以此作为判断网络精神文明建设成效的标准和依据。

第三，是否有利于网民生产、生活、工作、学习。习近平同志在网络安全和信息化工作座谈会上指出："让互联网成为我们同群众交流沟通的新平台，成为了解群众、贴近群众、为群众排忧解难的新途径。""可以发挥互联网优势，实施'互联网＋教育''互联网＋医疗''互联网＋文化'等，促进基本公共服务均等化；……可以加快推进电子政务，鼓励各级政府部门打破信息壁垒、提升服务效率，让百姓少跑腿、信息多跑路，解决办事难、办事慢、办事繁的问题，等等。"① 网络精神文明建设，归根到底，就是要以人民为中心，服务于人民群众的生产、生活、工作、学习。

第四，网民的满意度。尼葛洛庞帝曾在其《数字化生存》一书中写道："网络空间的发展所寻求的是给普通人以表达自己需要和希望的声音。"② 由此可见，网民不仅是受众，更是网络空间建设的主要参与者。因此，开展网络精神文明建设，应以网民的满意度作为主要评价标准，树立网民的主体地位，坚持以网民为中心，倾听网民声音，尊重网民需求，以不断提升网络精神文明建设实效。

三、评价指标合理化

网络精神文明建设评价指标体系是依据网络精神文明建设目标而制定的衡量和监测网络精神文明建设发展数量关系的一种尺度。"一种科学只有在它成功地运用数学时，才算达到了真正完善的地步。"③ 确立网络精神文明建设评价指标体系的目的在于更清晰地传达网络精神文明建设的目标和要

① 习近平：《在网络安全和信息化工作座谈会上的讲话》，《人民日报》2016年4月20日。

② ［美］尼古拉·尼葛洛庞帝：《数字化生存》，胡泳、范海燕译，海南出版社1996年版，第67页。

③ ［法］保尔·拉法格等：《回忆马克思和恩格斯》，马集译，人民出版社1973年版，第7页。

求，更有效地监督网络精神文明建设过程，更准确地评价网络精神文明建设成果。

第一，确定评价指标。根据网络精神文明建设的目标、要求以及网络精神文明建设的实际，提出评价指标。评价指标内容应囊括网络平台建设、网络素养教育、网络队伍建设、网络产品生产、网络技术运用、网络舆论引导、网络舆情处置、网络法治建设等方面内容。既应注重内容间的相互衔接，也应避免内容相互交叉，力求做到综合、系统、全面。

第二，确定权重系数。权重系数关系到网络精神文明建设的价值取向。因而，权重系数的确定必须科学合理，既要把握重点，又不能忽视一般，应从实际出发，协调推进，在充分讨论、科学论证的基础上，确定每个因素的权重，设定测评指标和计分标准，做到评价有依据。

第三，设立指标等级。指标等级"是对受评对象进行评估的衡量尺度，用以检测受评对象对指标要求达到的程度"。[①] 建议在各级各类精神文明建设评价细则中将"网络精神文明建设"增设为一级指标，其权重不低于20%；根据评价对象的特点，设置若干二、三级指标。同时，还可增设特色加分项目，尽可能地将所有与网络精神文明建设相关的因素纳入评价指标。

第四，检测评估方案。在确定好评价指标、权重系数、指标等级后，须先进行试评，以检验评价方案是否可行。如若出现偏差，就需及时调整评价方案，以最大限度提高评价的科学性、公平性、有效性。

四、评价方式科学化

评价方式科学化既是网络精神文明建设科学化的应有之义，也是评价网络精神文明建设科学化水平的重要标准。开展网络精神文明建设，除综合运用自我评价、上级文明办评价、同行评价、专业机构评价、群众评价等方式对网络精神文明建设成效进行评价，合理设定以上 5 种方式量化得分的比例以及材料审核、实地考察、问卷调查等已有方法外，建议增加"微服私访""随机抽考""大数据调研"等方式。

其一，"微服私访"。"微服私访"是密切联系实际、解决上通下达问题

① 郑永廷主编：《思想政治教育方法论》，高等教育出版社 2010 年版，第 277 页。

的有效途径。采用“微服私访”的方式检验网络精神文明建设实效，一方面，有利于深入实际，透虚见实，破假立真，掌握真情实况；另一方面，有利于避免和破除形式主义和官僚主义，提高工作效率，迅速解决亟待解决的问题。但需注意，在开展“微服私访”前，应先明确“微服私访”的重点和范围；应将赋权、赋能与赋责相统一；指派进行“微服私访”的相关人员应具备较高的法律知识、政策水平、组织纪律性和独立工作的能力。

其二，“随机抽考”。采用“随机抽考”的方式，从网络精神文明建设主体中抽取部门进行调查，据此推断网络精神文明建设的总体情况。这既可以减少调查的工作量，提高调查效率，也可以提高调查速度，保证调查的实效性。但在开展“随机抽考”前，需注意以下几点：要精心编制随机抽考计划，明确随机抽考对象涵盖范围；要确定抽考人员数量与比例；为确保抽考工作的有序平稳实施，应制定相关制度和工作流程，并在实施过程中，不断予以优化和完善。

其三，大数据调研。大数据是一种技术，也是一种方法论，更是一种资源。美国大数据专家安德雷斯·韦思岸在其《大数据和我们》一书封面中写道：“数据是未来的新石油。”① 大数据在经济、政治、文化、社会、生态等方面都有重要的作用，且大数据具有跟踪、研判、预测等功能，能有效跟踪、记录人们的思想行为动态。故可充分利用高等院校、科研机构大数据中心的资源，采集、挖掘、分析测评对象所有与网络精神文明建设相关的大数据，以增强评价结果的客观性、公正性、实效性。

---

① ［美］安德雷斯·韦思岸：《大数据和我们》，胡小锐、李凯平译，中信出版社2016年版，第1页。

第九章　构建网络精神文明建设的长效机制

网络精神文明建设是一项长期、复杂的系统工程。因此，加强和改进网络精神文明建设必须构建科学化、常态化的长效机制。所谓长效机制，是指为保证制度持续、稳定、高效运行，发挥预期功能作用而构建的一种稳定的结构体系。网络精神文明建设的长效机制就是根据网络精神文明建设的目标与要求，遵循网络精神文明建设的规律，针对建设过程中出现的主要问题与网民的思想行为特点，综合运用多种方式方法对网络精神文明建设各要素之间存在的矛盾所构建的一整套调控制度体系，主要包括组织领导机制、监测研判机制、引导处置机制和建设保障机制等。

第一节　组织领导机制

办好中国的事情，关键在党。加强和改进网络精神文明建设也必须以党委为核心，多主体共同参与、多部门密切配合，充分调动各方面积极性与主动性，发挥各自的功能与价值，形成强大合力。

一、组织领导机制的内涵

"任何为实现一定的目标和规划的管理活动，其运行机制首先就是领导者对被领导者、管理者对被管理者以及全部管理活动的领导和组织过程。"①从这个角度来说，组织领导机制就是建设主体的领导与组织过程的制度化。

① 李明华等：《精神文明建设机制论》，广州出版社 1997 年版，第 151 页。

网络精神文明建设必须依靠各级各类组织机构来进行。因此，我们可根据不同组织的类别与层级对组织领导机制的内涵进行解读。社会组织从横向上看，包括政党、政府、群体团体、经济文化组织等；从纵向上看，又可分为中央、地方和基层单位。[①] 严格地说，网络精神文明建设的组织领导机制有广义与狭义之分：前者泛指党组织、行政组织、企业组织、社会组织等一切与网络精神文明建设有关的团体或组织为实现网络精神文明建设的目标，运用一定的方式方法开展组织与领导工作的运行机制；后者特指党委领导下的网络精神文明建设运行机制，即通过党委的统一组织领导，确保网络精神文明建设系统有序运行的一系列制度体系。本文所探讨的是狭义的组织领导机制。

《中共中央关于加强社会主义精神文明建设若干重要问题的决议》指出："建设物质文明关键在党，建设精神文明关键也在党。"[②] 可见，党的组织领导在很大程度上决定着网络精神文明建设的成败。《中国共产党章程》规定：党的组织由中央组织、地方组织和基层组织三个部分组成，是一个完整的组织体系。[③] 根据党组织的不同级别，可将组织领导机制分为宏观组织领导机制、中观组织领导机制以及微观组织领导机制。所谓宏观组织领导机制，是指中央精神文明建设指导委员会领导下的网络精神文明建设运行机制，其主要职责是指导全国精神文明建设工作：督促检查各地、各部门贯彻落实中央关于网络精神文明建设的一系列方针、政策的情况；协调解决网络精神文明建设的理论问题；总结推广交流先进经验；深入调查研究，为中央决策提供建议。中央文明委要与有关部门加强联系，互相通报情况。[④] 所谓中观组织领导机制，是指地方党委领导下的网络精神文明建设运行机制，即在省、市、县精神文明建设指导委员会领导下对网络精神文明建设进行领导、督查、评价等工作的一系列制度及其运行方式。所谓微观组织领导机制，是指

---

① 孙玉杰：《中国社会主义精神文明建设机制论》，河南人民出版社 1996 年版，第 193 页。

② 中国共产党第十四届中央委员会第六次全体会议：《中共中央关于加强社会主义精神文明建设若干重要问题的决议》，《人民日报》1996 年 10 月 14 日第 1 版。

③ 共产党员网：《中国共产党章程》，2017 年 10 月 24 日，见 http：//www.12371.cn/special/zggcdzc/zggcdzcqw/。

④ 中国网：《中央精神文明建设指导委员会主要职能》，2011 年 4 月 15 日，见 http：//www.china.com.cn/cpc/2011－04/15/content_ 22369509.htm。

基层党委领导下的网络精神文明建设运行机制，亦即在乡镇、村（社区）等基层党组织领导下对网络精神文明建设进行指导、督查、评价等工作的一系列制度及其运行方式。

二、组织领导机制的构建与运行

构建科学、合理的组织领导机制，有利于从根本上解决建设主体对网络精神文明建设重要性认识不清、投入不足、工作不力等问题。对此，我们必须从以下四个方面着力加强和改进网络精神文明建设的组织领导机制，保障网络精神文明建设的顺利开展。

第一，成立网络精神文明建设领导小组。为充分发挥党对网络精神文明建设的领导核心作用，进一步明确其目标任务，建议在各级精神文明建设指导委员会下设网络精神文明建设领导小组。由精神文明建设指导委员会主任担任组长，副主任担任副组长，其成员由网信、宣传、公安、工信、文旅、广电、教育等部门的主要领导组成。网络精神文明建设领导小组的主要职责是制定网络精神文明建设的方针政策和实施办法；组织和领导网络精神文明创建活动，并对其进行全程指导、监督、管理、评价等工作。从中央到基层的各级党组织，必须用更多的时间和精力来加强对网络精神文明建设的组织和领导。要努力摸索规律，研究政策，组织和协调各方面力量，扎扎实实地做好工作，不搞形式主义。①

第二，发挥各级党政领导干部的表率作用。1986 年《中共中央关于社会主义精神文明建设指导方针的决议》、1996 年《中共中央关于加强社会主义精神文明建设若干重要问题的决议》以及 2017 年《关于深化群众性精神文明创建活动的指导意见》都对共产党员尤其是党员干部的模范表率作用进行了强调，明确指出：领导干部要做精神文明建设的模范。② 因此，各级党委的组织领导工作要落到实处，各级党政领导干部要率先垂范，带头传播网络正能量，要经常在微博、微信、QQ 朋友圈、短视频等平台创作或转发内

① 中国共产党第十四届中央委员会第六次全体会议：《中共中央关于加强社会主义精神文明建设若干重要问题的决议》，《人民日报》1996 年 10 月 14 日第 1 版。

② 中国共产党第十四届中央委员会第六次全体会议：《中共中央关于加强社会主义精神文明建设若干重要问题的决议》，《人民日报》1996 年 10 月 14 日第 1 版。

容健康、积极向上的信息；带头学习网络法律法规，遵守网络伦理道德规范；带头学习网络信息技术，强化互联网思维，提升组织领导网络精神文明建设的能力和水平。

第三，制定《网络精神文明建设工作责任制实施办法》等规章。为进一步加强各级党委的组织领导能力，强化各级党委与党政干部的责任意识，明确各级党委领导的网络精神文明建设工作责任，建议制定《网络精神文明建设工作责任制实施办法》。根据“谁主管谁负责”的基本要求，明确各级党委主要领导是网络精神文明建设的第一负责人，是各级、各地区网络精神文明建设工作的主要负责人。对此，应坚持“主要领导亲自抓，分管领导具体抓，指派领导专人负责落实”的具体工作要求，不断提高组织、协调、管理等能力，努力构建齐抓共管的网络精神文明建设工作格局。①

第四，构建网络精神文明建设管理体系。管理是指管理者通过一定的方式协调各种关系，发挥人员的积极作用，有效地使用人力、物力、财力等资源，从而实现组织目标的过程。② 网络精神文明建设管理体系，就是对网络精神文明建设的人、财、物等资源进行有效的组织、协调、整合、监管等工作体系，其内容包括目标管理、制度管理和应急管理。其一，依据新时代中国特色社会主义事业发展的要求，在各级精神文明建设指导委员会的领导下制定具有全局性、前瞻性、科学性、合理性的网络精神文明建设目标任务，包括根本目标与具体目标，长期目标、中期目标与近期目标等。其二，在各级精神文明建设指导委员会的领导下，制定网络精神文明建设管理规章制度，明确网络精神文明建设各主体及其职责，形成一个分工明确、权责分明、相互配合的管理格局。其三，针对网络精神文明建设中所出现的突发的、具有较大负面影响的网络舆情、网络谣言、网络违法犯罪等问题，联合相关职能部门进行集中快速引导、处置、打击，形成风清气正的网络生态。

---

① 常州大学：《关于加强信息网络安全工作的通知》，2017 年 12 月 14 日，见 https：//www. cczu. edu. cn/2017/1214/c10361a173263/page. htm。

② 童忠发：《高校思想政治教育管理体系构建研究》，昆明理工大学硕士学位论文，2009 年，第 16 页。

第二节 监测研判机制

我国的网民数量庞大，价值多元、诉求多样，其思想、政治、道德、法律、信息等素质良莠不齐，导致网络空间不可避免地存在着虚假、诈骗、攻击、谩骂、恐怖、色情、暴力等内容。因此，营造一个风清气正的网络空间，必须构建监测研判机制，全面、深入、系统、及时、准确地监测网络空间生态环境，分析评判网络信息内容的性质及发展态势。

一、监测研判机制的内涵

揭示监测研判机制的内涵，需要准确把握“监测”“研判”“机制”的含义。监测意为“监视检测”①；研判意为“研究判断；研究评判”②；机制则是指“复杂系统结构各个组成部分相互联系、相互制约、相互作用的联结方式，以及通过它们之间的有序作用而完成整体目标、实现其整体功能的运行方式”③。由是观之，网络精神文明建设的监测研判机制就是运用一定的方式方法对网络信息内容进行监测、收集、分析、研究、评估等工作的运行机制，即监测研判主体充分利用大数据、人工智能等相关技术对网络信息内容进行监测、分类、整理、收集，并对其内容性质、影响范围、影响程度等进行分析、判断与评估的运行规则体系。从构成要素上看，监测研判机制包括主体、客体、中介等三个部分。

第一，主体。《中华人民共和国网络安全法》规定：“国家网信部门负责统筹协调网络安全工作和相关监督管理工作。国务院电信主管部门、公安部门和其他有关机关按照本法和有关法律、行政法规的规定，在各自职责范围内负责网络安全保护和监督管理工作。县级以上地方人民政府有关部门的

① 中国社会科学院语言研究所词典编辑室编：《现代汉语词典》，商务印书馆2002年版，第614页。

② 中国社会科学院语言研究所词典编辑室编：《现代汉语词典》，商务印书馆2005年版，第1567页。

③ 李明华等：《精神文明建设机制论》，广州出版社1997年版，第151页。

网络安全保护和监督管理职责，按照国家有关规定确定。”① 由上可知，我国对网络空间进行监管的主体主要包括网信部门、电信部门、公安部门、政府有关部门、网络企业等。

第二，客体。从性质上看，网络信息内容包括正面信息与负面信息，真实信息与虚假信息，红色信息、灰色信息与黑色信息等类型；从内容属性上看，网络信息内容包括网络道德信息、网络教育科学文化信息与网络心理健康信息等；从表现形式上看，网络信息内容包括文字信息、图片信息与音视频信息等；从依存平台来看，网络信息内容包括移动型网络信息与桌面型网络信息等。概言之，监测研判机制的客体是“流动”于网络空间的各种不同性质、不同属性、不同形式、不同平台的信息的总称。

第三，中介。对网络信息内容进行收集、分析、研究与评估需借助一定的手段，运用一定的方法与载体。一是网络技术。目前，网络技术已成为社会发展的强大推动力。习近平同志强调：“建设网络强国，要有自己的技术，有过硬的技术。”② 监测研判机制的构建与运行同样也需要以信息技术为支撑，将大数据技术、AI 技术、云技术等与网络精神文明建设深度结合，动态地、实时地、全程地监测与收集网络信息，为监测研判机制的顺利运行提供前提条件。二是评估体系。用什么标准对所收集到的网络信息进行评估与评判是监测研判机制所要解决的关键问题。因此，判断网络信息内容的性质、分析网络信息内容的影响离不开相应的评估指标体系。一般而言，评估指标体系包括评估标准与评估指标两个要素：前者主要指社会主义核心价值观；后者是对评估标准的具体量化，根据网络精神文明建设不同层次的目标可分为宏观评估指标体系、中观评估指标体系与微观评估指标体系。所谓宏观评估指标体系，是指根据经济社会发展要求制定的评估指标的总称；所谓中观评估指标体系，是指根据网络精神文明建设总体目标要求制定的评估指标的总称；所谓微观评估指标体系，是指根据网民文明素养水平要求制定的评估指标的总称。

---

① 中国网信网：《中华人民共和国网络安全法》，2016 年 11 月 7 日，见 http://www.cac.gov.cn/2016-11/07/c_1119867116.htm。

② 习近平：《总体布局统筹各方创新发展 努力把我国建设成为网络强国》，《人民日报》2014 年 2 月 28 日第 1 版。

二、监测研判机制的构建与运行

为保障网络精神文明建设监测研判机制的顺畅高效运行，必须组建监测研判工作队伍、建立信息监测研判系统。

第一，组建监测研判工作队伍。所谓监测研判工作队伍，是指由专门从事网络信息监测与研判工作的人员所组成的队伍，主要由网信办、文明办、公安部门、电信部门、网络企业、行业协会、普通网民等相关组织与群体中的政治强、作风正、纪律严、业务精的复合型人才构成。在各级精神文明建设指导委员会的领导下，由各级文明办具体负责网络精神文明建设监测研判工作队伍的构建与管理等工作。

第二，建立信息监测研判系统。监测研判工作队伍要完成其目标任务，就必须借助信息监测研判系统来进行。所谓信息监测研判系统，是指充分利用网络监测技术、网络爬虫技术、内容分析法、价值分析法等网络信息前沿技术而构建的集监测、收集、分析、研判于一体的系统架构。就系统功能架构来看，信息监测研判系统由多个子系统构成。其一，信息监测系统，即充分利用数据监测技术对网络空间中的海量信息进行全方位、多层次、立体化的动态监测系统；第二，信息收集系统，即充分利用网络爬虫技术等数据采集技术对所监测到的网络信息进行筛选、分类、整理等流程；其三，信息分析系统，即充分利用内容分析等数据分析法对所收集到的网络信息进行包括来源、真伪、指向等具体量化分析的体系；其四，信息评判系统，即主要对收集分析后的网络信息内容进行性质、影响、态势等方面的判断等制度。通过这一系列的系统操作，监测研判工作队伍可充分把握网络空间的动态，实时监控网络舆情的发展态势，对负面舆情进行及时介入、正确引导、依法处置，有效化解重大网络舆情危机。

第三节　引导处置机制

建设风清气正、积极健康、向上向善的网络生态环境，离不开对网民言行的正确引导和对违规违纪违法言行的严厉处置。因此，必须科学构建网络精神文明建设的引导处置机制，从而净化网络空间，提高网络精神文明建设的实效性。网络精神文明建设引导处置机制事实上由引导机制和处置机制两个部分构成。

一、引导机制

网络精神文明建设引导机制是指在各级党委领导下、党政齐抓共管、文明委组织协调，相关部门各负其责，各种社会组织共同参与，以社会主义核心价值观为指针，遵循网络文明素养形成发展规律，有目的、有计划、有组织地对网民言行进行疏导和引领的规程和运行体系。网络精神文明建设的引导机制要解决的是“由谁引导”“用什么引导”“怎么引导”等三个方面的问题。

（一）由谁引导

网络精神文明建设的引导主体，简而言之，就是对网民言行进行疏导和引领的群体组织。2017 年，经党中央批准，中央精神文明建设指导委员会印发的《关于深化群众性精神文明创建活动的指导意见》强调，精神文明建设要在各级党委领导下，党政部门齐抓共管，各部门各负其责，工会、共青团、妇联、残联、关工委和文联、作协、科协等人民团体，民主党派、工商联、无党派人士、社会公众人物、行业协会、社会团体、基金会等各种社会组织共同参与。① 所以，在网络精神文明建设过程中，首先必须加强党的领导，让各级党委切实承担起网络精神文明建设的主体责任，发挥党员干部尤其是领导干部的核心功能和模范表率作用。其次，要加强相关政府部门对网络精神文明的引导作用。文明办、网信部门、公安部门、工信部门、广电部门、教育部门等政府部门是网络精神文明建设引导的关键力量，其主要职责是落实网络精神文明建设的要求，建设积极向上的网络文化，做强网上正面宣传、弘扬网络正能量。再次，要发挥各类人民团体和各种社会组织的引导作用。工会、共青团、妇联、残联、关工委和文联、作协、科协等人民团体，民主党派、工商联、无党派人士、社会公众人物、行业协会、社会团

① 中央精神文明建设指导委员会：《关于深化群众性精神文明创建活动的指导意见》，《人民日报》2017 年 4 月 6 日第 9 版。

体、基金会等各种社会组织，都是中国特色社会主义事业建设的重要依靠力量，在网络精神文明建设过程中，同样需要发挥他们在各自领域的引领作用。最后，还要善于发挥先进典型的示范引领作用。榜样的力量是无穷的。每个时代涌现出的先进典型都是时代精英、行业模范。重视发挥先进典型的示范引领作用，有利于激发网民的思想认同、情感共鸣和践行意愿。

（二）用什么来引领

《关于深化群众性精神文明创建活动的指导意见》强调，社会主义精神文明建设要“以培育和践行社会主义核心价值观为根本，加强思想道德建设……为实现‘两个一百年’奋斗目标、实现中华民族伟大复兴的中国梦，提供坚强思想保证、强大精神动力、丰润道德滋养、良好文化条件”①。网络精神文明建设是社会主义精神文明建设的重要组成部分。因此，网络精神文明建设也必须以培育和践行社会主义核心价值观为根本遵循。

一个国家、一个民族必须要有一套属于自己的判断社会事务的是非标准和共同遵循的行为准则。社会主义核心价值观是我国评判是非曲直的价值标准，汇聚了以爱国主义为核心的民族精神和以改革创新为核心的时代精神，是加强中华民族凝聚力和向心力的纽带。网络精神文明建设以社会主义核心价值观为指针，有利于在网络空间弘扬中国优秀传统文化、革命文化和社会主义先进文化，有利于培养网民正确的世界观人生观价值观，有利于加强网络道德建设，从而提高网民的思想道德素质，营造一个风清气正的网络空间。

（三）怎么引导

社会主义核心价值观要在网络精神文明建设过程中真正发挥作用，必须将其融入网络精神文明建设实践的每一个环节，让网民在实践中感知它、领悟它。首先，加强社会主义核心价值观在网络空间的吸引力、凝聚力、影响力。用“讲故事”的方式将新时代涌现出的道德模范、时代楷模、最美人

---

① 中央精神文明建设指导委员会：《关于深化群众性精神文明创建活动的指导意见》，《人民日报》2017年4月6日第9版。

物、时代好人等为社会作出重大贡献、群众认可度高、社会影响力大的先进典型的感人事迹进行广泛的网络宣传，增强社会主义核心价值观在网络空间的吸引力；各类网络媒体要紧紧围绕新时代中国特色社会主义建设的工作重点，精心设置议题、策划重大主题，积极宣传报道各行各业的先进典型和伟大成就等，增强社会主义核心价值观的网络凝聚力；坚持以人民为中心的创作导向，深入挖掘传统文化资源，创作出思想精深、艺术精湛、制作精良的网络文艺作品，让网民在潜移默化中受到先进文化的熏陶，增强社会主义核心价值观的网络影响力。其次，将社会主义核心价值观的要求贯穿到网络精神文明建设的全过程。在网络精神文明建设过程中，将社会主义核心价值观的要求落实到文明网站、微信公众号、微博、客户端等建设过程中去；将社会主义核心价值观的要求融入网络公益活动、网络诚信活动、网络爱国主义教育活动等网络精神文明建设活动中去；将社会主义核心价值观的要求渗透到网络文艺作品中去。

二、处置机制

网络的虚拟性、开放性、超时空性等特性容易导致谣言、色情、暴力、恐怖等信息，推翻国家政权、故意歪曲党史国史等言行，在网络空间滋生蔓延，严重地污染和破坏了我国的网络生态环境。为此，必须构建网络精神文明建设处置机制。网络精神文明建设处置机制要解决的是“由谁来处置”“依据什么处置”“怎么处置”等三个方面的问题。

（一）由谁来处置

对于违反网络精神文明建设要求和规定的言行的处置，往往根据该言行违规违纪违法的性质、造成的社会危害程度、影响范围的大小，由相关部门依规依纪依法执行。网络精神文明建设处置主体主要包括以下机构和部门：其一，国安及公安部门。在网络空间中涉及违法犯罪的言行，一般由各级国安、公安部门依法对其主体进行处置。其二，各级网信部门。对于网络空间出现的有害信息、网络传播平台的违法违规行为，一般由网信部门依法依规进行处置。其三，各行业相关主管部门。各行业相关主管部门主要负责对本行业内网络企业的违法违规行为依法进行相关处置。其四，党的纪律检查机关和各级监察委员会。对于党员和党员干部在网络空间的违纪行为，党的纪律检查机关将依据党内法规对其进行相应处分；对于国家公职人员在网络空间的违纪行为，各级监察委员会将依据相关法律法规对其进行相应处分。

（二）依据什么处置

《关于深化群众性精神文明创建活动的指导意见》指出，要“用法治思维和法治方式推进精神文明建设”①。因此，对于违反网络精神文明建设要求和规定的言行也必须依据相关法律法规进行处置。目前，我国关于网络治理的法律法规主要包括：《中华人民共和国密码法》《中华人民共和国电子商务法》《中华人民共和国网络安全法》等9部法律；《互联网上网服务营业场所管理条例》《计算机信息网络国际联网安全保护管理办法》等10个行政法规；《网络安全审查办法》《网络信息内容生态治理规定》等14个部门规章；《最高人民法院最高人民检察院关于办理非法利用信息网络、帮助信息网络犯罪活动等刑事案件适用法律若干问题的解释》等6个司法解释；《微博客信息服务管理规定》《互联网新闻信息服务单位内容管理从业人员管理办法》等10个规范性文件；《关于推动资本市场服务网络强国建设的指导意见》《关于加强国家网络安全标准化工作的若干意见》等7个政策文件。道德也是调节人们言行的规范，对于违反道德底线的言行，也需要进行相应的规制。现有的网络道德规范主要有2001年由团中央、教育部、文化部、国务院新闻办、全国青联、全国学联、全国少工委、中国青少年网络协会向社会发布的《全国青少年网络文明公约》等，其具体内容为：要善于网上学习，不浏览不良信息；要诚实友好交流，不侮辱欺诈他人；要增强自护意识，不随意约会网友；要维护网络安全，不破坏网络秩序；要有益身心健康，不沉溺虚拟时空。

（三）怎么处置

对于违反网络精神文明建设要求和规定的言行的处罚，根据其产生的危

---

① 中央精神文明建设指导委员会：《关于深化群众性精神文明创建活动的指导意见》，《人民日报》2017年4月6日第9版。

害程度而采取不同方式的处置措施。其一，约谈、警告、限期整改等措施。对于网络运营者、关键信息基础设施运营者违反网络相关法律法规规定、不履行网络安全保护的初次行为，由相应的网信部门对其采取该处置措施。其二，限制功能、暂停更新、关闭账号等处置。网络运营者、关键信息基础设施运营者违反上述规定，并拒不改正者，网络信息内容服务平台可依法采取该处置措施。其三，限制从事网络信息服务、网上行为限制、行业禁入等惩戒措施。对于违反网络相关法律法规规定，开展网络安全认证、检测、风险评估等活动，或者向社会发布系统漏洞、计算机病毒、网络攻击、网络侵入等网络安全信息的行为主体，有关部门可依法对其采取该处置措施。其四，经济处罚措施。对于屡次违反网络相关法律法规、并造成网络安全后果的行为主体，相关部门可依法根据损失严重程度对其处以 1 万元至 100 万元不等的罚款。其五，行政处分。对于网信部门和有关工作人员玩忽职守、滥用职权、徇私舞弊、尚不构成犯罪的行为，有关部门可依法对其进行行政处分。其六，法律处罚措施。对于从事危害网络安全的活动，或者提供专门用于从事危害网络安全活动的程序、工具，或者为他人从事危害网络安全的活动提供技术支持、广告推广、支付结算等帮助，尚不构成犯罪的行为主体，由公安机关对其采取没收违法所得，并处以 5 至 15 日拘留的处罚；对于违反相关网络法律法规，并给他人造成损害的行为主体，依法承担民事责任；对于违反治安管理行为的行为主体，依法给予治安管理处罚；对于犯罪的行为主体，依法承担刑事责任。

由此得知，网络精神文明建设处置机制是指公安、网信及其他相关执法部门等主体依据国家法律法规和道德规范对违反网络精神文明建设要求和规定的主体进行经济处罚、行政处分、法律惩治、道德规制等相应惩治措施的运行体系。

第四节　建设保障机制

网络精神文明建设的顺利开展除了要构建组织领导机制、监测研判机制、引导处置机制之外，还离不开人、财、物、制度和技术等保障，即需要构建坚强有力的网络精神文明建设保障机制。具体来说，网络精神文明建设保障机制是由经费、物质、制度、技术等要素有机构成的紧密联系、密切配合、相互协调的一系列制度体系。

一、建设保障机制的内涵

什么是网络精神文明建设保障机制呢？保障意为“保护；防卫。也指起保卫作用的事物”①。网络精神文明建设保障机制中的“保障”是指对网络精神文明建设起保护、保卫作用的人和物。由此可知，网络精神文明建设保障机制是指为保证和维护网络精神文明建设活动正常、稳定、有序、高效运行提供人才、经费、物质、制度和技术等要素的一系列制度体系，主要包括人才保障、经费保障、物质保障、制度保障和技术保障等五个子系统。其中人才保障前文已详细说明，本节不再赘述。

第一，经费保障。经费保障是指为网络精神文明建设人才队伍培养、基础设施建设、网络技术研发和制度的制定及运行提供充裕的资金保证。网络精神文明建设经费保障主要来源于国家财政、税收、金融等经济途径，社会赞助或资助以及其他融资渠道。建立完善的经费保障制度，一方面，有利于提高网络精神文明建设整体水平，缩小地区之间、城乡之间网络精神文明建设经费投入不平衡的矛盾，促进网络文化资源的开发利用和转化；另一方面，为保障网络精神文明建设各项工作顺利进行提供资金支持，尤其是网络技术研发具有资金投入大、研发周期长、能源耗费多等特点，这要求网络精神文明建设资金投入要重点向网络技术创新领域倾斜。

第二，制度保障。制度保障是指为保证网络精神文明建设持续有效开展而制定的一系列规范体系。根据效力的不同，网络精神文明建设制度可以分为政策法规、行业规章、团体章程以及网络道德规范等一系列制度体系。习近平同志指出，制度问题带有根本性、全局性、长期性和稳定性。② 制度作为一种行为规范，能明确规定网络精神文明建设主体的职权职责、权利义务，从根本上保障网络精神文明建设各个环节、各项工作有条不紊地进行，

---

① 舒新城主编：《辞海》，上海辞书出版社 1979 年 9 月版，第 243 页。

② 习近平：《坚持制度自信不是要故步自封》，2014 年 2 月 17 日，见 http：//jhsjk. people. cn/article/24384920。

从而实现网络精神文明建设的目标和任务。

第三，物质保障。物质保障是指为网络精神文明建设的顺利进行提供基础设施条件。基础设施有广义和狭义之分：前者是指经济社会活动的基础，具有基础性、先导性和公共性的基本特征①；后者特指在网络精神文明建设过程中所必备的工程性和社会性基础设施的总称，其核心基础设施包括5G网络、数据中心等新型基础设施建设。“建设社会主义精神文明要有物质保障。没有必要的物质保障，精神文明建设的许多任务就难以落实。”② 网络精神文明建设亦如此。坚实的物质保障能为网络精神文明建设提供物质载体，推动5G网络、数据中心、云计算等基础设施与文化产业相结合，引导各地区文化产业向数字化、信息化转型；促使人们参与到网络精神文明建设的过程中，共享网络精神文明建设成果。

第四，技术保障。技术保障是指在网络精神文明建设过程中对网络信息进行采集、处理、传播、利用等所采用的各种技术的总称。按表现形态的不同，网络信息技术分为硬技术和软技术；按基本环节的不同，可以分为网络信息获取技术、网络信息传递技术、网络信息存储技术、网络信息加工技术及网络信息标准化技术等；按技术的功能层次，分为基础层次的网络信息技术、支撑层次的网络信息技术、主体层次的网络信息技术、应用层次的网络信息技术等。不同形态、不同环节、不同功能的网络信息技术能为网络精神文明建设安全、有序、正常运行保驾护航。

二、建设保障机制的构建与运行

在揭示网络精神文明建设保障机制内涵的基础上，构建建设保障机制，使其系统内部各要素实现协调、高效运转，从而保障网络精神文明建设的顺利开展，要重点做好以下四个方面的工作：加大资金投入力度、强化网络精神文明制度建设、完善网络基础设施建设、加快网络核心技术创新。

---

① 中共中央网络安全和信息化委员会办公室：《发挥5G、数据中心、人工智能等新一代数字技术支撑作用 为新基建注入强动力》，2020年7月2日，见http：//www.cac.gov.cn/2020－06/08/c_1593164140864413.htm。

② 中央精神文明建设指导委员会：《关于深化群众性精神文明创建活动的指导意见》，《人民日报》2017年4月6日第9版。

（一）加大资金投入力度

一是专款专用。人才保障、物质保障、制度保障和技术保障等都离不开经费保障。因此，各级政府要始终坚持把加大网络精神文明建设资金投入纳入经济社会发展总体规划；设立网络精神文明建设专项资金，统筹规划好网络精神文明建设人才培养、网络基础设施建设、网络技术创新和相关制度的制定及运行等过程中出现的资金不足问题，确保资金用在刀刃上；积极探索和开辟新的融资渠道，引导和鼓励民间和社会资本投入网络精神文明建设，从根本上解决网络精神文明建设相关领域的工作因经费不足难以开展的问题。

二是协调推进。由于地区之间、城乡之间的经济发展水平存在一定的差距，导致网络精神文明建设呈现出发展不平衡、不全面的特点。所以，在网络精神文明建设过程中，各级政府要加大对革命老区、民族地区、边远地区、贫困地区网络精神文明建设重大设施和重点项目的资金投入力度，实现先进带落后、各地区协调发展，以城带乡、城乡结合发展的战略格局；综合运用“互联网+”新形式，将革命老区、民族地区、边远地区、贫困地区的特色文化资源优势转化为网络文化资源优势，吸引更多的社会资本投入到网络文化产业中去。

（二）强化网络精神文明制度建设

一是坚决贯彻落实网络精神文明建设相关的政策法规。我国制定和颁布了《全国人民代表大会常务委员会关于维护互联网安全的决定》《中华人民共和国网络安全法》等法律；《信息网络传播权保护条例》《计算机软件保护条例》等行政法规；《网络安全审查办法》《网络信息内容生态治理规定》等部门规章；2013 年在“网络名人社会责任论坛”上提出的网民应该坚守的“七条底线”以及《全国青少年网络文明公约》等网络道德规范等。任何制度要真正发挥作用，关键在落实。为此，要以省文明办牵头，对市县镇村（社区）贯彻落实上述相关制度的情况开展督查，并将其纳入到网络精神文明建设评价体系中；将网络法治教育内容贯彻到国民教育的全过程，重点抓好青少年网络法治教育；广泛开展群众性网络法治教育，把握好网络传播规律，运用社交平台、短视频平台、新闻网、文明网等传播平台，宣传网络精神文明建设相关的政策法规、行业规章、团体章程以及网络道德规范等制度体系，实现网络普法进教材、进课堂、进头脑、进农村、进企业、进基层、进社区。

二是因地制宜加快制定相关制度和管理办法。网络精神文明制度建设要因事而化、因时而进、因势而新。要根据现行法律法规，结合各地实际，在省精神文明建设指导委员会的领导下，由省文明办牵头，组织相关党政部门领导、网络精神文明建设专家学者、网络企业和行业协会代表尽快制定《湖南省网络精神文明建设实施办法》《湖南省网络精神文明建设经费管理办法》《湖南省网络精神文明平台建设办法》《湖南省网络精神文明建设评价细则》《湖南省网络精神文明志愿者管理办法》等一系列规章制度，从而使网络精神文明建设有法可依、有章可循。

（三）完善网络基础设施建设

网络精神文明建设要与经济社会发展的目标协同推进，向着“网络基础设施基本普及、自主创新能力显著增强、信息经济全面发展、网络安全保障有力的目标不断前进。”① 完善网络精神文明基础设施建设，要加快政企协同合作、促进地区平衡发展。

一是加强政企合作。政府既是物质文明建设的主体，也是网络精神文明建设的组织者、引领者和践行者，企业是网络基础设施建设的重要力量。因此，完善网络基础设施建设，要加强政企合作。政府要给予网络基础设施建设一定的政策支持，吸引大中型企业积极参与到网络精神文明建设过程中来，加快网络基础设施建设，如5G网络、数据中心等基础设施建设；发挥企业的资金和技术优势，实现5G网络与科学、教育、文化、卫生等事业相结合，推进在线教育、网络文化产品、远程医疗等发展，促进网络精神文明建设产业结构优化调整。

二是促进地区平衡发展。习近平同志指出：“我们在自主创新能力方面

① 习近平：《总体布局统筹各方创新发展　努力把我国建设成为网络强国》，《人民日报》2014年2月28日第1版。

还相对落后，区域和城乡差异比较明显，特别是人均宽带与国际先进水平差距较大，国内互联网发展瓶颈仍然较为突出。”① 截至2020年6月，我国城镇地区互联网普及率为76.40%，农村地区互联网普及率为52.30%②，两者相差24.1个百分点。事实上，这种城乡差异和地区之间发展不平衡的情况也依然存在。基于此，首先要将网络基础设施建设的中心向农村地区延伸，加大其建设力度，提高互联网普及率。其次要制定网络基础设施对口支援战略。建立城市向农村地区、发达地区向湘西等欠发达地区进行对口支援战略，双管齐下，实现城乡之间、发达和欠发达地区之间的精准对接。最后，网络基础设施建设要适应人民的期待和需求，“加快信息服务普及，降低应用成本，为老百姓提供用得上、用得起、用得好的信息服务，让亿万人民在共享互联网发展成果上有更多获得感。”③

（四）加快网络核心技术创新

一是培养创新人才。习近平同志指出，我国面临“创新型科技人才结构性不足矛盾突出，世界级科技大师缺乏，领军人物、尖子人才不足，工程技术人才培养同生产和创新实践脱节”④ 等问题。事实上，在创新人才培养方面还需下功夫。要大力发展网络信息技术教育，制定理论与实践相结合的人才培养方案，聘请相关领域的专家学者到校讲学；在全社会形成“尊重劳动、尊重知识、尊重人才、尊重创造”的社会文明风尚；通过建立合理的人事制度、薪酬制度，招纳优秀人才到宣传部、网信办、文明办等部门中来，为网络精神文明建设提供人才资源和智力支持。

二是打造特色品牌。当前，在研发平台建设、龙头科技企业培养、高新技术企业出口、知识创造和技术创新能力、产业升级和结构优化能力等方面

---

① 习近平：《总体布局统筹各方创新发展 努力把我国建设成为网络强国》，《人民日报》2014年2月28日第1版。

② 中国互联网络信息中心：《第46次中国互联网络发展状况统计报告》，2020年9月29日，见http：//www.cnnic.net.cn/hlwfzyj/hlwxzbg/hlwtjbg/202009/P020200929546215182514.pdf。

③ 习近平：《在网络安全和信息化工作座谈会上的讲话》，《人民日报》2016年4月26日第2版。

④ 习近平：《在中国科学院第十七次院士大会、中国工程院第十二次院士大会上的讲话》，《人民日报》2014年6月10日第2版。

取得了重大发展成果。① 为进一步提升网络信息技术水平，必须深化以政府为主导，科研院所、企业以及湖南省各高校等主体协同创新的发展格局。其一，政府出台品牌创新奖励相关政策，增强科研院所、企业和高校人才的创新意识，提高创新品牌的积极性，推动品牌创新实现质的提升。其二，建设好自主创新平台，打造具有核心竞争力的湖南特色品牌，加快推动网络信息技术成果转化，走自主创新发展道路。其三，推动各类网络信息技术资源开放共享。目前，湖南省有8个国家级高新区，高新技术企业数量不断攀升。在此基础上建立高水平、高标准的网络信息技术共享服务平台，重点推进网络核心技术领域的改革，加快世界一流科技园区建设，为加强和改进网络精神文明建设提供强有力的技术支撑。

① 湖南省科技厅：《湖南6家国家级高新区全国排位上升》，2020年2月11日，见 http://kjt.hunan.gov.cn/kjt/xxgk/gzdt/mtgz/202002/t20200217_11181045.html。

参考文献

一、著作

1.《马克思恩格斯全集》第一卷，人民出版社 1995 年版。

2.《马克思恩格斯文集》第一卷，人民出版社 2009 年版。

3.《马克思恩格斯文集》第二卷，人民出版社 2009 年版。

4.《马克思恩格斯文集》第五卷，人民出版社 2009 年版。

5.《马克思恩格斯选集》第一卷，人民出版社 2012 年版。

6.《列宁全集》第 25 卷，人民出版社 1988 年版。

7.《列宁全集》第 39 卷，人民出版社 1986 年版。

8.《列宁全集》第 55 卷，人民出版社 1990 年版。

9.《毛泽东选集》第一卷，人民出版社 1991 年版。

10.《毛泽东选集》第二卷，人民出版社 1991 年版。

11.《毛泽东选集》第三卷，人民出版社 1991 年版。

12.《毛泽东著作选读》（下册），人民出版社 1986 年版。

13.《邓小平文选》第二卷，人民出版社 1994 年版。

14.《邓小平文选》第三卷，人民出版社 1995 年版。

15.《江泽民论有中国特色社会主义（专题摘编）》，中央文献出版社 2002 年版。

16.《习近平谈治国理政》第一卷，外文出版社 2014 年版。

17.《习近平谈治国理政》第二卷，外文出版社 2017 年版。

18.《习近平谈治国理政》第三卷，外文出版社 2020 年版。

19. 《习近平总书记系列重要讲话读本》，人民出版社 2016 年版。

20. 中共中央文献研究室：《十八大以来重要文献选编》（上），中央文献出版社 2014 年版。

21. 孙玉杰：《中国社会主义精神文明建设机制论》，河南人民出版 1996 年版。

22. 李明华：《精神文明建设机制论》，广州出版社 1997 年版。

23. 陈万柏、张耀灿：《思想政治教育学原理》（第三版），高等教育出版社 2015 年版。

24. 郑永廷主编：《思想政治教育方法论》，高等教育出版社 2010 年版。

25. 张世欣：《思想教育规律论》，浙江大学出版社 2008 年版。

26. 江晓萍：《思想政治教育基本规律研究》，中国社会科学出版社 2018 年版。

27. 彭兰：《网络传播概论》（第二版），中国人民大学出版社 2009 年版。

28. 赵惜群：《中国网络内容建设调研报告》，人民出版社 2017 年版。

29. 冯刚：《德育新视野》，当代中国出版社 2011 年版。

30. 季为民、沈杰主编：《青少年蓝皮书：中国未成年人互联网运用报告（2020）》，社会科学文献出版社 2020 年版。

31. 陈亚旭：《青少年网络素养读本 网络游戏与网络沉迷》，宁波出版社 2018 年版。

32. 韩树英：《马克思主义哲学纲要》，人民出版社 2004 年版。

33. 本书编写组：《马克思主义基本原理概论》（2018 版），高等教育出版社 2018 年版。

34. 中国共产党第十九次全国代表大会：《中国共产党章程》，人民出版社 2017 年版。

35. 杨信礼：《重读〈实践论〉〈矛盾论〉》，人民出版社 2014 年版。

36. 殷晓蓉：《战后美国传播学的理论发展经验主义和批判学派的视域及其比较》，复旦大学出版社 2000 年版。

37. 王建辉：《标志设计》，人民美术出版社 2016 年版。

38. 陶西平主编：《教育评价词典》，北京师范大学出版社 1998 年版。

39. 舒新城主编：《辞海》，上海辞书出版社出版 1979 年版。

40. 中国社会科学院语言研究所词典编辑室编：《现代汉语词典》，商务印书馆 2002 年版。

41. 中国社会科学院语言研究所词典编辑室编：《现代汉语词典》，商务印书馆 2005 年版。

42. 湖南省网信办：《关于湖南省网络扶贫行动实施方案》，2017 年 8 月 8 日。

43. 湖南省网信办：《湖南省“十三五”信息化发展规划》，2018 年 12 月 3 日。

44. ［法］保尔·拉法格等：《回忆马克思和恩格斯》，马集译，人民出版社 1973 年版。

45. ［美］托马斯·戴伊：《自上而下的政策制定》，鞠方安等译，中国人民大学出版社 2002 年版。

46. ［德］赫尔曼·哈肯著：《协同学：大自然构成的奥秘》，上海译文出版社 2005 年版。

47. ［德］黑格尔：《逻辑学》，梁志学译，人民出版社 1988 年版。

二、论文

1. 中国共产党第十二届中央委员会第六次全体会议：《中共中央关于社会主义精神文明建设指导方针的决议》，《人民日报》1986 年 9 月 29 日第 2 版。

2. 中国共产党第十四届中央委员会第六次全体会议：《中共中央关于加强社会主义精神文明建设若干重要问题的决议》，《人民日报》1996 年 10 月 14 日第 1 版。

3. 中央精神文明建设指导委员会：《关于深化群众性精神文明创建活动的指导意见》，《人民日报》2017 年 4 月 6 日第 9 版。

4. 习近平：《总体布局统筹各方创新发展 努力把我国建设成为网络强国》，《人民日报》2014 年 2 月 28 日第 1 版。

5. 习近平：《在联合国教科文组织总部的演讲》，《人民日报》2014 年 3 月 28 日第 1 版。

6. 习近平：《在上海考察时强调当好全国改革开放排头兵 不断提高城市核心竞争力》，《人民日报》2014 年 5 月 25 日第 1 版。

7. 习近平：《在中国科学院第十七次院士大会、中国工程院第十二次院士大会上的讲话》，《人民日报》2014 年 6 月 10 日第 2 版。

8. 习近平：《会见第四届全国文明城市文明村镇文明单位和未成年人思想道德建设工作先进代表的讲话》，《人民日报》2015 年 2 月 28 日。

9. 习近平：《人民有信仰民族有希望国家有力量》，《人民日报》2015 年 3 月 1 日第 1 版。

10. 习近平：《坚持正确方向创新方法手段 提高新闻舆论传播力引导力》，《人民日报》2016 年 2 月 20 日第 12 版。

11. 习近平：《在网络安全和信息化工作座谈会上的讲话》，《人民日报》2016 年 4 月 26 日第 2 版。

12. 习近平：《在全国高校思想政治工作会议上强调：把思想政治工作贯穿教育教学全过程 开创我国高等教育事业发展新局面》，《人民日报》2016 年 12 月 8 日第 1 版。

13. 习近平：《习近平在全国高校思想政治工作会议上的讲话》，《人民日报》2016 年 12 月 9 日第 1 版。

14. 习近平：《决胜全面建成小康社会 夺取新时代中国特色社会主义伟大胜利——在中国共产党第十九次全国代表大会上的报告》，《人民日报》2017 年 10 月 28 日。

15. 中央文明办：《全国网络精神文明建设工作座谈会召开》，《人民日报》2015 年 7 月 25 日第 4 版。

16. 温红彦等：《让互联网更好造福国家和人民——党的十八大以来习近平总书记关于互联网系列重要讲话精神综述》，《人民日报》2016 年 11 月 14 日第 1 版。

17. 杨斌：《加强党对网络领域意识形态工作的领导》，《党建研究》2018 年第 2 期。

18. 胡凯：《大学生网络心理健康的标准》，《思想政治教育》2012 年第 3 期。

19. 李丽、李艳：《协同视域下网络思想政治教育话语权构成要素研究》，《学校党建与思想教育》2018 年第 1 期。

20. 陈进：《以综合治理体系营造清朗网络空间》，《网络传播》2018 年第 8 期。

21. 甄东：《精神文明建设中的主体和客体》，《咸阳师范学院学报》2001 年第 6 期。

22. 付超：《大数据时代我国数据素养分类研究》，《图书馆理论与实践》2020 年第 2 期。

23. 赵国营、张荣华：《论马克思主义中的系统思想》，《广西社会科学》2017 年第 1 期。

24. 付朝荣：《结构与功能的哲学考察》，《汉中师范学院学报（社会科学）》2000 年第 5 期。

25. 刘锋：《简论系统思维方式》，《上海社会科学院学术季刊》2001 年第 4 期。

26. 杨边边：《马克思主义哲学的矛盾分析与系统分析方法》，《云南师范大学学报（哲学社会科学版）》2002 第 6 期。

27. 刘献君：《论大学课程设计》，《高等教育研究》2018 年第 3 期。

28. 盖锐、余杨：《国外产学研合作模式分析》，《江苏社会科学》2009 年第 S1 期。

29. 谢光勇：《习近平意识形态管理思想探析》，《中共云南省委党校学报》2016 年第 3 期。

30. 谭天、王俊：《新媒体运营：从“关系”到“连接”》，《编辑之友》2017 年第 12 期。

31. 范小东：《论社会治理视野下地方政府与公众双向互动式沟通机制的构建》，《成都行政学院学报》2015 年第 1 期。

32. 刘勇：《当代中国主流价值观话语权提升机制探索》，《思想政治教育研究》2017 年第 3 期。

33. 包国祥：《关于思想政治理论课课堂教学的若干思考》，《内蒙古民族大学学报（社会科学版）》2011 年第 6 期。

34. 陈宗章：《网络空间：概念、特征及其空间归属》，《重庆邮电大学学报（社会科学版）》2019 年第 2 期。

35. 刘友红：《人在电脑网络社会里的“虚拟生存”：哲学范畴的思考》,《哲学动态》2000 第 1 期。

36. 陈新汉：《论社会评价活动的两种现实形式》，《天津社会科学》2003 年第 1 期。

37. 刘曙光：《马克思“目的作为规律”思想探微》，《北京大学学报（哲学社会科学版）》2006 年第 6 期。

38. 刘进能：《线上线下合力互动 推进网络文明建设》，《新湘评论》2019 年第 15 期。

39. 童忠发：《高校思想政治教育管理体系构建研究》，昆明理工大学硕士学位论文 2009 年。

40. 樊醒民：《汇聚指尖上的正能量 奏响兰州网络文明好声音》，《兰州日报》2016 年 6 月 24 日。

41. 侯红：《以思想自觉引领行动自觉》，《学习时报》2016 年 4 月 7 日。

三、网站

1. 中国文明网：http：//www. wenming. cn。

2. 北京文明网：http：//bj. wenming. cn。

3. 天津文明网：http：//tj. wenming. cn。

4. 河北文明网：http：//hb. wenming. cn。

5. 山西文明网：http：//sx. wenming. cn。

6. 内蒙古文明网：http：//nmg. wenming. cn。

7. 辽宁文明网：http：//ln. wenming. cn。

8. 吉林文明网：http：//jl. wenming. cn。

9. 黑龙江文明网：http：//hlj. wenming. cn。

10. 上海文明网：http：//sh. wenming. cn。

11. 浙江文明网：http：//zj. wenming. cn。

12. 安徽文明网：http：//ah. wenming. cn。

13. 福建文明网：http：//fj. wenming. cn。

14. 江西文明网：https：//www. jxwmw. cn。

15. 山东文明网：http：//sd. wenming. cn。
16. 河南文明网：http：//hen. wenming. cn。
17. 湖北文明网：http：//hub. wenming. cn。
18. 广东文明网：http：//gd. wenming. cn。
19. 广西文明网：http：//gx. wenming. cn。
20. 海南文明网：http：//www. hiwenming. com。
21. 重庆文明网：http：//cq. wenming. cn。
22. 四川文明网：http：//sc. wenming. cn
23. 贵州文明网：http：//gz. wenming. cn。
24. 云南文明网：http：//yn. wenming. cn。
25. 陕西文明网：http：//shx. wenming. cn。
26. 甘肃文明网：http：//gs. wenming. cn。
27. 宁夏文明网：http：//nx. wenming. cn。
28. 新疆文明网：http：//xj. wenming. cn。
29. 湖南省文明网：http：//hun. wenming. cn。
30. 长沙文明网：http：//cs. wenming. cn/。
31. 衡阳市文明网：http：//hnhy. wenming. cn/。
32. 株洲市文明网：http：//hnzz. wenming. cn/。
33. 湘潭市文明网：http：//hnxt. wenming. cn/。
34. 邵阳市文明网：http：//www. syjswmw. gov. cn。
35. 岳阳市文明网：http：//hnyy. wenming. cn。
36. 常德市文明网：http：//hncd. wenming. cn。
37. 张家界市文明网：http：//www. zjjwmb. com/。
38. 益阳市文明网：http：//hnyys. wenming. cn。
39. 郴州市文明网：http：//hncz. wenming. cn/。
40. 永州市文明网：http：//yzwmw. xiaoxiang. club/。
41. 怀化市文明网：http：//hhwmw. 0745news. cn。
42. 娄底市文明网：http：//hnld. wenming. cn/。
43. 湘西文明网：http：//www. xxwmb. com/。
44. 长沙县文明网：http：//hncsx. wenming. cn/。

45. 宁乡市文明网：http：//hnnx. wenming. cn/。

46. 浏阳市文明网：http：//hnlys. wenming. cn/。

47. 衡阳县文明网：http：//www. hyxwmw. com/。

48. 茶陵县文明网：http：//www. chaling. gov. cn/c12198/index. html。

49. 攸县文明网：http：//hnyx. wenming. cn。

50. 湘潭县文明网：http：//hnxtx. wenming. cn/。

51. 湘乡市文明网：http：//wm. xiangxiang. gov. cn/index. html。

52. 韶山市文明网：http：//hnss. wenming. cn/。

53. 岳阳县文明网：http：//hnyyx. wenming. cn。

54. 汨罗市文明网：http：//mlwmw. mlnews. gov. cn。

55. 慈利县文明网：http：//www. clxww. com/Channel. aspx? ChId =12。

56. 涟源市文明网：https：//lianyuan. rednet. cn/channel/16053. html。

57. 冷水江市文明网：http：//www. lsjxww. com/ztpd/Civilization/index. html。

58. 桂阳县文明网：http：//www. gyxnews. com/Channel. aspx?ChId =24。

59. 东安县文明网：http：//www. dongannews. com/channel. aspx?chid =17。

60. 道县文明网：http：//www. yzdxnews. com/wenming/。

61. 宁远县文明网：http：//hun. wenming. cn/nywmw/。

62. 蓝山县文明网：http：//lswmw. xiaoxiang. club/。

63. 习近平：《会见全国精神文明建设工作先进代表发表重要讲话一周年》，2017 年 11 月 17 日，见 http：//www. xinhuanet. com/politics/leaders/2017 -11/17/c_ 1121973750. htm。

64. 习近平：《在文艺工作座谈会上的讲话》，2015 年 10 月 14 日，见 http：//www. xinhuanet. com/politics/2015 -10/14/c_ 1116825558. htm。

65. 习近平：《以更高站位更宽视野推进改革开放 真抓实干加快建设美好新海南》，2018 年 4 月 13 日，见 http：//www. gov. cn/xinwen/2018 -04/13/content_ 5282285. htm。

66. 中国文明网：《抓网络精神文明建设 促进文明湖南新发展》，2015 年 8 月 3 日，见 http：//www. wenming. cn/specials/wmcj/wlzt/smcl/201508/t20150803_ 2769473. shtml。

67. 中国网：《叶剑英在庆祝中华人民共和国成立三十周年大会上的讲话》，见 http：//www. china. com. cn/cpc/2011 －04/12/content_ 22343308. htm。

68. 中国网：《中央精神文明建设指导委员会主要职能》，2011 年 4 月 15 日，见 http：//www. china. com. cn/cpc/2011 －04/15/content_ 22369509. htm。

69. 中国网：《湖南株洲出台网络反腐办法 专人收集网友举报》，2008 年 8 月 14 日，见 http：//www. china. com. cn/news/txt/2008 －08/14/content_ 16216405. htm。

70. 中华人民共和国中央人民政府：《中共中央关于构建社会主义和谐社会若干重大问题的决定》，2006 年 10 月 11 日，见 http：//www. gov. cn/gongbao/content/2006/content_ 453176. htm。

71. 中共中央网络安全和信息化委员会办公室：《中华人民共和国网络安全法》，2016 年 11 月 7 日，见 http：//www. cac. gov. cn/2016 －11/07/c_ 1119867116. htm。

72. 中共中央网络安全和信息化委员会办公室：《发挥 5G、数据中心、人工智能等新一代数字技术支撑作用 为新基建注入强动力》，2020 年 7 月 2 日，见 http：//www. cac. gov. cn/2020 －06/08/c_ 1593164140864413. htm。

73. 中共中央网络安全和信息化委员会办公室：《湖南红网新闻网络传播有限责任公司》，2014 年 8 月 19 日，见 http：//www. cac. gov. cn/2014 －08/19/c_ 1112129995. htm。

74. 中共中央网络安全和信息化委员会办公室：《国家网信办指导属地网信办依法约谈处置虎牙、斗鱼等 10 家网络直播平台》，2020 年 6 月 23 日，见 http：//www. cac. gov. cn/2020 －06/23/c_ 1594459834502044. htm。

75. 中共中央网络安全和信息化委员会办公室：《大力提高网络综合治理能力》，2018 年 4 月 22 日，见 http：//www. cac. gov. cn/2018 －04/22/c_ 1122722885. htm。

76. 中共中央网络安全和信息化委员会办公室：《习近平关于互联网的重要论断》，2019 年 3 月 6 日，见 http：//www. cac. gov. cn/2019 －03/06/c_ 1124198981. htm。

77. 中共中央网络安全和信息化委员会办公室：《湖南实施“伴你成长”网络公益课堂项》2020 年 4 月 24 日，见 http：//www. cac. gov. cn/2020 －

04/24/c_ 1589274585835831. htm。

78. 新华网：《习近平：发展是第一要务，人才是第一资源，创新是第一动力》，2018 年 3 月 7 日，见 http：//www. xinhuanet. com/politics/2018lh/2018 -03/07/c_ 1122502719. htm。

79. 新华网：《“优酷”“爱奇艺”因违法违规被处罚》，2020 年 8 月 6 日，见 http：//www. xinhuanet. com/legal/2020 -08/07/c_ 1126339683. htm。

80. 央广网：《2019 世界计算机大会 9 日开幕 九大主题论坛涵盖行业前沿》，2019 年 9 月 9 日，见 http：//www. cnr. cn/hunan/xxtt/20190909/t20190909_ 524768969. shtml。

81. 中国新闻网：《习近平在党的十九届一中全会上的讲话》，2017 年 12 月 25 日，见 http：//backend. chinanews. com/m/gn/2017/12 - 31/8413296. shtml。

82. 教育部：《国家中长期教育发展改革和规划纲要（2010—2020）》，2010 年 7 月 29 日，见 http：//www. moe. gov. cn/jyb_ xwfb/s6052/moe_ 838/201008/t20100802_ 93704. html。

83. 教育部：《关于狠抓新时代全国高等学校本科教育工作会议精神落实的通知》，2018 年 8 月 27 日，见 http：//www. moe. gov. cn/srcsite/A08/s7056/201809/t20180903_ 347079. html。

84. 教育部：《关于印发〈高等学校思想政治理论课建设标准〉的通知》，2015 年 9 月 16 日，见 http：//www. moe. gov. cn/srcsite/A13/moe_ 772/201509/t20150923_ 210168. html。

85. 国务院办公厅：《关于加强政府网站信息内容建设的意见》，2014 年 12 月 1 日，见 http：//www. gov. cn/xinwen/2014 -12/01/content_ 2785019. htm。

86. 中国互联网络信息中心：《第 46 次中国互联网络发展状况统计报告》，2020 年 9 月 29 日，见 http：//www. cnnic. net. cn/hlwfzyj/hlwxzbg/hlwtjbg/202009/P020200929546215182514. pdf。

87. 中国互联网协会、工业和信息化部网络安全产业发展中心：《2019 年中国互联网企业 100 强发展报告》，2019 年 9 月 18 日，见 http：//www. 199it. com/archives/938934. html。

88. 北京互联网法院：《北京互联网法院“粉丝文化”与青少年网络言

论失范的问题研究报告》，2019 年 12 月 20 日，见 https：//baijiahao. baidu. com/s？id = 1653423567374971980&wfr = spider&for = pc。

89. 湖南省人民政府门户网站：《湖南省人民政府办公厅关于加快高速宽带网络建设的意见》，2016 年 7 月 19 日，见 http：//www. hunan. gov. cn/szf/hnzb/2016/2016nd13q/szfbgtwj_ 98864/201607/t20160719_ 4701807. html。

90. 湖南省人民政府门户网站：《湖南省人民政府办公厅关于印发〈湖南省全面推进三网融合实施方案〉的通知》，2016 年 8 月 31 日，见 http：//www. hunan. gov. cn/hnszf/szf/hnzb/2016/2016nd16q/szfbgtwj _ 98828/201608/t20160831_ 4701736. html。

91. 湖南省人民政府门户网站：《湖南省人民政府办公厅关于印发〈湖南省信息通信基础设施能力提升行动计划〉（2018—2020 年）的通知》，2018 年 9 月 20 日，见 http：//www. hunan. gov. cn/hnszf/xxgk/wjk/szfbgt/201809/t20180920_ 5113647. html。

92. 湖南省人民政府门户网站：《湖南移动互联网产业 6 年成长为千亿级产业》，2020 年 9 月 5 日，见 http：//www. hunan. gov. cn/hnszf/hnyw/sy/hnyw1/202009/t20200905_ 13703545. html。

93. 湖南文明网：《湖南启动专项行动 打击电信网络新型违法犯罪》，2015 年 12 月 31 日，见 http：//hun. wenming. cn/yw/201512/t20151231 _ 3057265. html。

94. 湖南文明网：《湖南深入推进涉未成年人网络环境专项治理行动》，2020 年 10 月 9 日，见 http：//hun. wenming. cn/yw/202010/t20201009 _ 5809579. html。

95. 湖南文明网：《湖南省未成年人绿色上网公益活动在长沙启动》2018 年 7 月 3 日，见 http：//hun. wenming. cn/wmbb/201807/t20180703 _ 4743509. html。

96. 红网：《湖南“扫黄打非”开展四大专项行动》，2016 年 4 月 20 日，见 https：//hn. rednet. cn/c/2016/04/20/1046509. htm。

97. 红网：《2016 年湖南查办“扫黄打非”案件 654 起》，2017 年 4 月 20 日，见 https：//hn. rednet. cn/c/2017/04/20/4272291. htm。

98. 红网：《湖南开展网络文化市场专项整治 将对 300 家经营单位清查摸

底》，2018 年 3 月 8 日，见 https：//wh. rednet. cn/c/2018/03/08/4572155. htm。

99. 红网：《网络圆梦读书 爱心陪伴成长》，见 http：//zt. rednet. cn/c/zt/47811/。

100. 华声在线：《湖南网络文化节竖起网络惠民大旗》，2012 年 11 月 6 日，见 http：//opinion. voc. com. cn/article/201211/201211062125059115. html。

101. 湖南省网络空间安全协会：《省人大常委会审议通过〈湖南省信息化条例（修订）〉》，2012 年 6 月 7 日，见 http：//www. hnains. net. cn/zhengcefagui/falvfagui/20170620174. html。

102. 湖南省工业和信息化厅：《关于印发〈湖南省数字经济发展规划（2020—2025 年）〉的通知》，2020 年 2 月 6 日，见 http：//gxt. hunan. gov. cn/gxt/xxgk_ 71033/tzgg/202002/t20200206_ 11171576. html。

103. 湖南省工业和信息化厅：《2020 年前三季度湖南省移动互联网产业发展情况》，2020 年 10 月 22 日，见 http：//gxt. hunan. gov. cn/gxt/xxgk_ 71033/tzgg/202010/t20201022_ 13889904. html。

104. 湖南省科技厅：《湖南 6 家国家级高新区全国排位上升》，2020 年 2 月 11 日，见 http：//kjt. hunan. gov. cn/kjt/xxgk/gzdt/mtgz/202002/t20200217_ 11181045. html。

105. 湖南民生网：《2019 年湖南省移动互联网产业发展年度报告》，2020 年 2 月 11 日，见 http：//www. hnmsw. com/show_ article_ 120515. html。

106. 新浪湖南：《全省将开展整治网络淫秽色情信息的“净网”行动》，2013 年 3 月 29 日，见 http：//hunan. sina. com. cn/news/b/2013 - 03 - 29/072044677. html。

107. 新浪网：《湖南省部署开展整治网络赌博专项行动》，2010 年 3 月 12 日，见 http：//news. sina. com. cn/o/2010 - 03 - 12/173117208467s. shtml。

108. 腾讯新闻：《湖南网警发布“净网 2019”专项行动网络安全行政执法十大类典型案例》，2019 年 11 月 8 日，见 https：//new. qq. com/omn/20191108/20191108A0BWM600. html？pc。

109. 腾讯网：《2020 岳麓峰会，这样燃爆舆论场》，2020 年 9 月 10 日，见 https：//so. html5. qq. com/page/real/search _ news？docid = 70000021 _ 9115f5a330a60652。

110. 腾讯网：《“2020 世界计算机大会”新闻发布会在京召开》，2020 年 9 月 28 日，见 https://mp.weixin.qq.com/s?src=11&timestamp=1603386358&ver=2660&signature=sAxM7zB8zUsi8f*9YC33KVv2KIbuGMO-jtelD9BXm861TJ-81xZ5QhYTN8e9TeWnm0wLHT0A1hP-hjbkXpLofGGhNwXH5hnrqJcS020O2NyC1NQsEBtngbZaa0KtkhmUZ&new=1。

111. 常州大学：《关于加强信息网络安全工作的通知》，2017 年 12 月 14 日，见 https://www.cczu.edu.cn/2017/1214/c10361a173263/page.htm。

112. 彭兰：《网络文化产品带来的文化新景观》，2017 年 9 月 10 日，见 http://media.people.com.cn/n1/2017/0910/c40606-29525606.html。

113. 曹川川：《习近平总书记的国家治理之道》，2019 年 8 月 12 日，见 http://guoqing.china.com.cn/2019zgxg/2019-08/12/content_75090284.html?a=true&f=pad。

114. 钟俊杰：《网络精神文明建设，关键要融入》，2015 年 8 月 26 日，见 http://www.wenming.cn/syjj/dfcz/ah/201508/t20150826_2821890.shtml。

115. 百度文库：《湖南省人民政府办公厅关于印发〈湖南省互联网集中整顿实施方案〉的通知》，见 https://wenku.baidu.com/view/28c13c3fbf1e650e52ea551810a6f524cdbfcb13.html。

116. 百度文库：《湖南省文化强省战略实施纲要（2010—2015）》，见 https://wenku.baidu.com/view/e672a30cba1aa8114431d9ad.html。

117. 百度文库：《湖南省建设教育强省规划纲要（2010—2020）》，见 https://wenku.baidu.com/view/855e9b80ec3a87c24028c45c.html。

后　记

社会主义精神文明是社会主义社会的重要特征，是社会主义制度优越性的重要表征。中国共产党历来高度重视精神文明建设，取得了重大成就，为我党的革命、建设和改革开放事业提供了强大的精神支撑和智力支持。但我们也要清醒地认识到，网络信息技术的迅猛发展和快速普及为精神文明建设带来了诸多机遇，同时也使其面临着严峻挑战。因此，在理论上科学揭示和把握网络精神文明建设的内涵、矛盾与规律，在实践中始终坚持和创新网络精神文明建设的原则、方法与机制，对提升中华民族的思想道德素质、教育科学文化素质和身心健康素质，实现中华民族伟大复兴的中国梦，具有极其重要的理论和实践价值。

这本小册子是由本人主持的湖南省社科基金智库专项重点项目“网络精神文明建设研究”（项目编号：19ZWB37）的最终成果。项目主持人赵惜群负责本书写作大纲的拟定、全书的修改和统稿。各章节撰写具体分工如下：赵惜群撰写第一章；凌娟撰写第二、三章，第九章第三节；邓淦之撰写第四章；赵贝斯特撰写第五章；黄思琦撰写第六章、第九章第四节；范敬利撰写第七章，第九章第一、二节；黄宁花撰写第八章。

在本书撰写过程中，我们参考、借鉴、引用了诸多国内外专家学者论著中的思想观点以及不少网站的数据资料，湖南省文明办石海处长对本项目的研究工作提出了许多宝贵意见，湘潭大学马克思主义学院领导对本书的出版提供了大力支持，湘潭大学出版社编辑吕花为本书的出版付出了辛勤的汗水，夏宇馨对本书初稿的排版格式进行了统一调改，邓飞、黄蓉、陈小丹、陈新民、夏宇馨、常俊等参与了部分章节内容的修改研讨会。在此一并表示诚挚的感谢！

由于时间仓促，调研访谈、数据分析、书稿撰写等任务繁重，尤其是作者理论功底和知识水平有限，书中难免存在错漏之处，敬请读者批评指正！

赵惜群

2020年12月于湘潭大学

图书在版编目（CIP）数据

网络精神文明建设研究 / 赵惜群等著. -- 湘潭 :
湘潭大学出版社, 2021.5
ISBN 978-7-5687-0549-3

Ⅰ. ①网… Ⅱ. ①赵… Ⅲ. ①互联网络一精神文明建设一研究一中国 Ⅳ. ①D64

中国版本图书馆 CIP 数据核字（2021）第 071432 号

网络精神文明建设研究

WANGLUO JINGSHEN WENMING JIANSHE YANJIU

赵惜群 等著

责任编辑：吕 花 刘 扬
封面设计：谈振威
出版发行：湘潭大学出版社
社　　址：湖南省湘潭大学工程训练大楼
电　　话：0731-58298960 0731-58298966（传真）
邮　　编：411105
网　　址：http://press.xtu.edu.cn/
印　　刷：广东虎彩云印刷有限公司
经　　销：湖南省新华书店
开　　本：710 mm×1000 mm 1/16
印　　张：15
字　　数：254 千字
版　　次：2021 年 5 月第 1 版
印　　次：2021 年 5 月第 1 次印刷
书　　号：ISBN 978-7-5687-0549-3
定　　价：46.00 元